新时代农业农村问题研究

孙本良　著

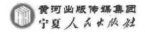

黄河出版传媒集团
宁夏人民出版社

图书在版编目（CIP）数据

新时代农业农村问题研究 / 孙本良著. -- 银川 ：
宁夏人民出版社, 2020.10
ISBN 978-7-227-07295-9

Ⅰ. ①新… Ⅱ. ①孙… Ⅲ. ①农业问题－研究－中国
②农村问题－研究－中国 Ⅳ. ①F32

中国版本图书馆 CIP 数据核字(2020)第 213898 号

新时代农业农村问题研究   孙本良 著

责任编辑　姚小云
责任校对　白　雪
封面设计　瑞天书刊
责任印制　马　丽

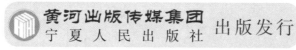

出 版 人　薛文斌
地　　址　宁夏银川市北京东路 139 号出版大厦（750001）
网　　址　http://www.yrpubm.com
网上书店　http://www.hh-book.com
电子信箱　nxrmcbs@126.com
邮购电话　0951-5052104　5052106
经　　销　全国新华书店
印刷装订　济南文达印务有限公司
印刷委托书号（宁）0018981

开本　710mm×1000mm　1/16
印张　17.5
字数　270 千字
版次　2020 年 10 月第 1 版
印次　2020 年 10 月第 1 次印刷
书号　ISBN 978-7-227-07295-9
定价　55.00 元

作者简介

孙本良，男，汉族，中共党员，1990年12月参加工作，研究生学历，咨政专家，济宁市有突出贡献的中青年专家。现任济南市委党校马克思主义研究（济南市情）中心教授。系中国硬笔协会会员、作家协会会员，被多家媒体聘为特约记者，被（北京）社会科学院等十多家单位聘为特约教授。

发表各类文章1230篇，其中在《人民日报》《光明日报》《经济日报》《解放军报》《新华社内参》《理论动态》《党建研究》等国家级报刊上发表420多篇，在全国中文核心期刊上发表47篇，并有多篇文章被转载。获个人专利1项，出版专著6部，多项成果获国家、省、市奖励。作品连续6年获济宁市社会科学优秀成果一等奖，部分作品获济宁市精神文明建设"精品工程"奖。多次被评为济宁市委党校优秀教师，获济宁市中青年突出贡献专家称号、济宁市"五一"劳动奖章、中国改革理论突出贡献奖。在全国各地授课百余场（次）。参与国家社会科学基金课题5项。近年独立撰写103项调研报告，先后被国家、省（部）、市领导签批87项，其中省（部）级主要领导签批38项，地市级主要领导签批45项，有4项调研报告得到了党和国家领导人的充分肯定。

扛起乡村振兴发展的时代重任

——记济南市人大代表、章丘区三涧溪村党委书记高淑贞

2020年是脱贫攻坚收官之年。在济南市章丘区三涧溪村，我通过走访村党委书记高淑贞同志，灵魂深受震撼。作为三涧溪村党委书记，高淑贞给人留下的最大"特点"，就是"敢想、敢干、敢创，带领群众一起奔小康"。

高淑贞自担任三涧溪村党委书记以来，始终坚定一个政治引领不动摇，听党的话，跟党走，立足本村实际，充分发挥农村党组织在农村的政治功能，始终坚持"三会一课"制度；开展"党旗飘飘映四邻，四邻联动党放心"主题活动；打造"五个一"为民服务体系，建立"家"字型管理体系和"众"字型、"伞"字型矛盾纠纷排查体系，确保了乡村发展。习近平总书记视察三涧溪村后，全村党员干部政治信仰更加坚定，工作更有定力，生活更加有奔头……

在村党委书记高淑贞同志的带领下，三涧溪村由"乱"到"治"、由"穷"到"富"、由"弱"到"强"，成为全省"打造乡村振兴齐鲁样板的实践者"。她始终认准一个理：听党的话、跟党走；始终坚持一个目标："说一千、道一万"，千方百计增加农民的"收入"是硬杠杠。要实现乡村振兴，就必须让老百姓有"看得见、摸得着"的实实在在的"实惠"，而要真正让农民的生活有新的跨越式发展，就必须依托工业园区，为村民提供就业保障。她立足本村实际，确立了"党建+产业"的发展模式，成立了绿涧合作社、巾帼商贸合作社、美食街资金内置合作社等，拓展了"农夫市集"、商贸楼、古村旅游等项目，不断探索寻找新的业态、新的经济，发展新的电商，拓展了就业新平台，从而大大增加了村民的实际收入，并且壮大了村集体经济。另外，她通过把支部建在合作社上，有效保证了产业的可持续发展。

高淑贞立足本村实际，完善"四个治理"，提倡"四邻联动"。三涧溪

村共 1160 户、3184 人，有 13 个村民小组，村两委由 7 人组成，后备干部 4 人。本村共有党员 145 人，党委下设 5 个党支部、12 个党小组。作为山东省乡村振兴齐鲁样板示范村，三涧溪村紧抓一、二、三产业融合发展。一产主要是农业农创园，种养加结合，盘活了土地，发展特色经济及实践体验基地，激活了村民创业激情；二产依托涧溪工业园区，引进 72 家企业，占地 4000 多亩，为村民提供了就业保障；三产发展旅游业，以美食街、农事汇、商贸楼、生态大棚采摘、康养、民宿、古村旅游为主，让村民合作生产增加收入，带动经济发展。据不完全统计，目前三涧溪村青壮年劳动力回乡创业就业率达到 80% 以上。

在村党委的带领下，三涧溪村先后荣获"全国民主法治示范村""全国乡村治理示范村""全国平安家庭创建先进单位""山东省旅游特色村""山东省历史文化名村""山东省首批乡村记忆村"等荣誉称号。作为三涧溪村的领头雁，高淑贞也是荣誉加身，她现担任山东省妇联副主席（兼职）、第十届山东省委候补委员、第十一届山东省委委员，济南市委委员、人大常委会委员，章丘区委委员、人大常委会委员。先后被评为"全国优秀党务工作者""全国和山东省三八红旗手标兵""全国优秀基层理论宣讲个人""全国道德模范提名奖""山东省优秀共产党员和优秀女村官"，还被邀请列席中国共产党第十九次代表大会。2019 年国庆 70 周年大庆，高淑贞同志作为全国优秀党务工作者代表光荣地登上了 33 号"从严治党"彩车……

习近平总书记指出："当干部就要有担当，有多大担当才能干多大事业，尽多大责任才会有多大成就。"农村脱贫致富，关键在于领头雁不忘初心、担当作为。不忘初心、担当作为正是高淑贞的"特色亮点"。她原来是一名光荣的人民教师，当时按照上级党委安排和党员群众强烈要求，前后当了两个村的党组织书记，一个是她娘家村的书记，另一个是她婆家村（现在任职的三涧溪村）的书记。在刚被任命为村支部书记的时候，这两个村都是"又穷又乱"的后进村。这些年来，她立足农村实际，"努力加奋斗"，这两个村都成功实现了后进转化，成了远近有名的富裕村、文明村、示范村。回顾她前前后后近 23 年的农村工作经历，作为新时期优秀农村党支部书记，笔者通过实地调研，发现高淑贞同志主要有四方面"特色亮点"。

一、切实发挥农村基层党组织"领头雁"作用

2018年6月14日，习近平总书记亲临三涧溪村视察，对三涧溪村以党建为引领的乡村振兴工作给予肯定，强调"加强基层党组织建设，选好配强党组织带头人，发挥好基层党组织战斗堡垒作用，为乡村振兴提供组织保证"。三涧溪村牢记总书记嘱托，坚持以党建引领促进产业发展，做到了产业发展到哪里，基层党组织就建立到哪里，把党建工作延伸到产业发展的第一线，坚持高起点规划、高标准建设，充分体现古村特点，彰显地域文化特色，积极培育旅游新业态，努力打造精品旅游项目，千方百计增加农民收入，村容村貌发生了崭新变化，乡亲们的日子过得越来越红火。

农村书记要有担当精神。虽然当村官难，但总得有人干，只要敢于担当，敢于碰硬，公平公正对待群众，一心一意对待群众，实事求是为群众办实事、办好事，群众一定会信你、服你。为了加快建设工业园区，她碰了不能碰的事，惹了村里多年不敢惹的人，带头爬上屋顶，拆除了一处非法建筑，户主竟拿着刀闯入她婆婆家，把老人吓得尿湿了裤子。老人见到她委屈地说，当这样的官干啥，大人孩子都跟着受罪，干了一回了，还没尝够这个滋味吗？高淑贞非常气愤，又心疼婆婆，不住地落泪，泪水不断地淌进嘴里，不知道是什么滋味。当村官，跑跑腿，磨磨嘴，吃点苦，受点累，无所谓，都习惯了，可让家里人陪着担惊受怕，受委屈，心里却是很难受。但是，再看看，村民住上了公寓楼，"五保"老人住进了敬老院，孩子们走进了和城里孩子一样的小学，年轻人出入工业园，心里不自觉地就有一种自豪感和成就感。

二、始终坚持"政治坚定"

在农村，党组织书记就是一面旗帜，政治立场越坚定，就越能吸引群众、凝聚群众；任何时候都不能说与上级政策不一致的话，不能做与上级政策不一致的事，在原则问题、方向问题上决不能动摇。这些年来，中央和省、市、区各级都对村党支部书记队伍建设非常重视，先后出台了关于教育培养、待遇保障等一系列文件规定，这几年又从村党组织书记中考录乡镇领导班子成

员和公务员，同时，每年都出台一批支农惠农政策，领导和推动农村发展。加入中国共产党队伍以来，高淑贞把党的召唤放在第一位，始终听党的话，坚定跟党走。这也是对一名共产党员最本质的要求。1995年12月，当时高淑贞在章丘市一所农村中学当老师，她娘家村所在的镇领导找到她，征求她对娘家村的看法。高淑贞很清楚领导的来意。那个时候，她娘家村矛盾激化，贫穷落后，各项工作都不能正常开展，村里共有9名党员，几年间有5名当过支书，可没有一个能让群众满意的。领导告诉她，镇里征求村民的意见，一部分群众提议让她来干村支书，组织上经过慎重考察研究，最后决定让她来挑这个重要的担子。当时，她已经怀孕6个月，家里父母不同意，说村里又穷又乱，男人都干不好，女人能干出什么样来？一些亲戚朋友也劝她，不要来趟这池子"浑水"。村里有的人也不理解，说："嫁出去的闺女，泼出去的水，还回来管闲事。"她说从高中毕业被安排到农村中学当代课教师，到转成民办教师，又转成公办教师，都是党组织对她关怀、培养、帮助的结果，她是党组织培养、群众选拔出来的一名优秀共产党员，决不能辜负党委的重托和群众的期望，工作越难、担子越重，她越不能放弃！在上级党委政府的支持帮助下，她带领党员群众从修路、通自来水开始，抓养殖、搞纺织，架电网、建烧窑，就这样一直干了将近5年的时间，村里稳定了，群众过上了好日子，街坊邻居见了她总是笑呵呵的，说实话，当时她铁了心听从组织安排回到娘家村任职，为的也是这个。同样，到2004年6月，组织安排她到婆家三涧溪村干党支部书记，她也没有含糊，把"始终听党的话、坚决跟党走"作为最起码的要求。

作为一名农村党组织书记，上级也给了她很多荣誉，她觉得责任更大了、担子更重了。她会一如既往地忠诚于党，当好基层党员的排头兵、带领农民群众致富的领路人。

三、始终践行"初心为民、公心做事、耐心服务、恒心干事、爱心奉献，对生活、对未来充满信心"

坚守初心，就是要牢记全心全意为人民服务的根本宗旨，以坚定的理想信念坚守初心，牢记人民对美好生活的向往就是我们的奋斗目标，时刻不忘党来自人民、根植人民，永远不能脱离群众、轻视群众，漠视群众疾苦。

高淑贞同志始终牢记初心。她说，作为一名农村党组织书记，生活在农民群众中间，只要给农民群众办一点实事，老百姓就会记上一辈子，小处是记在个人身上，大处就是记在党的身上。时刻把群众需要装在心里，就是要坚持紧紧依靠群众、一切为了群众，一直坚守自己的初心，只有这样，才能从群众中汲取营养，健康成长，才能得到群众的拥护和支持。她生在农村，长在农村，小时候家里穷，邻居婶子、大娘经常给家里送吃的用的、送旧衣服。乡亲们的帮助，使她从小就下定决心以后一定要多做好事，回报乡亲；只要是乡亲需要，就是千难万难也义无反顾。刚当上支部书记那时候，每天走家串户，在娘家村走了一个遍；到了婆家三涧溪村，用大半年的时间，把800多户人家走了个遍。通过拉家常、话理短，掌握村里的各种情况，拉近了与群众的感情。后来村里有了钱，她就在抓好民生基础设施建设的同时，坚持每年拿出一大部分资金用于帮助弱势群体的生产生活。这些年村民全部加入了合作医疗和新型农村养老保险，村里还给每位60岁以上村民购买了两份意外保险，给60周岁以上群众发放生活补助，为残疾人发放生活补助，对升入大学的孩子给予奖励，幼儿园的孩子免费入学。村民住上了安置楼，社区实现了绿化、亮化、美化、净化，一个美丽乡村的画卷已展现出来。通过这些年的努力奋斗，村班子形成了"真心爱民、为民解困"的良好风气，村班子成员和党员得到了群众的拥护和支持，群众紧紧团结在党组织的周围，村里的各项工作都能顺利进行、圆满完成。

四、始终把"农村工作创新"作为自己的使命

在干事创业上不拘束于传统的工作模式，不受陈旧思想的束缚，上任以来，尤其是在三涧溪村担任村党委书记以来，高淑贞大胆创新，实施"五个一"为民服务体系，即"一面旗帜"带动群众、"一线通"连接群众、"一张卡"便利群众、"一支队伍"服务群众、"一个职介所"致富群众。建立"党旗飘飘映四邻、四邻联动党放心"的工作网格，要求党员在家风养成、

引领致富、服务群众等方面做表率。通过党风带家风，三涧溪村把群众"人人都爱家、户户盼和谐"的朴素愿望与"三涧是我家、和谐靠大家"的理念融合在一起，以小家的和谐促进大家的和谐，合力打造"家"文化，从而促进了整个村庄的和谐稳定。近年来，高淑贞结合三涧溪村实际，坚持走出了一条党建引领下的全面乡村振兴发展模式，概括地讲就是"五治治村"——坚定政治引领不动摇，听党的话，跟党走；落实德治教化、法治保障、自治发展、智治支撑四个治理，筑牢乡村善治堡垒。事事处处走在群众前头，做给群众看、领着群众干，一心向党、干劲满满，重细节、肯干事、勤干事、能成事是高书记各项工作的真实写照。《涧溪春晓》一书诠释了她的"农村斗争史"，电视剧《我们的小康时代》就是以高淑贞为原型改编而成的，如今的三涧溪正在高书记带领下，快步走在幸福小康路上。

2020 年是决胜全面小康、决战脱贫攻坚之年，高淑贞牢记总书记的亲切关怀和殷切教诲，不辜负各级党委、政府的大力支持帮助，发扬章丘"三大硬核精神"，不怕困难，不畏风险，敢于斗争，以基层党建为统领，加快乡村产业转型发展，立足古村文化，大力推动农旅融合；发挥党支部的战斗堡垒作用，不忘为民初心，牢记乡村振兴使命，使全村人民过上了小康生活，把三涧溪村打造成了"城市人向往、农村人留恋、章丘人自豪的幸福家园"，向全国人民和总书记交出了一份合格的答卷。

内容简介

党的十八大以来，农业、农村发展迎来了大好形势，进入了又一个"黄金期"；农业生产、农民生活以及农村基础设施、农村社会事业等都发生了巨变。粮食产量"十一连增"、农民增收"十一连快"是最有说服力的标志。

该书分为序、前言、绪论和正文四部分。绪论以党中央国务院政策解读为主要内容。本书正文分为五章：第一章讲述了农业农村改革创新的历程等五部分内容；第二章讲述了农村土地流转、"绿色发展"、农村土地流转应注意的几个问题三部分内容；第三章讲述了为农业农村发展插上腾飞的翅膀、践行党的群众路线要以百姓之心为中心等八部分内容；第四章讲述了改善农业农村生态发展环境、生态建设体制机制障碍与解决途径等四部分内容；第五章论述了促进农村城镇化发展的战略、农业发展在爬坡中步幅加大等三部分内容。

乡村振兴发展战略目标是推进我国特色的农业现代化，必须按照统筹城乡发展要求，抓紧在农村体制改革关键环节上取得突破，强化农村发展制度保障。统一经营要向发展农户联合与合作，形成多元化、多层次、多形式经营服务体系的方向转变。稳定和完善农村基本经营制度，健全严格规范的农村土地管理制度，完善农业支持保护制度，建立现代农村金融制度，建立促进城乡经济社会发展一体化制度，以及健全农村民主管理制度。

行行重行行

——孙本良教授印象

刘利民

2020 年本良同志又出版了两本个人专著，在国家级重要刊物发表文章多篇……2019 年岁末，本良再次"出发"——到一个新的城市，新的岗位，新的平台，新的起点。这一次，不算远，也不算近，去了济南市委党校工作……

行行重行行。这就是孙本良吗？

一直在路上。这就是孙本良吗？

早就想写一下孙本良了，但迟迟未能下笔。孙本良近几年钟声的"光圈"有点儿闪眼，我能够准确地认清他、解读他吗？

其实，我与本良相识应该有 10 多年之久了。他曾是一位优秀的军人，也曾是一位优秀的机关干部，后来又成为济宁市委党校教授并当上中层领导，在理论研究方面做得风生水起，成为业内知名专家，其著作之丰硕，让我刮目相看。

"位卑未敢忘忧国。"陆游的话，常让我眼前浮起孙本良的影子。真的，每次见孙本良，或者只是提到他，我就会不自觉地联想到那些"行行重行行"的著名路人。比如，"三过其门而不入"的大禹；比如，"裘褐为衣跂𫏋为服"的墨子；比如，创办民间师范——晓庄学校的陶行知；比如，撰写《江村经济》与《乡土中国》的费孝通；比如，"杂交水稻之父"袁隆平；比如，"人民生命健康的守护神"钟南山；还比如，被誉为"中国教育万里长征"的西南联大师生群体……在昨天和今天的中华大地上，有太多太多的"行行重行行"的"路人"，明知"路漫漫其修远"，却永不停滞地"上下而求索"。我觉得，孙本良就是这类人。

这类人的特点往往是，目光高远、理想坚定，既能仰望天空，又能脚踏实地，他们明白自己是谁？从哪里来？要到哪里去？他们总能立足当下把握当下赢在当下，从而也能够展望未来把握未来赢得未来。

这一人格特点，让孙本良10多年军旅军功赫然。历任文书、班长、宣传干事、组织干事、党委秘书等职，都异常出色；亲历香港回归、武汉抗洪、50周年国庆大阅兵等重大活动，皆成绩卓异；也因此获得个人三等功2次，嘉奖5次，集体一等功2次，并受到多位中央首长接见。

这一人格特点，让孙本良虽处机关不忘进取。2000年9月，从部队转业到市统计局。身在让不少人艳羡的机关，他并不安于现状，繁忙的工作之余，坚持读书与写作，闭关修炼、一心向学。学习的人生，才是向上的人生，也才是充满希望的人生。正是在这个时候，他走入我的视野。由于他经常来报社送稿，我们便熟悉起来。他的文笔、文采、文雅、低调、气度，他的向学、向上、向善，都让我喜欢和欣赏。

这一人格特点，让孙本良进入党校如鱼得水。他是经过严格考选进入市委党校工作的，18年来，孙本良一直沉心静气，不浮躁、不懈怠，脚踏实地、孜孜不倦地开展对党委政府决策咨政研究，尤其是在"乡村振兴战略"及农村基层党组织功能等问题研究，新时代农村基层组织的功能定位与实现途径等方面提出了独到的学术观点。通过深入农村基层调研，不仅对农村工作有了较为全面的了解，也从实践层面对农村经济社会发展，尤其是"乡村振兴战略"及农村基层党组织功能等问题有了深入的思考，为今后这一领域深入开展研究奠定了扎实基础。2010年，当时还刚刚晋升为教授的孙本良老师大胆撰写了"党校第一篇调研报告"。当时对调研报告也不清楚，只是摸着石头过河，没想到一举中第，不仅市委书记作了重要批示，还实现了党校在调研报告进入党委政府决策中零的突破，这给孙本良老师以莫大的鼓励和动力。为完成高质量的调研报告等项目，他克服各种困难跑遍了全市90多个村、镇，走访了数百名乡村干部、农村党员与群众，多次驻村调研，深入田间地头、深入农村了解真实情况；在掌握大量第一手鲜活真实资料基础上，综合运用理论和实证分析相结合、数据与理论分析相结合、历史与现实分析相结合等方法，深入分析当前农村在乡村振兴战略发展的功能定位、功能实现状况、功能实现面临的主要障碍和功能实现途径；不仅在理论上具有开拓现实意义的尝试，而且在实践上对于进一步推进农村乡村振兴发展具有重要的现实意义。在今后的实际研究中，孙本良老师进一步拓展深化对农村的研究，独立撰写了调研报告《关于乡村振兴战略发展中顶层设计问题的思考》，国务院主要领导对此作了批示，国务院还安排有关部门打来电话"给予鼓励"。

勤奋是优秀人才的习惯与品格，也是优秀人才的通行证和荣誉状。对于勤奋者而言，到处都是其用武之地。在这里，他很快被破格晋升为副教授，又晋升为教授，同时还担任党校科研处副处长兼任校刊编辑部主任、市情研究所所长和政德教育培训宣传推介组组长等职。在本良身上有不少"头衔"和称号，但他从来不以此为耀，而是作为一份光荣的使命与沉甸甸的担当责任，作为奉献社会、传递正能量的平台，不遗余力宣传党的理论和路线方针政策，深入学习宣传贯彻落实中央、省市委的决策部署，认真践行习近平新时代中国特色社会主义思想，努力当好马克思主义的"布道者"和"熔炉工"，深入理论武装，悟透初心使命，着力激发自己干事创业、奋发图强的原动力。他职数多，工作便多，任务便重，时间便紧，一般而论，难以在"专"于"精"上突破，但孙本良却时刻像军人那样去战斗，硬是把自己所涉及的每个领域，都绽放出"战地黄花分外香"的美景。党校可谓高手云集，本良凭着渊博的学识和出众的才能，能够更上层楼，木秀于林，足见其实力强劲。

是的，作为党委政府决策智库方面的研究专家，善于把一件件具体工作做到位，小事办好、大事办实、难事办妥、交叉的事办到位，确保每个环节不出纰漏；深入基层精心打造一批有质量、有特色、有影响的调研报告，在制度、机制、工作流程、精品创造方面全力推出一批可操作、可复制、可推广的创新创建创见的经验教训，将"守初心、担使命、找差距、抓落实"贯穿工作的始终，持续加强和改进自己的各项工作，努力干出新时代党校人的新风采，切实发挥好作为党委政府"智囊团""参谋部""总枢纽""操盘手"的重要作用，努力推动社会经济发展工作精彩不断、亮点纷呈。他首先是一个学者，但我有一个强烈的感觉，即，他同时也是一位"行者"，是一直在路上"顶天立地"大写的人。

在这里，我用"顶天立地"形容一下本良，其实并不为过。他所从事的工作：政策解读，国情研究，市情分析……根本的问题，都是党和国家的大政方针，这些都是所谓的"天"。地方政府的决策与行动，要与党中央高度一致，这就是所谓的"顶天"；而"立地"则必须立足地方实际，实现地方决策和中国大政的精准对接，并坚定不移地贯彻执行落到实处。"天"是方向是目标是任务，"地"是基层是民意是民情，始终牢记古今兴盛皆于实，天下大事必作于细，保持严谨工作作风，在平凡的岗位上把每一件小事都做到极致，始终把学习作为一种人生追求，在实际调研中做到精心调研、用心调研，达到精准调研、精准帮扶，这其实才是孙本良从事市情研究和智库咨政的初心和使命。

作为一名孜孜不倦的科研工作者，可喜的是，这项其实十分艰巨的任务，他不但做到了保质保量，而且做出了优质超量的科研成果，"亮点"纷呈，具有突出的科研能力和学术成果。近年来，他先后在国家级刊物上发表文章420多篇，其中全国中文核心期刊57篇，发表各类文章1230篇，专著7部，多篇文章被转载，多篇作品获全国、省、市奖项。参与国家社会科学基金课题5项。《以济宁为例——农村土地流转的问题及对策》一文获全国党校系统一等奖，填补了市委党校国家级奖励的空白，并获中国改革发展理论突出贡献大奖；《关于保持农村党员先进性的若干思考》一文，在《新华社内参选编》全文刊发，先后被中央组织部、中央宣传部和中央党校等单位评为一等奖，并荣获市政府嘉奖；所撰写的理论文章连续五年荣获全省党建系统优秀调研课题成果一等奖，连续四年荣获山东省政府系统优秀调研成果一等奖，连续五年荣获全省党校系统优秀调研课题成果一等奖，荣获市精神文明建设"精品工程"奖，连续七年荣获济宁市社科优秀调研成果一等奖；独立撰写105项调研报告，先后被国家和省（部）、市领导作出批示件87项，其中，省（部）级主要领导签批38项，地市级主要领导签批45项，有4项调研报告得到党和国家领导人的充分肯定。独撰的《关于做好新形势下群众工作的调研报告》，呈报习近平总书记之后，中共中央办公厅转交给国家信访局批示，中央组织部部长也作了批示；《关于打好精准扶贫攻坚战的调研报告》，国家发改委主任何立峰作了重要批示，安排人给济宁市发改委来电话给予高度评价；又如根据中央提出加快转变经济发展方式要求等调研课题，本良教授撰写了《关于济宁加快转变经济发展方式的战略思考》等多个调研报告；根据山东省发展战略布局，设计了《关于打造济宁鲁西南科学发展高地调研报告》，以上多项调研报告时任省政府郭树清省长作了重要批示；撰写的《关于加快环保产业发展的调研与思考》的调研报告时任省政府郭树清省长及张务锋副省长作了重要批示，为此，山东省环保厅专门召开会议研究落实郭树清省长及张务锋副省长签批有关精神，随即与该课题组负责人孙本良进行了沟通和交流，同时也得到山东省环保厅及济宁市人民政府高度重视，被政府决策采纳，并起草了《山东省环境保护厅关于落实省领导对济宁市委党校调研报告批示的报告》，该调研报告影响之大、反响之深，具有明显的社会效益、经济效益，形成了一套环保产业应用系统，适应环保产业形势发展变化的需要，具有很强的操作性，对于加快推动济宁以及山东环保产业发展具有重大的现实意义。仅仅 2013 年这一年，各级领导签批孙本良的调研报告就有 22 项，其中：省（部）级主要领导签批 12 项，市级主要领导签批 10 项；签批数量之多、质量之高，在市委党校乃至山东省委党校历史上还是首次，在全省党校系统位居第一，在全国党校系统名列前茅。中央党校《党校工作通讯》全文刊发市委党校"思想库"建设的经验做法，山东省委党校以鲁党校通字〔2013〕29 号文件向全省党校系统推广宣传；孙本良这 87 项调研报告是市委党校思想库建设上的重要成果，是济宁市党校系统的重要引领和示范，为党校争得了荣誉，为社会经济发展做出了积极的贡献，具有重要的里程碑意义。这些报告既与党的政策"零距离"，又立足实际"接地气"，咨政效果明显，可操作性强，产生了良好的社会效益与经济效益；不但成为市委党校思想库建设上的重要成果，而且也成为山东省党校系统咨政工作如何上档次上水平的重要引领和示范，为当地经济乃至全省经济社会发展做出了突出贡献。成绩如此卓异，业绩如此光鲜，不服都不行！

我常感慨，命运对于年轻的孙本良该是何其垂青！但当我阅读着他的一部部既有政策高度，又有理念思辨，既观点鲜明，又论证深刻的专著，以及发表在国家各级各类刊物上的精彩篇什时，便觉"天道酬勤"之说真的不虚！命运对所有人都是公平的，对于孙本良尤其如此。据我所知，孙本良在党校工作的 18 年里，是"勤奋人"中的勤奋者，办公室有他勤奋备课的场景，图书室有他勤奋学习的画面，全市、全省乃至全国都在他勤奋工作的身影：或在调研，或在开会，或在报告，或在讲课……特别是在他的研究方向转至"咨政"以后，更是频繁往乡下跑、往基层跑、往一线跑。市区周遭的乡镇，他常是骑车前往，为了节省时间，往往飞车行驶，有几次被摔得遍体鳞伤。多年来，他没有星期天、节假日，像一台"永动机"，不停地运转着，并向周围的世界输送着正能量。正是通过无数次的遍布全市的基层调研，孙本良既掌握了大量的第一手资料，又充实党校科研及课堂教学内容；既避免了"空对空"的观点堆砌，又培养了理论联系实际的能力素质；撰写出大量高质量、高水准规格的调研报告，让党校的教学与科研步入了前所未有的高度。

　　孙本良第一次登上党校讲台是在 2010 年 7 月 19 日，转眼 10 年过去了，经过勤学苦练立足岗位已成为党校系统讲台上的主干力量，特别在党委政府决策咨询研究方面在全国各地授课获得了一致好评。2016 年 12 月 16 日，在全省党校系统召开的科研及智库会议上，他上台作了典型发言，得到了与会领导及同事的高度赞赏及鼓励。回想起第一次讲课时心里没底紧张得不行与不安惶恐，仍历历在目。在孙本良看来，党校不是一般的学校，是教育培养党的执政骨干的学校，党校的课堂是庄严的、神圣的，党校的学员一般都是各单位有思想、有经验、有能力、有才华、有学历的骨干，因此，党校教师要政治坚定、思想坚定、立场坚定，始终坚持"党校姓党"，牢记把纪律和规矩挺在前面，既要业务本领高强，又要善于用学术讲政治、用学术讲党的政治理论。只有这样立足实际，才能使授课的内容具有生命的活力，使党的理论具有鲜红的活力，才能让这些不一般的学生接受进而信服党的理论。孙本良的讲课让党的理论变得立体、鲜活，有活力，看得见摸得着，达到了预想的效果；因为他的讲课内容有厚度、有温度，才让人能更深刻地理解党的理论背后的博大精深与生命力的存在，进而对党的理论产生了感情，激起了深入学习党的理论的浓厚兴趣。三尺讲台献青春，他在"习近平新时代中国特色社会主义思想""党的十九大精神""两学一做""乡村振兴"等等学习教育宣讲活动中，经常披星戴月深入农村、企业、社区、高校、机关宣讲党的理论，把党的正能量和好声音及时传播到全市各地和乡村街道及社会群体，受教社会各界党员领导干部、群众达数万人（次）。

对每一堂课，孙本良丝毫不敢懈怠，始终全力以赴。在长期的教学科研实践中，总结了六个"切实可行教学科研的要点"方法：①立足实际，要用学术讲政治、讲理论、讲故事，用案例方法来"激活"深奥枯燥的理论；②善于在授课中总结提炼，把学员零散的观点用自己的语言总结出来；③要独立思考，让学员能对自己所阐述的观点耳目一新，感到有新观点、新深度，听得通彻解渴；④要不断更新内容、更新授课方式方法，做到与时俱进；⑤要用实际讲理论、讲政治，重点讲清楚党的重大决策部署背后的所以然、之所以然；⑥授课重点结合当地实际最关键，离开这条都是"空谈"。这六个"要"是孙本良老师在自己的实际教学科研中逐步摸索得到的。为此，本良老师一方面在"专"字上下足"笨功夫""细功夫"，努力学习专业理论，注重积累自己研究领域的专业知识。只有专业知识掌握得牢固，才能在课堂上融会贯通，才能提升总结概括能力，才能有自己的分析框架与严密逻辑，上课内容才能有深度、有厚度，才能看到学员看不到的背后深层次的内涵，才能使授课有高度、有温度，同时还能自如运用数据与现实的案例，使课程接地气、暖人心，与学员产生共鸣。另一方面，在"精"字上下"慢功夫""静功夫""笨功夫"。党校教师传递的是党的好声音、正能量，不完全是个人的声音，所以备课时每一个字每一句话每一个观点孙本良老师都要做到严谨、准确、唯美、完善、唯实，反反复复推敲，达到精益求精，做到"想清楚、写清楚、说清楚"，同时不断补充新的内容，把最新的社会经济发展的有关数据与中央、省委、市委精神充实进去，使授课内容与时俱进。为了使授课内容灵活多样，达到更好的教学科研效果，孙本良老师注重探索访谈式、案例式、互动式等教学新方式新方法，这些新的教学方式方法受到了学员的好评。"十八载弦歌不辍，十八载春华秋实"。自2000年9月转业到地方工作起，他"不为困难吓倒，而且捏碎重塑，重振雄风"，愿意把一生的精力献给所热爱的党校事业，做一个永不懈怠的新时代的党校人。

孙本良身上有诸多值得我们学习的美好人格，比如中国知识分子的传统美德——仁义礼智信，温良恭俭让，等等。早在部队期间，他就热衷于公益事业，积极参与公益活动，献血捐物、救人危难、抢险救灾更是经常为之。

他认为，自己作为军人，特别是作为党员，这都是理所当然的"分内"之事，所以28年以来，他做了许多好事，从不留名，也不提起，只是默默奉献。

儒家的"修齐治平"思想，是深入至孙本良骨髓和血液中了的。他既热爱工作，也热爱家庭，而爱的最好方式，就是给予，就是奉献，甚至牺牲。他心中有一个雷打不动的次序：第一是单位工作，第二是照顾家庭，第三是阅读写作。他的确太忙太忙了，每天都有领导交办的任务，都有科研自身的日常业务，诸如选稿编稿、课题立项、年度统计、全校评奖等，事无巨细，都认真对待，一丝不苟，他将自己的工作岗位，视为奉献的场所、修身的平台、成长的阶梯。作为一名新时代的党校人，他对科研充满了热情、充满了激情、充满了战斗力，他除积极参加和组织理论学术交流研讨活动，活跃在省内外科研舞台上外，还曾受邀到省内外高校等单位讲演75余（次）场，得到了一致好评。

但人毕竟乃血肉之躯，精力总是有限的。孙本良对事业一心一意，而对于双亲有时就显得"三心二意"。二老皆已年迈，体弱多病，父亲患有肾囊肿，母亲患有高血压、糖尿病、冠心病，住院治疗是常事，他只是不与外人道罢了。父母每次住院，他从不向单位请假，也从不向同事与身边人提起，实在分身乏术，就只好托付给弟弟代劳。有时，工作忙得晕头转，便会"忘却"病中的父母。待弟弟电话找他，他才猛然记起，父母还住着院呢！

"你是工作重要，还是父母的命重要！"医生看到他父母的体检结果，就狠狠地责备孙本良，建议他立即请假，照顾父母接受手术。这期间，他一边照顾住院的父母，一边校对《初心的答卷——新时代视角下乡村振兴》书稿。因为他知道，这本书的出版，意义非同一般，将会对当下举国开展着的乡村振兴工作产生重大的指导作用。他时时感到肩头上沉甸甸的责任，这责任如大山一般沉重。他把照顾父母的病房当成工作室，床头上堆满了各种报刊书籍和研究资料，经过字斟句酌、反复推敲、数易其稿、呕心沥血，终于完成了30万字的《初心的答卷——新时代视角下乡村振兴》一书。

孙本良的"情感亏欠"，不仅有父母，更有自己的妻儿。家务自然无暇过问，孩子的学习也难以顾及，让他唏嘘慨叹的是，思念之苦，思子之痛，亲情的折磨——

这是多少个日夜，孙本良没有回家了！

8岁的儿子天天问妈妈："爸爸去哪儿了？"

"爸爸出差了，很快就会回来。"妈妈安慰着儿子。

儿子相信了，但心中的思念却难以平复，于是，他每天在做完家庭作业，坚持给爸爸写一封信。在孙本良陪护父母期间，儿子用幼稚的笔迹、歪歪斜斜的字体，先后给他写了9封信。读着儿子"寄"来的"家书"，这个信奉"男儿有泪不轻弹"的"钢铁汉子"，禁不住泪流满面。

作为学者的孙本良，究竟是怎样一个人？他的研究、他的论文、他的书箱、他的思想、他的观点、他的建议、他的声音、他的行动、他的付出……竟然对于孔孟之乡，对于齐鲁大地，对于所处的这个伟大的时代，究竟有着如何重要的当代意义，将产生怎样的现实意义？那就让我们一起走进本良2020年出版的专著——《新时代农业农村问题研究》。我有幸先拜读了本良书稿，深深地感到本良教授既是一位自强不息的实践家，又是一位日新日高的理论家，因为他的实践之路常新，所以他的理论之树常青。他以"实践家和理论家"所具有的那种理论高度、专业深度、文化厚度和认知远度聆听时代声音，回应新时代呼唤，研究解决现实理论问题，从而把握住了历史脉络，找到了发展规律，继而实现了理论创新。相信他的理论创新成果会有力地指导和推动实践创新，成为社会经济发展和变革的先导。他的理论创新层层递进了他多年来的"笨思考""静思考"和"深度思考"，同时也向人们展现了他的"自信、自强、好学、自律、勤奋、专注、实干"等个人的内在优秀品质。一个人在事业上取得如此辉煌的成绩，这与他脚踏实地的极致精神是分不开的，他所做的这一切，已经深深地证明了这一切，不能不惊叹于本良平时对工作的感悟之深，也不能不对一颗"求知欲望的野心"表示敬意。此书体现了理论继承与创新、理论与实践的辩证统一，彰显高度的理论自信与战略定力，为开辟马克思主义发展新境界注入了强大思想动力。我想，单凭我这些有限的文字，恐怕是难以一下子勾勒清楚的，相信本良在济南市委党校一定会做出更加辉煌的成绩，因为他爱这个新单位，挚爱这份事业，愿意付出自己的一生。既然是这一辉煌时代造就出的"时代英才"，就只好留给这个时代来慢慢发现与慢慢解析吧。只是，如果真的要对孙本良有一个解读，那么，我要说的是：既有文人的家国情怀，又有军人的责任担当，更有党员的初心使命忠诚干净担当，也有理论工作者的崇高素养和品格。他始终身体力行地践行着"党校姓党"的宗旨，理论创新永无止境，始终秉持"嚼得菜根，做得大事"的信念，在科研道路上扎实地迈进，博学笃行、矢志不渝，永远做一个新时代的追梦人。这大约就是孙本良教授吧。

2020 年 2 月 12 日完稿于望湖阁

（作者系中国作家协会山东分会会员，济宁市第二批文化名家，济宁市散文学会副会长，济宁日报资深记者，《利民访名校》栏目创始人）

推进山东乡村振兴的几点建议

习近平总书记在山东考察时强调，扎实实施乡村振兴战略，打造乡村振兴的齐鲁样板。山东人民牢记习近平总书记嘱托，聚焦聚力乡村振兴发展中的重点难点问题，大力推动乡村振兴战略在齐鲁大地落地生根、开花结果。习近平总书记对山东作出的重要指示，为我们推进乡村振兴指明了前进方向，提供了根本遵循，注入了强大动力。在工作中要从以下几方面加强：

以强化农业信息技术为支撑，打造具有山东地方信息特色的新农村。大力发展现代农业，离不开农业信息技术的有力支撑。要积极鼓励农民参与"互联网＋现代农业"的新模式；建立农畜产品质量可追溯体系，实现农产品深加工监管的即时性和实效性，确保质量数据更新及时、有效、准确，最大限度地实现数据经济价值；要积极开发适合农村条件的电商平台，积极开拓农产品销售渠道，大力发展农村电子商务，推进物流网络延伸，鼓励农业专业合作社及种养大户借助电子商务平台销售产品，发展订单式农业，推动线上、线下互动发展；要在互联平台建立上发挥政府主导作用，降低进入互联网的门槛；电信等部门积极配合政府开展信息进村入户工程，借助农业农村部重点农产品市场信息平台，让新时代的农民及时掌握主要农产品市场价格变动情况。

以发展农村经济为重点，打造具有山东地方经济特色的新农村。产业振兴是乡村振兴的物质基础，要以大力发展新农村经济为重点，加快新农村全面发展。立足山东各地实际积极打造"有产业"的新农村，发挥政府引导作用，科学制定发展规划。根据统筹城乡发展的要求，按照立足当前、着眼长远、统筹规划、切合实际的原则，使创新农村生产方式、发展农村经济与全市经济社会发展规划相衔接，与产业发展、城镇建设等规划相衔接，有步骤、有重点地加以推进；要着力推进农业生产的规模化、产业化和科技化。

以推进基础设施建设为引领，打造具有山东地方设施特色的新农村。大力推进新农村社区发展，积极完善新农村社区卫生服务体系、连锁便民店、文化娱乐活动场所等设施，基本形成以新农村社区中心为核心活动范围的15分钟公共服务圈；在保护好绿水青山和田园风光、留住独特的乡土味道和乡村风貌的基础上，积极推动新农村生活品质的提升；完善农村卫生、教育、养老等公共服务建设，尤其是鼓励建设养老机构、老人日托中心、居家养老照料中心等，提升新农村基本公共服务供给能力和水平；加强新农村生态建设和环境综合治理工作，实施农药化肥使用减量行动计划，推动化肥农药等使用总量和强度实现持续快速下降；加强农村人居环境治理，加大污染处理、垃圾污水治理力度，推进"厕所革命"，着力打造"天更蓝、水更清、地更绿"的美丽新农村，让优美的生态环境成为具有山东特色乡村振兴重要支撑点。

　　以繁荣乡村文化为中心，打造具有山东地方文化特色的新农村。文化振兴是乡村振兴的重要精神基础，大力推进新农村全面建成小康社会步伐，离不开乡村文化的繁荣兴盛。实施乡村振兴战略，必须传承发展提升农耕文明，走乡村文化兴盛之路。因此，要积极营造优良乡村文化氛围，焕发地方特色的乡村文明新气象；团结和引导广大农民从各自的立场与兴趣出发，自觉自愿地成为本地特色乡土文化的爱好者、传承者、创造者、拥有者、经营者和管理者。农村文化基础建设不可不重视，应建立农村文化阵地，完善农家书屋，兴建农村文化广场，让农民的业余生活有处可去，使农民的文化需求有处可得。随着生活水平日益提高，新时代的村民们更注重生活品质和文化娱乐，有更多的时间、更浓的兴趣参与到乡村文化艺术活动中，因此要培养新时代村民基于自身爱好、自发参与、自觉普及、自由共享而自成风尚的良好文化生活习惯，使其在对当地优秀传统特色文化的根脉继承、习惯延续、爱好保持、群体参与、深度普及和最大共享中，寓教于乐、寓庄于谐，使新时代的农民精神更充实、生活更精彩。

　　以鼓励人才创新创业为核心，打造具有山东地方创新特色的新农村。人才是乡村振兴的关键因素，只有把热爱"三农"的优秀人才吸纳进来，才能打造"有活力"的新乡村，乡村振兴战略才能早日实现。鼓励和支持返乡下乡大学生、退伍军人等人员到新农村干事创业，充分利用他们的自身优势和特长，创办、领办家庭农场、农民合作社、农业企业、农业社会化服务组织等新型农业经营主体，并与有一定实力的精深加工企业联合与合作，组建新的行业组织或联盟；要积极引导返乡下乡人员创办家庭农场，达到现代农业适度规模经营标准后，可纳入政策支持范围；相关扶持政策向规范化、示范性农民合作社倾斜。

2020 年是全面建成小康社会目标实现之年，是全面打赢脱贫攻坚战收官之年。党中央明确提出，脱贫攻坚最后堡垒必须攻克，全面小康"三农"领域突出短板必须补上。"小康不小康，关键看老乡。"脱贫攻坚质量怎么样、小康成色如何，很大程度上要看"三农"工作成效。山东立足各地实际必须深刻把握好、落实好和贯彻好 2020 年"三农"工作的各项要求，毫不松懈，持续加力，坚决夺取第一个百年奋斗目标的全面胜利。

孙本良

（作者系山东省济南市委党校马克思主义研究中心教授）

目　录

绪　论

一、中共中央国务院关于抓好"三农"领域重点工作，确保如期实现全面小康的意见

党的十九大以来，党中央围绕打赢脱贫攻坚战、实施乡村振兴战略做出一系列重大部署，出台一系列政策举措。农业农村改革发展的实践证明，党中央制定的方针政策是完全正确的，今后一个时期要继续贯彻执行。

2020年，是全面建成小康社会目标实现之年，是全面打赢脱贫攻坚战收官之年。党中央认为，完成上述两大目标任务，脱贫攻坚最后堡垒必须攻克，全面小康"三农"领域突出短板必须补上。小康不小康，关键看老乡。脱贫攻坚质量怎么样、小康成色如何，很大程度上要看"三农"工作成效。全党务必深刻认识做好2020年"三农"工作的特殊重要性，毫不松懈，持续加力，坚决夺取第一个百年奋斗目标的全面胜利。

做好2020年"三农"工作总的要求是，坚持以习近平新时代中国特色社会主义思想为指导，全面贯彻党的十九大和十九届二中、三中、四中全会精神，贯彻落实中央经济工作会议精神，对标对表全面建成小康社会目标，强化举措、狠抓落实，集中力量完成打赢脱贫攻坚战和补上全面小康"三农"领域突出短板两大重点任务，持续抓好农业稳产保供和农民增收，推进农业高质量发展，保持农村社会和谐稳定，提升农民群众获得感、幸福感、安全感，确保脱贫攻坚战圆满收官，确保农村同步全面建成小康社会。

（一）坚决打赢脱贫攻坚战

1. 全面完成脱贫任务

脱贫攻坚已经取得决定性成就，绝大多数贫困人口已经脱贫，现在到了

攻城拔寨、全面收官的阶段。要坚持精准扶贫，以更加有力的举措、更加精细的工作，在普遍实现"两不愁"的基础上，全面解决"三保障"和饮水安全问题，确保剩余贫困人口如期脱贫。进一步聚焦"三区三州"等深度贫困地区，瞄准突出问题和薄弱环节集中发力，狠抓政策落实。对深度贫困地区贫困人口多、贫困发生率高、脱贫难度大的县和行政村，要组织精锐力量强力帮扶、挂牌督战。对特殊贫困群体，要落实落细低保、医保、养老保险、特困人员救助供养、临时救助等综合社会保障政策，实现应保尽保。各级财政要继续增加专项扶贫资金，中央财政新增部分主要用于"三区三州"等深度贫困地区。优化城乡建设用地增减挂钩、扶贫小额信贷等支持政策。深入推进抓党建促脱贫攻坚。

2. 巩固脱贫成果防止返贫

各地要对已脱贫人口开展全面排查，认真查找漏洞缺项，一项一项整改清零，一户一户对账销号。总结推广各地经验做法，健全监测预警机制，加强对不稳定脱贫户、边缘户的动态监测，将返贫人口和新发生贫困人口及时纳入帮扶，为巩固脱贫成果提供制度保障。强化产业扶贫、就业扶贫，深入开展消费扶贫，加大扶贫搬迁后续扶持力度。扩大贫困地区退耕还林还草规模。深化扶志扶智，激发贫困人口内生动力。

3. 做好考核验收和宣传工作

严把贫困退出关，严格执行贫困退出标准和程序，坚决杜绝数字脱贫、虚假脱贫，确保脱贫成果经得起历史检验。加强常态化督导，及时发现问题、督促整改。开展脱贫攻坚普查，扎实做好脱贫攻坚宣传工作，全面展现新时代扶贫脱贫壮阔实践，全面宣传扶贫事业历史性成就，深刻揭示脱贫攻坚伟大成就背后的制度优势，向世界讲中国减贫的生动故事。

4. 保持脱贫攻坚政策总体稳定

坚持贫困县摘帽不摘责任、不摘政策、不摘帮扶、不摘监管。强化脱贫攻坚责任落实，继续执行对贫困县的主要扶持政策，进一步加大东西部扶贫协作、对口支援、定点扶贫、社会扶贫力度，稳定扶贫工作队伍，强化基层帮扶力量。持续开展扶贫领域腐败和作风问题的专项治理。对已实现稳定脱贫的县，各省（自治区、直辖市）可以根据实际情况统筹安排专项扶贫资金，支持非贫困县、非贫困村贫困人口脱贫。

5.研究继续推进减贫工作

脱贫攻坚任务完成后，我国贫困状况将发生重大变化，扶贫工作重心转向解决相对贫困，扶贫工作方式由集中作战调整为常态推进。要研究建立解决相对贫困的长效机制，推动减贫战略和工作体系平稳转型。加强解决相对贫困问题顶层设计，纳入实施乡村振兴战略统筹安排。抓紧研究制定脱贫攻坚与实施乡村振兴战略有机衔接的意见。

（二）对标全面建成小康社会加快补上农村基础设施和公共服务短板

1.加大农村公共基础设施建设力度

推动"四好农村路"示范创建提质扩面，启动省域、市域范围内示范创建。在完成具备条件的建制村通硬化路和通客车任务基础上，有序推进较大人口规模自然村（组）等通硬化路建设。支持村内道路建设和改造。加大成品油税费改革转移支付对农村公路养护的支持力度。加快农村公路条例立法进程。加强农村道路交通安全管理，完成"三区三州"和抵边村寨电网升级改造攻坚计划。基本实现行政村光纤网络和第四代移动通信网络普遍覆盖。落实农村公共基础设施管护责任，应由政府承担的管护费用纳入政府预算。做好村庄规划工作。

2.提高农村供水保障水平

全面完成农村饮水安全巩固提升工程任务。统筹布局农村饮水基础设施建设，在人口相对集中的地区推进规模化供水工程建设。有条件的地区将城市管网向农村延伸，推进城乡供水一体化。中央财政加大支持力度，补助中西部地区、原中央苏区农村饮水安全工程维修养护。加强农村饮用水水源保护，做好水质监测。

3.扎实搞好农村人居环境整治

分类推进农村厕所革命，东部地区、中西部城市近郊区等有基础有条件的地区要基本完成农村户用厕所无害化改造，其他地区实事求是确定目标任务。各地要选择适宜的技术和改厕模式，先搞试点，证明切实可行后再推开。全面推进农村生活垃圾治理，开展就地分类、源头减量试点。梯次推进农村生活污水治理，优先解决乡镇所在地和中心村生活污水问题。开展农村黑臭水体整治，支持农民群众开展村庄清洁和绿化行动，推进"美丽家园"建设。鼓励有条件的地方对农村人居环境公共设施维修养护进行补助。

4.提高农村教育质量

加强乡镇寄宿制学校建设，统筹乡村小规模学校布局，改善办学条件，提高教学质量。加强乡村教师队伍建设，全面推行义务教育阶段教师"县管校聘"，有计划安排县城学校教师到乡村支教。落实中小学教师平均工资收入水平不低于或高于当地公务员平均工资收入水平政策，教师职称评聘向乡村学校教师倾斜，符合条件的乡村学校教师纳入当地政府住房保障体系。持续推进农村义务教育控辍保学专项行动，巩固义务教育普及成果。增加学位供给，有效解决农民工随迁子女上学问题。重视农村学前教育，多渠道增加普惠性学前教育资源供给。加强农村特殊教育，大力提升中西部地区乡村教师国家通用语言文字能力，加强贫困地区学前儿童普通话教育。扩大职业教育学校在农村招生规模，提高职业教育质量。

5.加强农村基层医疗卫生服务

办好县级医院，推进标准化乡镇卫生院建设，改造提升村卫生室，消除医疗服务空白点。稳步推进紧密型县城医疗卫生共同体建设。加强乡村医生队伍建设，适当简化本科及以上学历医学毕业生或经住院医师规范化培训合格的全科医生招聘程序。对应聘到中西部地区和艰苦边远地区乡村工作的应届高校医学毕业生，要给予大学期间学费补偿、国家助学贷款代偿。允许各地盘活用好基层卫生机构现有编制资源，乡镇卫生院可优先聘用符合条件的村医。加强基层疾病预防控制队伍建设，做好重大疾病和传染病防控。将农村适龄妇女宫颈癌和乳腺癌检查纳入基本公共卫生服务范围。

6.加强农村社会保障

适当提高城乡居民基本医疗保险财政补助和个人缴费标准。提高城乡居民基本医保、大病保险、医疗救助经办服务水平，地级市域范围内实现"一站式服务、一窗口办理、一单制结算"。加强农村低保对象动态精准管理，合理提高低保等社会救助水平。完善农村留守儿童和妇女、老年人关爱服务体系。发展农村互助式养老，多形式建设日间照料中心，改善失能老年人和重度残疾人护理服务。

7.改善乡村公共文化服务

推动基本公共文化服务向乡村延伸，扩大乡村文化惠民工程覆盖面。鼓励城市文艺团体和文艺工作者定期送文化下乡。实施乡村文化人才培养工程，支持乡土文艺团组发展，扶持农村非遗传承人、民间艺人收徒传艺，发展优秀戏曲曲艺、少数民族文化、民间文化。保护好历史文化名镇（村）、传统村落、民族村寨、传统建筑、农业文化遗产、古树名木等。以"庆丰收、迎小康"为主题办好中国农民丰收节。

8.治理农村生态环境突出问题

大力推进畜禽粪污资源化利用，基本完成大规模养殖场粪污治理设施建设。深入开展农药化肥减量行动，加强农膜污染治理，推进秸秆综合利用。在长江流域重点水域实行常年禁捕，做好渔民退捕工作。推广黑土地保护有效治理模式，推进侵蚀沟治理，启动实施东北黑土地保护性耕作行动计划。稳步推进农用地土壤污染管控和修复利用。继续实施华北地区地下水超采综合治理。启动农村水系综合整治试点。

（三）保障重要农产品有效供给和促进农民持续增收

1.稳定粮食生产

确保粮食安全始终是治国理政的头等大事。粮食生产要稳字当头，稳政策、稳面积、稳产量。强化粮食安全省长责任制考核，各省（自治区、直辖市）2020年粮食播种面积和产量要保持基本稳定。进一步完善农业补贴政策。调整完善稻谷、小麦最低收购价政策，稳定农民基本收益。推进稻谷、小麦、玉米完全成本保险和收入保险试点。加大对大豆高产品种和玉米、大豆间作新农艺推广的支持力度。抓好草地贪夜蛾等重大病虫害防控，推广统防统治、代耕代种、土地托管等服务模式。加大对产粮大县的奖励力度，优先安排农产品加工用地指标。支持产粮大县开展高标准农田建设新增耕地指标跨省域调剂使用，调剂收益按规定用于建设高标准农田。深入实施优质粮食工程，以北方农牧交错带为重点扩大粮改饲规模，推广种养结合模式。完善新疆棉花目标价格政策。拓展多元化进口渠道，增加适应国内需求的农产品进口。

扩大优势农产品出口。深入开展农产品反走私综合治理专项行动。

2. 加快恢复生猪生产

生猪稳产保供是当前经济工作的一件大事，要采取综合性措施，确保 2020 年年底前生猪产能基本恢复到接近正常年份水平。落实"省负总责"，压实"菜篮子"市长负责制，强化县级抓落实责任，保障猪肉供给。坚持补栏增养和疫病防控相结合，推动生猪标准化规模养殖，加强对中小散养户的防疫服务，做好饲料生产保障工作。严格落实扶持生猪生产的各项政策举措，抓紧打通环评、用地、信贷等瓶颈。纠正随意扩大限养禁养区和搞"无猪市""无猪县"问题。严格执行非洲猪瘟疫情报告制度和防控措施，加快疫苗研发进程。加强动物防疫体系建设，落实防疫人员和经费保障，在生猪大县实施乡镇动物防疫特聘计划。引导生猪屠宰加工向养殖集中区转移，逐步减少活猪长距离调运，推进"运猪"向"运肉"转变。加强市场监测和调控，做好猪肉保供稳价工作，打击扰乱市场行为，及时启动社会救助和保障标准与物价上涨挂钩联动机制。支持奶业、禽类、牛羊等生产，引导优化肉类消费结构。推进水产绿色健康养殖，加强渔港建设和管理改革。

3. 加强现代农业设施建设

提早谋划实施一批现代农业投资重大项目，支持项目及早落地，有效扩大农业投资。以粮食生产功能区和重要农产品生产保护区为重点加快推进高标准农田建设，修编建设规划，合理确定投资标准，完善工程建设、验收、监督检查机制，确保建一块成一块。如期完成大中型灌区续建配套与节水改造，提高防汛抗旱能力，加大农业节水力度。抓紧启动和开工一批重大水利工程和配套设施建设，加快开展南水北调后续工程前期工作，适时推进工程建设。启动农产品仓储保鲜冷链物流设施建设工程。加强农产品冷链物流统筹规划、分级布局和标准制定。安排中央预算内投资，支持建设一批骨干冷链物流基地。国家支持家庭农场、农民合作社、供销合作社、邮政快递企业、产业化龙头企业建设产地分拣包装、冷藏保鲜、仓储运输、初加工等设施，对其在农村建设的保鲜仓储设施用电实行农业生产用电价格。依托现有资源建设农业农村大数据中心，加快物联网、大数据、区块链、人工智能、第五代移动通信网络、智慧气象等现代信息技术在农业领域的应用。开展国家数字乡村试点。

4.发展富民乡村产业

支持各地立足资源优势打造各具特色的农业全产业链，建立健全农民分享产业链增值收益机制，形成有竞争力的产业集群，推动农村一、二、三产业融合发展。加快建设国家、省、市、县现代农业产业园，支持农村产业融合发展示范园建设，办好农村"双创"基地。重点培育家庭农场、农民合作社等新型农业经营主体，培育农业产业化联合体，通过订单农业、入股分红、托管服务等方式，将小农户融入农业产业链。继续调整优化农业结构，加强绿色食品、有机农产品、地理标志农产品认证和管理，打造地方知名农产品品牌，增加优质绿色农产品供给。有效开发农村市场，扩大电子商务进农村覆盖面，支持供销合作社、邮政快递企业等延伸乡村物流服务网络，加强村级电商服务站点建设，推动农产品进城、工业品下乡双向流通。强化全过程农产品质量安全和食品安全监管，建立健全追溯体系，确保人民群众"舌尖上的安全"。引导和鼓励工商资本下乡，切实保护好企业家合法权益。制定农业及相关产业统计分类并加强统计核算，全面准确反映农业生产、加工、物流、营销、服务等全产业链价值。

5.稳定农民工就业

落实涉企减税降费等支持政策，加大援企稳岗工作力度，放宽失业保险稳岗返还申领条件，提高农民工技能提升补贴标准。农民工失业后，可在常住地进行失业登记，享受均等化公共就业服务。出台并落实保障农民工工资支付条例。以政府投资项目和工程建设领域为重点，开展农民工工资支付情况排查整顿，执行拖欠农民工工资"黑名单"制度，落实根治欠薪各项举措。实施家政服务、养老护理、医院看护、餐饮烹饪、电子商务等技能培训，打造区域性劳务品牌。鼓励地方设立乡村保洁员、水管员、护路员、生态护林员等公益性岗位。开展新业态从业人员职业伤害保障试点。深入实施农村创新创业带头人培育行动，将符合条件的返乡创业农民工纳入一次性创业补贴范围。

（四）加强农村基层治理

1.充分发挥党组织领导作用

农村基层党组织是党在农村全部工作和战斗力的基础。要认真落实《中国共产党农村基层组织工作条例》，组织群众发展乡村产业，增强集体经济实力，带领群众共同致富；动员群众参与乡村治理，增强主人翁意识，维护农村和谐稳定；教育引导群众革除陈规陋习，弘扬公序良俗，培育文明乡风；密切联系群众，提高服务群众能力，把群众紧密团结在党的周围，筑牢党在农村的执政基础。全面落实村党组织书记县级党委备案管理制度，建立村"两委"成员县级联审常态化机制，持续整顿软弱涣散村党组织，发挥党组织在农村各种组织中的领导作用。严格村党组织书记监督管理，建立健全党委组织部门牵头协调，民政、农业农村等部门共同参与，加强指导的村务监督机制，全面落实"四议两公开"。加大农村基层巡察工作力度。强化基层纪检监察组织与村务监督委员会的沟通协作、有效衔接，形成监督合力。加大在青年农民中发展党员力度。持续向贫困村、软弱涣散村、集体经济薄弱村派驻第一书记。加强村级组织运转经费保障，健全激励村干部干事创业机制。选优配强乡镇领导班子特别是乡镇党委书记。在乡村开展"听党话、感党恩、跟党走"宣讲活动。

2. 健全乡村治理工作体系

坚持县乡村联动，推动社会治理和服务重心向基层下移，把更多资源下沉到乡镇和村，提高乡村治理效能。县级是"一线指挥部"，要加强统筹谋划，落实领导责任，强化大抓基层的工作导向，增强群众工作本领。建立县级领导干部和县直部门主要负责人包村制度。乡镇是为农服务中心，要加强管理服务，整合审批、服务、执法等方面力量，建立健全统一管理服务平台，实现一站式办理。充实农村人居环境整治、宅基地管理、集体资产管理、民生保障、社会服务等工作力量。行政村是基本治理单元，要强化自我管理、自我服务、自我教育、自我监督，健全基层民主制度，完善村规民约，推进村民自治制度化、规范化、程序化。扎实开展自治、法治、德治相结合的乡村治理体系建设试点示范，推广乡村治理创新性典型案例经验。注重发挥家庭家教家风在乡村治理中的重要作用。

3. 调处化解乡村矛盾纠纷

坚持和发展新时代"枫桥经验"，进一步加强人民调解工作，做到小事不出村、大事不出乡、矛盾不上交。畅通农民群众诉求表达渠道，及时妥善处理农民群众合理诉求。持续整治侵害农民利益行为，妥善化解土地承包、征地拆迁、农民工工资、环境污染等方面矛盾。推行领导干部特别是市县领导干部定期下基层接访制度，积极化解信访积案。组织开展"一村一法律顾问"等形式多样的法律服务，对直接关系农民切身利益、容易引发社会稳定风险的重大决策事项，应先进行风险评估。

4. 深入推进平安乡村建设

推动扫黑除恶专项斗争向纵深推进，严厉打击非法侵占农村集体资产、扶贫惠农资金和侵犯农村妇女儿童人身权利等违法犯罪行为，推进反腐败斗争和基层"拍蝇"，建立防范和整治"村霸"长效机制。依法管理农村宗教事务，制止非法宗教活动，防范邪教向农村渗透，防止封建迷信蔓延。加强农村社会治安工作，推行网格化管理和服务。开展农村假冒伪劣食品治理行动。打击制售假劣农资违法违规行为。加强农村防灾减灾能力建设。全面排查整治农村各类安全隐患。

（五）强化农村补短板保障措施

1. 优先保障"三农"投入

加大中央和地方财政"三农"投入力度，中央预算内投资继续向农业农村倾斜，确保财政投入与补上全面小康"三农"领域突出短板相适应。地方政府要在一般债券支出中安排一定规模支持符合条件的易地扶贫搬迁和乡村振兴项目建设。各地应有序扩大用于支持乡村振兴的专项债券发行规模。中央和省级各部门要根据补短板的需要优化涉农资金使用结构。按照"取之于农、主要用之于农"要求，抓紧出台调整完善土地出让收入使用范围，进一步提高农业农村投入比例的意见。调整完善农机购置补贴范围，赋予省级更大自主权。研究本轮草原生态保护补奖政策到期后的政策。强化对"三农"信贷的货币、财税、监管政策正向激励，给予低成本资金支持，提高风险容忍度，优化精准奖补措施。对机构法人在县域、业务在县域的金融机构，适度扩大支农支小再贷款额度。深化农村信用社改革，坚持县域法人地位。加强考核引导，合理提升资金外流严重县的存贷比。鼓励商业银行发行"三农"、小微企业等专项金融债券。落实农户小额贷款税收优惠政策，符合条件的家庭农场等新型农业经营主体可按规定享受现行小微企业相关贷款税收减免政策。合理设置农业贷款期限，使其与农业生产周期相匹配。发挥全国农业信贷担保体系作用，做大面向新型农业经营主体的担保业务。推动温室大棚、养殖圈舍、大型农机、土地经营权依法合规抵押融资。稳妥扩大农村普惠金融改革试点，鼓励地方政府开展县域农户、中小企业信用等级评价，加快构建线上线下相结合、"银保担"风险共担的普惠金融服务体系，推出更多免抵押、免担保、低利率、可持续的普惠金融产品。抓好农业保险保费补贴政策落实，督促保险机构及时足额理赔。优化"保险+期货"试点模式，继续推进农产品期货期权品种上市。

2. 破解乡村发展用地难题

坚守耕地和永久基本农田保护红线。完善乡村产业发展用地政策体系，明确用地类型和供地方式，实行分类管理。将农业种植养殖配建的保鲜冷藏、晾晒存贮、农机库房、分拣包装、废弃物处理、管理看护房等辅助设施用地纳入农用地管理，根据生产实际合理确定辅助设施用地规模上限。农业设施用地可以使用耕地。强化农业设施用地监管，严禁以农业设施用地为名从事非农建设。开展乡村全域土地综合整治试点，优化农村生产、生活、生态空间布局。在符合国土空间规划前提下，通过村庄整治、土地整理等方式节余的农村集体建设用地优先用于发展乡村产业项目。新编县乡级国土空间规划应安排不少于10%的建设用地指标，重点保障乡村产业发展用地。省级制定土地利用年度计划时，应安排至少5%新增建设用地指标保障乡村重点产业和项目用地。农村集体建设用地可以通过入股、租用等方式直接用于发展乡村产业。按照"放管服"改革要求，对农村集体建设用地审批进行全面梳理，简化审批审核程序，下放审批权限。推进乡村建设审批"多审合一、多证合一"改革。抓紧出台支持农村一、二、三产业融合发展用地的政策意见。

3. 推动人才下乡

培养更多知农爱农、扎根乡村的人才，推动更多科技成果应用到田间地头。畅通各类人才下乡渠道，支持大学生、退役军人、企业家等到农村干事创业。整合利用农业广播学校、农业科研院所、涉农院校、农业龙头企业等各类资源，加快构建高素质农民教育培训体系。落实县域内人才统筹培养使用制度。有组织地动员城市科研人员、工程师、规划师、建筑师、教师、医生下乡服务。城市中小学教师、医生晋升高级职称前，原则上要有 1 年以上农村基层工作服务经历。优化涉农学科专业设置，探索对急需紧缺涉农专业实行"提前批次"录取。抓紧出台推进乡村人才振兴的意见。

4. 强化科技支撑作用

加强农业关键核心技术攻关，部署一批重大科技项目，抢占科技制高点。加强农业生物技术研发，大力实施种业自主创新工程，实施国家农业种质资源保护利用工程，推进南繁科研育种基地建设。加快大中型、智能化、复合型农业机械研发和应用，支持丘陵山区农田宜机化改造。深入实施科技特派员制度，进一步发展壮大科技特派员队伍。采取长期稳定的支持方式，加强现代农业产业技术体系建设，扩大对特色优势农产品覆盖范围，面向农业全产业链配置科技资源。加强农业产业科技创新中心建设。加强国家农业高新技术产业示范区、国家农业科技园区等创新平台基地建设。加快现代气象为农服务体系建设。

5. 抓好农村重点改革任务

完善农村基本经营制度，开展第二轮土地承包到期后再延长 30 年试点，在试点基础上研究制定延包的具体办法。鼓励发展多种形式适度规模经营，健全面向小农户的农业社会化服务体系。制定农村集体经营性建设用地入市配套制度。严格农村宅基地管理，加强对乡镇审批宅基地监管，防止土地占用失控。扎实推进宅基地使用权确权登记颁证。以探索宅基地所有权、资格权、使用权"三权分置"为重点，进一步深化农村宅基地制度改革试点。全面推开农村集体产权制度改革试点，有序开展集体成员身份确认、集体资产折股量化、股份合作制改革、集体经济组织登记赋码等工作。探索拓宽农村集体经济发展路径，强化集体资产管理。继续深化供销合作社综合改革，提高为农服务能力。加快推进农垦、国有林区林场、集体林权制度、草原承包经营制度、农业水价等改革。深化农业综合行政执法改革，完善执法体系，提高执法能力。

做好"三农"工作，关键在党。各级党委和政府要深入学习贯彻习近平总书记关于"三农"工作的重要论述，全面贯彻党的十九届四中全会精神，把制度建设和治理能力建设摆在"三农"工作更加突出的位置，稳定农村基本政策，完善新时代"三农"工作制度框架和政策体系。认真落实《中国共产党农村工作条例》，加强党对"三农"工作的全面领导，坚持农业农村优先发展，强化五级书记抓乡村振兴责任，落实县委书记主要精力抓"三农"工作要求，加强党委农村工作机构建设，大力培养懂农业、爱农村、爱农民的"三农"工作队伍，提高农村干部待遇。坚持从农村实际出发，因地制宜，尊重农民意愿，尽力而为、量力而行，把当务之急的事一件一件解决好，力戒形式主义、官僚主义，防止政策执行简单化和"一刀切"。把党的十九大以来"三农"政策贯彻落实情况作为中央巡视重要内容。

让我们更加紧密地团结在以习近平同志为核心的党中央周围，坚定信心、锐意进取，埋头苦干、扎实工作，坚决打赢脱贫攻坚战，加快补上全面小康"三农"领域突出短板，为决胜全面建成小康社会、实现第一个百年奋斗目标做出应有的贡献。

二、农业现代化建设面临的挑战

在经历了 40 多年改革开放和现代化建设的今天，我们清楚认识到伴随着工业化、城镇化的快速推进，农业现代化建设的明显滞后，农业现代化已经成为中国现代化的一块短板，严重阻碍了我国的现代化进程。人们往往更多地将农业现代化看成一种结果，其农业现代化是在市场化的基础上、农产品商品化的前提下的一种进化过程与手段，是指从传统农业向现代农业转化的过程和手段，所以，它是动态的，与时俱进的。

（一）我国农业现代化面临的挑战

当前，我国已经进入农业现代化的加速推进期，总体上可以认为我国农业现代化建设转为上升成长期，但是，我国的农业基础非常弱，农业现代化建设面临的许多矛盾日益加剧，问题更加突出，面临着一系列严峻挑战。

1.农业基础设施薄弱，与世界先进发达国家农业的差距巨大还在扩大

我国农业现代化水平远远落后于世界发达国家，以农业增加值比例、农

业劳动力比例和农业劳动生产率三项指标进行计算，据有关权威材料显示，截止到目前，中国农业经济水平与英国相差约 150 年，与美国差 108 年，与韩国差 36 年。更加危急的是，这种差距依然在进一步拉大，加上自然灾害多发重发，抗灾减灾能力低的问题更加凸显，随着资金、技术、人才、管理等要素资源加速从农业和农村向工业和城市动，农业和农村持续发展的能力遭受了严重的削弱。

2. 农业效率与效益严重偏低

农业产业化水平与农产品商化率低下，小生产与大市场的矛盾日益加剧，农业生产成本不断上升，农业社会化服务体系不健全、组织化程度较低，农业支持保护体系不健全，造成农业效率与效益严重偏低。据有关材料显示，我国农业劳动生产率约为世界平均值的 47%，仅相当于高收入国家平均值的 2%，仅为美国和日本的 1%。就国内而言，与工业劳动生产率之间的差距还在不断扩大，超过 5.8 倍，造成农村与城市居民实际收入差距不断扩大，超过 5 倍以上。农业的比较效益差的矛盾非常尖锐，弃农撂荒问题日趋严峻，"将来，谁来种地"正在演化为社会问题。如此低下的中国农业劳动生产率难以融入国际竞争。

3. 我国对国际市场农产品的依存度不断上升，与国内农产品难卖风波日盛的矛盾在加剧

入世以来农产品净进口直线上升态势明显，2016 年我国粮食（包括谷物、大豆等）进口量总计 8025 万吨，以 2016 年我国全年粮食产量约 5.9 亿吨来计算，进口量占粮食总产量的比重达到 14%，远远超过《国家粮食安全中长期规划纲要》规定的 5% 的目标。与此形成鲜明对比的却是，不断周而复始的国内农产品难卖事件频频爆发，维持农业生产的底线不断被打破。

4. 农业资源环境约束加剧

预计 2050 年我国人口可能达到 15 亿左右，加上社会发展需要形成对农产品市场需求的刚性增长加速，对农产品质量要求提高上升，但是，我国目前的人均可耕地面积和人均淡水资源仅为世界平均值的 40% 和 33%。土地、水等农业资源环境约束将继续加剧，供求平衡保障的难度继续加大。另外，工业不良发展造成环境污染以及农业自身过度依赖化肥农药形成的污染，农

村生态环境为生态安全遭到威胁的同时，也造成农产品品质安全保障的压力日益艰巨。

5.农业农村人才流失严重

"抽水机式"的农村人才输出机制使得农村人才流失严重，"村庄空心化、农业副业化、农民老龄化"，"386199部队"（38指妇女，61指小孩，99指老人）加上残疾人构成我国农业生产的主力。农业劳动力的年龄和素质结构问题日益凸显，现代农业发展的人力资本不足的问题逐步显现，这与未来三四十年内每年必须转移1000多万农村劳动力，使农业劳动力下降到0.31亿左右以适应现代化建设的需要形成尖锐的矛盾。农业物质装备水平不高，科技创新和推广应用能力存在严重缺陷，转变农业发展方式的任务极为艰巨。

6.现代农业发展面临的外部不确定性因素不断在增强

全球粮食安全趋紧境况下的粮食能源化、金融化趋势明显，国际农产品市场投机炒作及传导影响加深，我国还没有能够建立起与之相适应的市场体系与机制，导致我国现代农业发展面临的外部不确定性因素不断在增强。另外，由于受片面粮食安全观影响，命令经济制下形成的储备体系与机制，造成我国的政府粮食储备量全球最大，巨大的财政负担、巨大的资源浪费，造成生产与消费的矛盾不断加剧，国内农产品价格普遍高于国际市场的比较价格。与此同时，农业生产的投资效益长期低迷甚至为"负"，严重影响了全体人民的生活质量，进一步侵害了改革开放的成果，扭曲的市场供求与价格生成机制，拖累着农业现代化的推进。

其他挑战还包括适应现代化建设的土地资源配置的土地制度改革，改善农村基础设施和文化设施需要的巨大社会工程投入，农村义务教育以及新型职业农民的培育，农村现有的管理体制落后，包括二元经济结构下的农村户籍制度，农民政治、民主、土地财产等权益的保护，缺乏农村经济社会协调发展的合理安排，全社会尤其是农民滞后的现代化观念，局限于农业生产部门现代化的意识，等等。

（二）农业现代化建设的制约因素分析

从我国农业现代化的历程不难发现，农业是我们党和政府一直关心的头等大事，改革开放以来，更是一直把农业放在重要位置，不断加强和巩固农业在国民经济的基础地位，努力实现国家的农业现代化，那么，怎么会出现如此不断增多的一系列问题构成的严峻挑战呢？我们仔细研究会发现其中不乏本不应该成为问题的问题，在新的形势下不断演化成为尖锐的矛盾而变成问题，其根本原因在哪里呢？

1. 历史因素

新中国的农业现代化的启程受前苏联体制的影响，国家实行优先发展重工业的经济政策，实行"以农养工"的"剪刀差"模式的经济政策。据有关材料显示，从1953年到1983年取消统购统销政策，通过工农产品"剪刀差"，农民对工业化的贡献超过6000亿元。研究表明，中华人民共和国成立60多年，城市和工业从农村提取包括了劳动力、土地以及工农产品剪刀差总值超过17.3万亿元，一直到80年代中期，中国全部出口中80%以上是农产品和以农业为原料的加工品。同时，由于这两种政策的强力实施和推行，城乡二元经济结构凝固化，使得农村剩余劳动力转移几乎停滞，最终导致中国农业现代化进程滞缓，并且，这种政策并没有得到根本性的改变，直到现在它依然影响着我们。

2. 市场因素

我国的社会主义市场经济体系没有完全建立起来，关系到农业现代化建设的市场经济体系建设的进程更显得滞后。正如吴敬琏所说，"虽然我们在一些重要的交易活动上都是通过市场来进行，但是改革资源配置中还有一个很重要的力量，就是原来命令经济中政府的力量仍然起着很大的作用，这个旧体制的遗产仍然严重存在着"。二元经济结构的存在，土地、农产品、农村劳动力三大资源所形成的巨大财富，成为政府（尤其是基层政府及部门）推动农业现代化建设的阻力。完全意义上的市场经济体系的建立，就是明确了政府与市场之间的关系，就是最大程度的发挥市场在资源配置上的作用，直接意味着农民将有权力、有机会、有条件将这些资源资本化，完全可以按照市场自身的规律进行科学合理的配置，政府及部门在其中的作用将显著减少，可攫取的灰色利益包括腐败的滋生将淡出。

（三）农业现代化建设的抓手与突破点

农业现代化的目的是为了能够更加充分的满足市场对农产品的需求，根本性的保证就只有农民权益获得保障，从而调动农民的积极性、创造性和主体作用，所有诸如采用当代世界先进水平的技术、制度、组织、管理，等等，都是为了实现这个目的与维护这个保证而采取的手段。从构成我国农业现代化挑战的因素分析来看，主要原因是土地、劳动力、农产品的非完全市场化，尤其是农产品作为土地、劳动力两大资源价值转化的载体，未能够透过完全市场化的机制实现其赋予的价值，从而使得作为实现农业现代化根本保证的农民的权益受到侵害，农民的积极性、创造性和主体作用受到打击，进而逆向推导形成如此之多的"三农"问题，构成对农业现代化的严峻挑战。

当务之急首要解决的问题是赋予农民在农产品定价方面的平等话语权，最大程度的让农产品卖出合理的好价钱，同时要通过农业生产规模化、集约化、组织化、产业化、社会化，最大程度的降低农业生产的成本，从根本上保护种地农民的利益。这就要求我们必须尽快适应这一要求，从追求供给方和需求方权利平等出发，以合理配置全国农产品资源为目标，为中国农民（专业农户、家庭农场、农民合作社，农业企业）创造平等的贸易机会为使命，以建立农产品安全供应链为宗旨，构建农产品现代流通体系，建立全国统一的农产品大市场，促使农民主动积极的按照比较优势，根据市场需求调整农业产业结构，推动中国优势农业产业带的形成，以市场流通的标准化与规模的标准化与规模化，引导农业生产的标准化，促进农业产业化，为农业现代化奠定坚实基础。

如何建立全国统一的农产品大市场、构建农产品现代流通体系呢？我们认为，必须着眼于现代服务业革命的潮流，利用现代电子信息技术，借助电子商务方式，运用物联网技术与云计算技术，用电子信息集聚贸易主体，降低交易成本，无限集聚包括农民（专业农户、家庭农场、农民合作社、农业企业）在内的海内外贸易主体，提高空间集聚效率、广泛集聚交易信息，同时，在统一的交易规则下实现农产品交易，建立全国统一的农产品大市场，实现农产品资源的科学合理配置，建立科学的农产品定价体系。为此，上海在这方面做出了积极的探索，他们凭借上海国际金融中心、国际贸易中心、国际航运中心建设的优势，成立了上海大宗农产品市场（CCBOT），采用互联网与物联网和电子商务技术，建立了农产品的交易平台，组织全国农产品生产者、经营者、消费者通过网上直接进行农产品交易，支持全国农产品的上线交易——"百县百品"工程，再以全国已经形成的农产品批发市场为接点——"联通全国农产品批发市场实时交易系统"工程，农贸市场、超市、连锁店为落点，采用"竞价交易（招标、拍卖）、挂牌交易、专场交易、中远期交易、网上商城"多种交易模式，满足农产品贸易的多层次、多规模、多种类、多变化的需求，成为国家级的农产品交易中心、信息中心、结算中心、定价中心、资源配置中心。这之中，现代技术与现代管理是手段，政府依法监督是保障，同时，与农产品期货交易市场形成对接，相得益彰，共同发挥作用，融会贯通整个产业链，以此为核心构建起中国农产品流通新体系。

农业现代化建设本身就是最具有挑战性的，必须有更大的政治勇气和智慧去实践它，在这个过程中，我们所面临的所有重大的难题，都只有靠市场化的经济改革和法制化、民主化的政治改革才能够解决，必须坚持社会主义经济的改革方向不动摇，在更大程度、更大范围发挥市场的资源基础性作用，必须始终坚持保护农民的权益，充分发挥农民的积极性、创造性和主体作用，这是实现农业现代化的根本保证。

三、走好中国农业现代化道路

习近平总书记指出，要坚定不移加快转变农业发展方式，走产出高效、产品安全、资源节约、环境友好的现代农业发展道路。这是中央把握现代化发展规律、立足经济新常态的趋势性变化、着眼农业外部环境的深刻影响提出的战略要求，是我们做好"三农"工作的基本遵循。吉林作为全国重要的商品粮基地，要以转方式、调结构为主线，依靠科技驱动，为走好中国农业的现代化道路积累经验、探索路子。

（一）担负起保障国家粮食安全的重大政治责任

民以食为天，食以粮为本。粮食安全始终是关系经济发展、社会稳定的全局性战略问题。习近平总书记指出，转变农业发展方式，绝不意味着放松粮食生产，绝不能削弱农业综合生产能力。以吉林为例，保障国家粮食安全是必须承担的政治责任。吉林粮食生产连续两年超过 700 亿斤，居全国第 4 位。要继续坚持不懈抓好粮食生产，为国家粮食安全做出更大的贡献。

1. 加强耕地治理保护

粮食稳产增产的根基在于耕地。随着工业化、城镇化的推进，耕地保护的担子越来越重。要守住耕地和基本农田两道红线，实行严格的耕地保护和节约用地制度，防止随意调整占用。还要提升耕地质量，抓好高标准农田建设。吉林中低产田占耕地面积的 70%，如果把这些耕地改造一半儿，就能提高 12% 的粮食产量。肥沃的黑土地是发展粮食生产的一大优势。吉林 60% 的粮食产量来自黑土地，但现在黑土层退化较重，地力有所下降。我们启动黑土地保护治理工程，抓好土壤有机质提升等项目，确保黑土地资源可持续利用。

2. 加快基础设施建设

基础设施欠账多，抗灾能力弱，是粮食稳产增产的不利因素。吉林大多数灌区工程建于 20 世纪五六十年代，400% 的工程不配套。很多大型工程作用不明显，就是因为缺少小的"毛细血管"。要加快推进灌区续建配套与节水改造，解决农田灌溉"最后一公里"问题。要创新水利建设管理模式，采取特许经营等方式，引导社会力量参与水利投资，实现投入多元化。近年来，吉林粮食库存压力较大。必须加强粮食仓储和流通设施建设，探索政府和社会相结合的粮食储备机制，确保粮食收得进、储得好。

3. 完善农业补贴办法

农业受自然条件、市场变化双重影响，是天然需要保护的产业。但按照世贸组织规定，现在我国对小麦、玉米、稻谷等的支持已接近承诺上限，继续加大支持碰到"天花板"。在稳步增加补贴总量的基础上，必须创新方式方法。在推动农业提质增效、节本降耗的同时，提高补贴精准度，重点向新型经营主体、产粮大县倾斜，让多生产粮食者多得补贴，保护政府抓粮、农民种粮的积极性，切实稳定粮食生产。

（二）加快转变农业发展方式

习近平总书记强调，现在主要农产品价格顶到"天花板"，农业生产成本的"地板"刚性抬升，农业生产补贴和价格补贴逼近约束"黄线"，资源环境亮起"红灯"。唯一出路就是坚定不移地加快转变农业发展方式。要统筹保障国家粮食安全与转变农业发展方式，使农业尽快转到数量质量效益并重、注重农业技术创新、注重可持续的集约发展上来。

1.推动粗放经营向集约发展转变

长期以来，我国农业发展主要靠外延式增长。在粮食增产的背后，付出的代价是巨大的。必须痛下决心改变这种模式，更多的是依靠科技进步、创新驱动来提高农业发展的科技含量。加快农业科技创新和成果转化。吉林省拥有一批农业科研院所，农业科技人员数量较多，蕴含巨大的创新创造潜能。要不断深化农业科研体制改革，争取在生物育种、农机装备、生态环保等领域取得突破。依托龙头企业等农业经营主体，集成转化一批重大科技成果。改革农业科研项目和资金配置方式，确保研发投入向农业倾斜。提升农业信息化水平，要加快农业与互联网融合发展，推进农业信息化进程，提高面向农业全产业链提供专业化服务的水平和能力。推进农业机械化，这不仅可以缓解"谁来种地"的问题，还能提高农产品流通、加工等能力。开展主要粮食作物生产全程机械化推进行动，培育农机大户和农机合作社，不断提高农机服务质量和规模。

2.推动分散生产向规模经营转变

发展现代农业必须突破规模小的限制，发展适度规模经营，以提高劳动生产率，增加农业比较效益。土地是农民最重要的生产资料，必须严格依法依规办事，稳妥推进土地确权登记，依法落实农民土地承包经营权，让农民吃上"定心丸"。适度规模经营要依托新型经营主体。要在坚持家庭经营基础性地位的同时，培育发展家庭农场、专业大户、农民合作社等新型经营主体。探索发展"订单农业"等经营模式，按照企业标准和要求进行生产，形成带动农民参与生产经营、持续增收的有效机制。以完善农村土地流转服务为保障。建设土地流转服务中心、农村产权交易中心和纠纷调解组织，引导和规范土地流转。发展适度规模经营，不是规模越大越好，也不是速度越快越好，而要在尊重农民意愿的基础上，因地制宜，统筹规划，确保农民群众真正受益。

3. 推动资源消耗型向环境友好型转变

由于粮食连年增产，要素支撑绷得过紧，农业发展环境约束加大。一方面，亟须加强生态治理保护。发展农业不能只顾眼前利益，要算大账、算远账、算历史账，按照资源环境禀赋和承载能力，调整优化农业布局，该退耕还林还草、还湿还湖的，要坚决退还；该限牧限渔的，要严格限制，不能以牺牲生态环境为代价换取一时发展。另一方面，加快推广绿色清洁种养方式。长期以来，农业生产大量使用化肥、农药、农膜等投入品，不仅使耕层越种越薄，还带来严重的面源污染、白色污染。必须做好"减法"，把过量使用的农业投入品尽快减下来，积极推广节肥、节药、节水和清洁生产技术，搞好秸秆还田等，抓好规模养殖、生态养殖、清洁养殖，大力发展生态农业。

4. 推动封闭型向开放型转变

当前我国农业已深度融入国际市场，必须提升国际化能力，如"走出去"步伐，充分利用"两个市场""两种资源"，不断拓展发展空间。要推进海外基地建设。目前，俄罗斯、哈萨克斯坦以及非洲一些国家有大量闲置宜农土地，合作发展潜力很大。要落实好相关合作协议，推进以粮食生产为重点的海外农业基地建设。要培育重点企业。开拓新的资源和市场，企业是主力。多年来，吉林省组建海外农业投资开发集团等一批企业，发挥了带动作用。但整体规模不大，抗风险能力不强。要整合资源，研究设立海外农业发展基金，加快培育一批具有国际竞争力的粮商和农业公司，扩大国际市场份额。要拓展合作领域。农业"走出去"绝不应仅仅限于种植业，要把上下游产业链投资纳入"走出去"布局，鼓励企业向农产品加工、物流、仓储等资本和技术密集型领域投资，提高整体效益。同时，适当进口国内紧缺的资源性农产品，以满足人民群众的生活需求。

5. 推动传统农民向新型农民转变

农业转方式，农民必须转型。要建立农民职业技能培训制度，实施新型职业农民培育工程，培养一批有文化、懂技术、会经营管理的新型农民。积极引导更多有知识的年轻人投身"三农"，特别是鼓励高校毕业生到农村，到现代农业第一线就业创业，既体现自身人生价值，又为农业发展注入新活力。

（三）推进农业结构战略性调整

农业结构怎么调、调什么，是我们面临的重大课题。从吉林来看，要根据市场供求变化和比较优势，在产业结构、组织结构、区域结构、收入结构等方面狠下功夫，拓展农业的多种功能和增值增效空间。

1.着力优化产业结构

要把产业链、价值链等现代产业理念引入农业，把市场需求作为"导航灯"，依靠市场力量决定农业资源的动态配置，综合发展农林牧渔各业，在"内外联动"上做文章，推进农业产业结构调整。遵循市场规律、农作物生产规律、区域气候变化规律，宜粮则粮、宜牧则牧、宜林则林，推动农业生产区域化、专业化和集群化。我省东部地区要打造以人参、鹿业、食用菌、林蛙、中药材为重点的特色产业基地。中西部地区要大力发展粮食、经济作物、草饲畜牧业，建设大型绿色种植养殖和农产品深加工基地。同时，支持发展都市农业、休闲旅游农业、创意农业等新兴业态，促进农村三次产业融合发展。大力发展农产品精深加工。目前，山东农产品精深加工比重低，必须提高精深加工能力和水平，培育知名品牌。吉林粮食多，可以通过过腹转化打造精品畜牧业，促进农业结构调整和农民增收。

2.着力优化生产组织结构

核心是推动农业产业化，创新农业组织经营方式，完善利益联结机制，实行多种形式的一体化经营，让农民得到更多实惠。突出培育好龙头企业，组织更多农户加入供、产、加、销一体化农业产业链，形成利益共享、风险共担的共同体。支持发展类型多样的服务主体，更好地为农民提供生产、经营、信息、技术等服务。把加强农产品质量监管作为社会化服务的重要方面，健全质量安全全程追溯体系，形成从田间到餐桌全过程覆盖的监管服务，确保"舌尖上的安全"。着力优化城乡结构。创新体制机制，发挥好新型城镇化的辐射作用，构建新型工农城乡关系，推动各类要素在城乡间有序流动，让广大农民平等参与现代化进程。深化户籍制度改革，实行不同规模城市的差别化落户政策，重点解决好进城时间长、就业能力强、落户意愿足的农民工落户问题：进一步改善公共服务，提高社会保障水平。积极引导城市二、三产业向农村延伸，通过科学理念、新型业态和先进管理模式，推动农业生产方式创新。搞好新农村建设，坚持农民主体地位，搞好统筹规划，改善农村人居环境，建设美丽乡村。

3. 着力优化农民增收结构

实现农村全面小康，增加农民收入是前提。产粮区农民收入主要靠粮食这个"铁杆庄稼"。缩小城乡收入差距，要稳定家庭经营收入，支持农民发展种养业，鼓励发展优势的特色产业、庭院经济等多种经营，拓宽收入渠道。促进劳务增收，引导农民转变观念，淡化"土地情结"，掌握一技之长，勇敢地走出去、闯市场。落实强农惠农富农政策，加大村级公益事业"一事一议"财政奖补等政策力度，稳定政策增收。增加财产性收入，抓住农村土地制度改革契机，采取租赁、担保、抵押等途径，盘活土地资源，放大土地收益，让农民尝到更多甜头。要打赢扶贫开发攻坚战，帮助更多的贫困人口加快脱贫步伐。

第一章　农业农村改革创新

第一节　构筑农业农村改革创新历程

近年来，山东省供销合作社在全国总社和省委、省政府的正确领导和大力支持下，立足新阶段，把握新变化，转变思路，开拓创新，主动参与农村基层组织建设，把供销合作社的服务优势与村"两委"的组织优势、农民合作社的经营优势和资金互助组织的资本优势结合起来，着力构筑基层供销合作社、村"两委"、合作社、资金互助组织"四位一体"的新机制，推进现代农业服务规模化，促进基层服务型党组织建设，加快基层供销合作社自身改革发展，实现了多方合作共赢。

一、以"四位一体"凝聚力量，推进现代农业服务规模化

随着工业化、城镇化、信息化和农业现代化的加速推进，山东农村社会深刻转型，务农劳力发生结构性变化，58%以上的农村劳动力外出打工，其中三分之一的村达到70%以上，留在村里务农的多是老人和妇女，这对农业社会化服务提出了迫切需求。我省汶上等一批县级供销合作社紧紧把握这一趋势，响亮提出"农民外出打工、供销合作社给农民打工"的口号，由基层供销合作社联合村"两委"组织农民成立种植合作社，开展耕、种、管、收、加、销全程托管或半托管服务，多措并举推进农业服务规模化。一是抓培育主体。由基层供销合作社牵头，争取村"两委"支持，大力发展农民合作社及其联合社，把农民组织起来，把土地集中起来，整合农机资源，开展资金互助，为服务规模化创造了有利条件。目前全省供销合作

社已发展农机服务合作社 476 个，领办种植专业合作社 3450 个，服务覆盖土地 530 万亩，受惠农民 110 多万户。实施社属企业集团化改革，积极探索以资本为纽带，构建全省"一张网""一个社""一条龙"的供销梦的实现形式，发展农资供应、农机作业、信用担保、农产品流通加工等各类龙头企业 239 家，从生产、加工、贮藏、营销、科技、信息、融资、保险等多个方面，为推进服务规模化提供支撑。二是抓重点环节。打药、浇水、晾晒和融资是农业规模经营的难题，也是通过服务规模化产生规模效益的重点所在。在打药环节，我们整合资源成立山东供销农业服务股份有限公司，开展病虫草害统防统治，为农民提供统一打药服务，可节省农药 20%，节约作业成本 40%，提高劳动生产效率 300～600 倍，有效防治率达 96% 以上。目前，该公司统防统治作业日能力已达 20 万亩。在浇水环节，抓住国家重视加强农田水利建设的有利时机，整合相关项目，对连片大田作物开展喷灌浇水服务。在晾晒环节，加快烘干、贮藏设施建设，实施小麦九分熟十分收增产增效措施，取得明显效果。在融资环节，鼓励发展面向农业服务的资金互助，有效解决合作社参与服务规模化的前期资金投入难题。济宁市供销合作社现已发展资金互助组织 39 家，提供互助资金 2.5 亿元。三是抓优化服务。通过加强耕、种、管、收等产中服务，改善农资供应等产前服务，拓展延伸贮藏、加工、销售和品牌培育等产后服务，实施信息化工程提升管理水平，形成全产业链的服务。通过在大田中推平垄背、推广良种、宽幅精播、测土配方、多层施肥、统防统治、机播机收、早播晚收、蜡熟早收（烘干）等服务，使农业科技推广"最后一公里"的老大难得到了较好解决，粮食作物每亩可增产 20%～30%，增效 400～800 元，经济作物可增效千元以上。规模化的服务模式，解放了劳动力，增加了农民收入，减少了农业面源污染，保障了农产品质量安全，助推了城镇化进程，同时促使供销合作社由卖产品向卖服务转变，在服务中获得较高收益。汶上县供销合作社土地托管面积 10.6 万亩，去年实现服务收入 1821 万元；梁山县韩堂村合作社托管土地 3000 亩，去年增收 150 万元，合作社纯收入 120 多万元。

二、以"四位一体"搭建平台，开展社村共建、富民兴社

建设服务型党组织，是今后农村基层党建的基本方向。针对目前多数农村基层组织经济实力、服务能力比较薄弱的现状，供销合作社发挥引导领办的合作社和资金互助组织，主动与村"两委"对接，开展党建带社建、社村共建工作。一是共建服务中心。依托供销合作社的社区综合服务中心等载体，整合有关部门惠农资源，纳入供销合作社服务平台，让农民群众直接享受到生产、生活、办事一条龙、全方位服务。二是共建发展项目。发挥供销合作社、村"两委"、合作社、资金互助组织各自优势，在农村组织实施建基地、建合作社、建市场等共建项目，由资金互助组织提供资金支持，通过多种形式的项目共建，拓展农村基层党组织服务群众、服务发展的空间。目前全省已在53个县（市、区）供销合作社开展资金互助，发展资金互助组织600多家，融资总额37亿元，其中，互助资金额12亿元，为基层发展项目提供了有力支撑。三是共建干部队伍。鼓励基层供销合作社和合作社、资金互助组织的专业人员、管理人员到村级组织任职，吸纳村级组织的优秀干部到基层供销合作社、合作社、资金互助组织任职，交流培养眼界宽、懂经营、能干事的干部和人才，为服务农业农村发展提供人才智力支持。我们通过召开全省党建带社建、社村共建现场观摩会、经验交流会，出台《关于加强基层供销合作社人才队伍建设的指导意见》，督促各地供销合作社结合实际制定相应办法，尽快见到成效。通过"四位一体"开展党建带社建、社村共建，村集体不仅能获得分红、租金等固定收益，还可从服务规模化增益部分获得10%～20%的收入，帮助村级组织解决无钱办事的难题，找到了农村服务型党组织建设的抓手，实现了强村固基、富民兴社。临沂市供销合作社领办的合作社覆盖了47.7%的行政村，今年已帮助村集体增加收入3392万元；泰安市供销合作社已联系对接1250个村，达成合作项目850项，有526个村每年增加集体收入3万元以上。

三、以"四位一体"拓展空间，加快基层供销合作社改革发展

基层供销合作社、村"两委"、合作社、资金互助组织"四位一体"，

为基层供销合作社发展带来了资源、创造了效益、增添了活力，加快了供销合作社组织网络向村居的延伸，经营服务向田间地头的延伸。一是完善网络，夯实基础。在今年确保组织机构实现县市区全覆盖、明年力争实现涉农乡镇全覆盖的基础上，依托"四位一体"努力恢复重建供销合作社失去的经营服务阵地。目前，全省供销合作社系统发展日用品、农资、农产品等连锁龙头企业394家，仓储配送中心736个，直营店9177家，加盟店8万多家，建设农村综合服务中心1730家，初步建立了以县级配送中心为龙头，乡镇直营店为依托，村级加盟店、庄稼医院、社区服务中心为终端的农村社会化经营服务网络。二是扩大经营，延伸服务。顺应公共服务向农村延伸的趋势，盘活土地资源，拓展经营领域，加快建设经营服务综合体，在巩固和扩大农资、农产品和日用品业务的基础上，积极开展再生资源回收、小额贷款、资金互助、文化娱乐、餐饮住宿等经营业务，做到新型农村社区建到哪里，供销合作社的经营服务就跟到哪里。三是开放合作，激发活力。积极鼓励县、乡供销合作社利用"四位一体"拓展的市场空间，引入社会资本，吸纳经营大户，利用兼并、重组、加盟等多种方式，共同构建经营服务网络。主动与系统内有实力的企业和周边强社加强业务对接和产权联结，把积聚的资源不断转化为发展的动能，进一步推动了基层供销合作社快速健康发展。今年1～8月，全省基层供销合作社实现销售总额376.1亿元、利润总额1.6亿元，同比分别增长48.2%和128.2%。构筑"四位一体"的发展机制，我们取得了实践成效，获得了理念升华，同时也赢得了党委政府的重视支持。我们认为，"四位一体"作为一项机制创新，在制度层面对农业转型和农村发展能够形成"魔方"效应，不论是从经营服务角度，还是从组织建设角度，任何角度的变化和组合都能产生强大的正能量，对解决当前农业农村发展中的一些难题发挥积极作用。相对于供销合作社传统的工作方式，"四位一体"能够更加迅速地聚合力量、打开局面，真正使供销合作社具有"合作"的色彩，更加迅速地促进自身发展壮大。这也是我们坚持不懈推进这些工作的原因和动力。

第二节　彻底解决农民增收的"软肋"

如何让农民增收，山东省济宁彻底解决了农民增收的"软肋"问题，加快推进农民增收走上了快车道，全面落实2019年中央一号文件精神，大力推进制度创新，优化农民增收环境，济宁市是一个农业大市，农业、农村和农民问题的核心是农民增收问题，我国全面建设小康社会关键在农村，没有农村的小康就没有全面的小康，没有农民的小康就没有全国的小康。因此，研究农民收入增长问题对于实现农村稳定、农民小康具有重要的现实意义。针对当前济宁市农民增收缓慢原因分析的基础上，就加快推进农民增收问题提出相应的对策建议。

一、当前农民增收缓慢原因分析

（一）农民收入总体水平偏低，家庭财产积累速度较慢

财产性收入是一种衍生财富，其前提是对财产的占有，而财产的积累主要是通过收入增长实现的。通过走访调查发现，近几年，伴随农村微观主体的重构和技术变迁，农民收入持续增长，农民家庭财产积累也不断加速。但是，相比城镇居民而言，农村居民的收入总体水平依然偏低。农村居民人均纯收入与城镇居民人均可支配收入的比例总体上呈现不断走低趋势，城乡居民收入基尼系数不断扩大。由于收入水平低，农民在扣除必要的消费支出后，净剩余已经非常少，从而制约了农民自主性财产购置与管理。

（二）农村土地产权权能残缺，土地资产价值无法充分发挥

随着市场改革的深入和经济的快速发展，通过实地调查了解，目前土地家庭承包制的缺陷逐步显现。在现行农地制度下，农村集体土地所有权是残缺的，同时由于产权主体不明晰而长期虚置，农民在征地价格形成中缺少话语权，无法合理分享土地所产生的级差地租或超额利润，导致农民利益大量流失。特别近年以来，通过低价征用农民的土地，最少使农民蒙受了巨大的

损失，远远高出计划经济时期工农产品价格"剪刀差"给农民造成的损失。不仅如此，由于农民家庭承包地、宅基地的使用权不能抵押，宅基地不能流转，无法作为资产进入市场，农地在各村以及城乡之间严重割裂，导致土地的保障功能难以向资本功能转换，资产价值无法有效发挥。此外，由于缺乏完善的宅基地退出机制，部分人在城乡双重占有土地资源，使不少宅基地处于空置状态，造成有限资源的极大浪费。

（三）投入不足，部分农田基础设施建设不配套

近年来，全球异常气候频发，种植业生产面临的自然风险不断加剧。由于农村税费改革后，农民"两工"的取消和多数村集体财力的下降，不少地方农田水利基础设施配套建设面临着人财物力的投入不足和管护不到位的困境。灌溉机井、设备年久失修，沟渠不配套，甚至有些沟渠被农户人为填平种地，为抗旱排涝留下隐患。据不完全统计显示，2010 年，济宁全市旱涝保收面积 549.15 万亩，比上年有所下降。

（四）种植业比较效益下降，劳动力减少

据有关权威资料显示，受工农产品"剪刀差"的影响，农产品价格持续偏低，而生产成本居高不下，种植业比较效益不断下降。近年来，随着国家宏观经济环境的好转，农民外出务工或在家中从事二、三产业的收入不断提高，导致农村中从事种植业的劳动力逐渐减少。据不完全统计显示，在 2015 年，全市农民人均纯收入中，工资性收入比重高达 43.72%，农林牧渔业收入比重为 36.7%，比工资性收入比重低 7.0 个百分点。与 2016 年相比，工资性收入比重提高了 4.5 个百分点，而种植业收入比重却降低了 3.7 个百分点。比较效益的下降，导致农林牧渔业劳动力大量分流。全市乡村从业人员 389.2 万人，比上年增加 5.4 万人，增长 1.4%。而其中从事农林牧渔业的人员为 182.42 万人，比上年减少 3.73 万人，下降 2.0%；从事农林牧渔业人员占乡村从业人员的比重为 46.87%，比上年降低 1.64 个百分点。

（五）棉花生产已跌入近十年来的低点

据不完全统计显示，2010年全市棉花面积155.5万亩，比去年减少3.3%，是六年来播种面积最少的一年。总产量13.7万吨，减少2.2%，2001年以来，即近十年以来总产量最低的年份。棉花生产减少的主要原因：一是近年来棉花价格一直处于低位徘徊，种棉收益不如种粮，导致农民种棉意愿下降。二是棉花生产机械化程度低，费工费时，不如种粮食，外出打工，出现了种植经济作物不经济，与外出务工收入差距拉大现象。三是棉花生产不稳定，较高的自然风险在很大程度上制约着棉花种植。

（六）生猪价格波动频繁，收益不稳定

据不完全统计显示，以山东济宁为例，近年来，生猪价格波动频繁，1月份价格最高，平均每公斤活猪12.63元，然后持续下滑。至4月上旬跌到近年来最低点，每公斤活猪价格为8.89元。4月中旬受国家冻肉收储政策影响，开始呈现回升趋势，5～8月持续回升，至8月初，平均每公斤活猪价格已上涨为12.58元，达到前三季度的价格最高点。但是8月中下旬开始，生猪价格开始震荡下行。双节效应并没有明显拉动价格。据畜牧部门数据，截至9月26日，生猪每公斤价格回落到12.06元，比8月初的生猪价格最高点回落4.1%。频繁的价格变化和相对复杂的市场行情，不利于养殖户把握行情，调整养殖结构，在一定程度上影响了生猪养殖收益的稳定性。

（七）农产品产量、价格上涨空间有限，农民增收预期不稳定

济宁粮食等主要农产品已经连续11年增产，在基数较高的情况下，继续依靠增产实现增收的难度加大。虽然粮食、棉花、油料、蔬菜价格大幅上涨，在很大程度上拉动了农民家庭经营收入的增加。但是随着农产品价格周期缩短，波动频繁，市场调控难度加大，需求结构和市场价格的变动越来越难以把握，对农民增收形成了新的挑战。特别是国内农产品市场对外开放逐步扩大，行情受国际市场影响加大，国内农产品价格进一步上涨受制于外部环境；加上国内消费者对农产品价格上涨的承受力有限，在确保经济社会稳定发展的前提下，依靠农产品价格上涨来实现增收的形势越来越严峻。

（八）新生代农民工抵御风险能力差，就业形势依然严峻

随着经济的不断发展，新生代农民工日益成为城市建设的主力军。据不完全统计显示，全市外出农民工总量中，30岁以下的新生代农民工占到53.6%。由于没有城市户口，在就业、生活、医疗、教育等方面与城市人隔着难以逾越的鸿沟，只能从事行业不稳定、经济收入低、劳动强度大的工作。尽管新生代农民工文化水平较父辈有了很大提高，但大多仍然局限于普通中等教育，接受劳动技能、职业教育的较少，劳动素养偏低，不适应劳动力市场需求的问题十分突出，在就业市场上处于劣势。随着城市产业由劳动密集型向知识密集型转化，新型产业需要具有相对高知识的产业工人，缺乏转岗就业技能的农民工转移就业领域将越来越窄，转移就业难度将越来越大。

（九）极端异常气候破坏性严重，对农业生产影响较大

济宁是一个自然灾害多发地方，近年来有加剧趋势，干旱、洪涝、冰雹、风暴等自然灾害时有发生。特别是近几年来极端天气气候事件频率高、强度大、危害严重。前几年，济宁市局部地区遭受冰雹及暴风袭击，对夏收夏种作物造成严重损失，对生产厂房造成不同程度的损坏。7月份高温又造成高产棉田脱落严重，在8月、9月棉花产量的关键时期，全市大部分棉田又不同程度地受到连阴雨水袭击，效益损失较大。

（十）传统农业效率低且规模小

农业生产方式依然停留在自然、半自然经济状态，千家万户的小农劳作效率低规模小，无法应对千变万化的大市场。无论同发达国家农业发展相比，还是与发达省份或先进地区的现代农业相比都有很大差距，农业综合生产水平还相当低。从事农业生产的劳动力数量依然庞大、比重偏高。农业以外的就业空间狭窄，大批农业劳动生产力滞留在农业领域，造成庞大的劳动力共同分享并不算多的产出总量，必然导致每个劳动力的低效率，不可能带来相对较高的收入水平。

（十一）产业结构不合理

改革开放以来，我国农业在经历了制度创新、结构创新与技术创新后，农业综合生产能力大大提高，农产品全面性的供过于求。从需求上看，当前农业产业结构调整所面临的是通货紧缩、经济增长放慢、收入差距扩大以及经济体制和经济结构大调整背景下的消费结构改变。一是消费开始由注重物质消费的温饱型向注重精神消费的小康型过渡，富裕型消费已开始出现。二是收入增长特别是农民收入增长减缓的同时，中等收入阶层开始形成，高收入阶层也开始出现，全国居民的恩格尔系数降低到40%以下，农产品需求增长受阻。从济宁的实际情况来看，人们对农产品品种和质量有了新的更高的要求，农产品需求结构发生很大变化，"新、精、特、奇、名、优"成为农产品需求的新特征，而现行农业生产体系并不能满足这一要求，供求总量过剩，但结构性矛盾突出。从体制上看，一方面，有的地方政府过多的经济职能导致了农业结构调整中经济区被行政区所代表和过多的行政干预，争项目、争资金，产业优势难以形成。另一方面，济宁市农业生产、流通、加工和出口，金融、投资等分属于政府不同部门管理。这种沿袭于计划经济的格局，已经严重制约农业产业结构的优化和农产品竞争力的提高，使济宁市农业比较优势难以发挥，更不适应国际市场的新要求。

（十二）农业富余人员转移渠道不畅

中国农村在20世纪80年代和90年代初，乡镇企业是增加农民收入的重要渠道。乡镇企业发展速度越快，经济效益越好，农民收入来自其中的增量部分就越多，份额就会扩大；反之，乡镇企业发展速度低落，经济效益不好，农民收入就会下降。近年来，由于国际产业结构调整波及国内制造业的萎缩，特别是没有竞争力的乡镇企业被淘汰出局，使得很多农民工无法在城镇再从业，非农业就业机会的减少，其原因主要有两点：一是由于城市下岗职工就业压力大，许多城市辞退农民工，限制使用外地民工，并增加限制使用的行业和职业范围，进一步强化了城乡壁垒，导致农村富余劳动力转移受阻。二是乡镇企业吸纳农村劳动力的数量几年来有减无增。一方面，部分乡镇企业经过数年的发展，逐步由原生的劳动密集型向资本、技术密集型转变，导致对劳动力吸纳能力的下降。另一方面，国内经营环境的改变使得一部分乡镇企业被淘汰出局；大量农村富余劳动力滞留在农业领域，致使他们本来就很低的农业劳动生产率更趋低下，收入自然难以增加。如果农民不能进入非农产业领域就业，那么农民增收的空间和渠道就会越来越窄。

（十三）对农业的资金投入不足

当前，农村资金供求矛盾非常突出，一是国有商业银行贷款审批、发放权过于集中，制约了基层行贷款发放的灵活性和时效性，严重影响了信贷对农村经济发展的支持。二是农村金融资源配置不当，大量资金外流问题严重。据有关资料显示，我国农村地区的产值在 GDP 中的比重一直占 50％以上，但其获得的国家银行系统的金融资源却不到 1/7。加上一些地方政府为了面子工程和政绩工程等从民间金融市场上借债、集资、摊派、高息、吸储等，进一步加剧了农村金融市场的混乱，农村金融风险进一步加大。

（十四）农业生产成本大幅度上升投入产出效益下降

近几年，农民收入增长趋缓的另一个重要因素是农业生产成本过高，已接近农产品收购价格水平，导致农业投入产出效益下滑。事实上，农业发展已从主要依靠活动投入，转向依靠资金物质技术投入，这大大提高了农业综合生产能力，但同时也加大了农业生产的物质消耗总量，使得农业生产成本持续上升。结果是农民收益减少，或收入增长缓慢或不稳定。

二、增加农民收入的对策与建议

促进农民增收，采取有力措施，稳定生猪生产；加强农产品市场调控和监管，稳定农产品价格；积极促进农民就业创业，增强发展后劲。加快农村金融改革，保障农民增收；积极推进农村金融改革，构建多元化农村金融服务体系，加快村镇银行、农民合作银行、贷款担保公司和农村资金互助社等新型农村金融机构的建设；鼓励商业增加向农业和农村家庭二、三产业贷款数量，降低财务费用、提高效益，让他们能够不断壮大、健康发展，稳步增加收入；加大城乡统筹力度，提高农民转移性收入。

（一）加大水利配套基础设施投入

水利是农业的命脉，在继续抓好农田水利基本建设项目的同时，针对取消农业税后村级财力普遍不足、农田灌溉设施配套建设缺乏的现状，不断加大地方政府财政投入的力度和水平，确保机井和排灌站得到及时维护，农田、沟、渠等灌浸配套设施畅通无阻，以提高农业生产抵御自然灾害的能力，保证农业生产安全。同时，搞好山区小流域综合治理和雨水集蓄等小微型水利设施建设，鼓励农民自愿投工投劳建设直接受益的小型水库设施。强化预警，科学调度，抓好防汛抗旱工作。结合当地实际加大农业综合开发力度，扩大中低产田改造和土地整治规模，多措并举治理采煤塌陷地，改善农民生产条件，降低农业生产成本，提高农业综合生产能力。

（二）抓住粮食生产不放松

粮食不同于一般商品，它是经济发展和社会稳定的基础。济宁市是农业大市，同时也是人口大市，积极贯彻落实好党中央抓好粮食生产的精神，保持济宁农村经济社会平稳较快发展，特别是在当前粮食有大幅度涨价的情况下，抓住粮食生产不放松的意义重大；大力实施良种产业化、粮食高产创建和粮食产能提升工程，积极推进中低产田改造和大型商品粮基地建设，集中培植一批种粮大户、家庭农场、粮食生产专业合作社和高产典型。到2015年，争取让全市小麦、玉米、水稻等主要粮食作物良种覆盖率达到100%，粮食产量稳定在500万吨以上。同时，做大做强粮食加工、流通龙头企业，提高粮食加工转化增值能力，以粮食增产、品质提升、加工转化来促进农民增收。

（三）不断完善支农政策体系，保持畜牧业生产稳定发展

在市场经济竞争的环境下，畜牧业效益低给生产带来的波动影响了畜牧业的发展。对此，我们应不断完善支农惠农的各项政策，努力培育一批畜牧业规模的养殖企业，增强生产抗御市场波动的能力；努力培育一批畜牧业加工企业，保持济宁畜牧产品在国内的优势地位，带动畜牧业生产的发展；增

加科研投入，挖掘和培育一批畜牧新品种，占领畜牧业发展的制高点。突出发展以鲁西黄牛、优质生猪、小尾寒羊、青山羊和肉鸭、蛋鸭"四畜两禽"为重点的特色畜牧业。加快畜禽养殖"三区一带"（东部优质生猪产业区、中部禽产业区、西部牛羊产业区、沿南四湖水禽产业带）的建设步伐。推动畜禽规模养殖场标准化升级改造，加快建立畜禽养殖标准化生产体系和畜产品质量可追溯体系。5 年内创建 300 个国家级、省级和市级标准化示范场（区）。到 2015 年，全市肉、蛋、奶产量分别达到 90 万吨、65 万吨、30 万吨，畜牧业产值达到 180 亿元，畜禽标准化规模养殖比重达到 85% 以上，畜牧业科技进步贡献率达到 70%，初步建立起现代特色的畜牧业体系；农民人均畜牧业收入占农民现金收入比重每年提高 1.3 个百分点。

（四）加强农业服务体系建设，提高农业生产经营管理水平

各级相关部门要进一步转变职能，在宏观上完善落实好各项惠农政策，加强对农资价格市场秩序的监管，完善农资储备制度，不断减轻农民负担，严惩损害农民利益的不法行为。要有序组织好蔬菜、粮食、花生等农产品的深加工和销售工作，让政府扶持发展的龙头企业真正为农民分担风险，让农民受益，确保农业增产、农民增收，农村经济平稳健康发展。加大扶持龙头企业做大做强力度，不断深化、拉长产业链条，促进农业产业升级，积极构建现代农业产业体系；推进龙头企业联合重组，加快建立现代企业制度，提高竞争实力和市场占有率。大力发展农民专业合作社，支持农民专业合作社开展资金互助、自办农产品加工流通企业、成立区域性联合组织或专业协会，着力提高农民组织化程度。大力推行"龙头企业（合作社）+基地+农户"的生产经营模式，完善利益联结机制。加快农业"走出去"步伐，不断扩大优势农产品出口，鼓励有条件的农业龙头企业到市外、省外、境外建设农产品生产加工基地。到 2015 年，每个县（市、区）都要规划建设 1 或 2 处农产品或食品加工园区。全市培养规模以上农业龙头企业 800 家，农民专业合作社 2000 个，参与产业化经营的农户人均增收 1000 元以上。

（五）加快推进农村土地制度改革，最大限度盘活土地资产

土地是农民最重要的资产，大幅度提高农村居民财产性收入，必须在土地制度改革上率先取得突破。一是加快推进农村集体土地所有权、宅基地使用权等确权登记颁证工作，加大对已完成登记发证宗地的核查力度，避免地方为盲目追求登记发证率而损害农民利益，削除土地纠纷隐患。二是积极探索建立闲置、超占宅基地退出机制，加大宅基地复垦和集体建设用地整理力度，探索以新增集体建设用地指标为交易对象的土地间接交易模式，最大限度盘活农村土地资产。三是继续完善征地补偿安置措施，建立健全征地补偿资金监管机制，有条件的地方要积极推广征地留用地制度，积极发展农村土地股份合作制。四是大力培育农村土地承包经营权流转中介服务组织，扶持土地股份合作组织、农村土地银行等加快发展。

结合新型农村社区和农村住房建设，用足用好城乡建设用地增减挂钩政策，农村宅基地和村庄整理后节约的土地仍属农民集体所有，优先满足集体建设用地，允许农村集体在符合规划的前提下建设标准厂房租赁、以土地入股参与开发经营等。搞好农村土地综合整治，农村集体建设用地置换形成的级差收入，应主要用于土地复垦和农村住房建设，土地出让收益要优先用于农业土地开发和农村基础设施建设。

（六）深化农村集体经济产权制度改革，促进集体资产保值增值

进一步健全完善农村集体资产管理体系，加快建立集体资产产权界定和登记制度、流转和评估管理制度、年检和报告制度，加强农村集体资产管理。积极鼓励有条件的地方开展农村集体经济组织产权制度改革、年检和报告制度，加强农村集体资产管理，增强集体服务功能。条件不成熟的地方，应尽快完善相关优惠政策，鼓励和支持集体经济组织利用资金、资产和资源，以入股、租赁、专业承包等形式，与产业化龙头企业、技术服务机构、种养大户等进行联合和合作，不断发展壮大集体经济实力，确保集体资产的保值增值。

（七）着力加强农村金融体系建设，不断优化农民理财环境

加快落实各项优惠政策，积极引导社会资金在农村设立各类新型金融组

织。继续深化农村信用社改革，支持有条件的农民合作组织开展信用合作，规范和引导民间借贷健康发展。积极鼓励金融机构进行农村金融产品和金融工具创新，根据农民资金额小、金融知识有限、风险承受能力不强等特点，开发出符合农民理财需要的金融理财产品，为农民提供更多、更安全的投资渠道。鼓励金融机构在经济发达的县城和乡镇设立金融超市或微型理财中心，为农民理财提供便利。加强农村宽带网络建设和农民电脑网络知识培训，使农民能及时了解和掌握各种理财投资信息。

（八）积极加强农民投资理财教育，引导农民科学理财

政府部门和金融机构应积极配合，努力提高农民理财意识和技能。充分利用广播、电视、报纸等多种载体，向农民宣传金融理财知识，从理念、产品、服务等多方面启发农民理财意识。积极举办农民理财讲座和培训班，理财培训可以优先在村干部、种养大户、农民专业合作组织骨干和其他有一定文化知识的农民群体中开展，充分发挥他们的引领和带动作用。加快培育面向农村的专业理财顾问，积极组织专门的队伍深入农村开展金融投资知识宣传，引导农民科学理财。在对农民进行理财知识宣传和培训时，要加强金融理财产品风险的宣传提示，帮助农民降低投资理财的风险。

（九）加快完善农村社会保障体系，消除农民投资后顾之忧

尽快明确农村社会保障支出在政府预算中的法定地位，加大财政农业资金向农村社会保障体系倾斜力度，逐步建立稳定的农村社会保障筹资机制。加快制定被征地农民的社会保障办法，逐步建立被征地农民生活保障的长效机制。继续推进新型农村社会养老保险试点，不断完善扶持优惠政策，引导商业保险机构、产业化龙头企业、农民专业合作组织等参与提供相关服务，走公益性和市场化结合道路，切实降低新农保的制度运行成本。不断扩大农业保险的品种和覆盖范围，完善保费补贴政策，建立健全政策性农业再保险体系和巨灾风险分散机制，降低农业生产风险。

加快新型农村社会养老保险试点工作，做好新型农村社会养老保险制度与农村制度衔接，确保济宁市农村低保水平高于全省平均水平。逐步提高新

型农村合作医疗政府补助标准。进一步推进农村敬老院规范化建设，认真落实农村五保供养政策。搞好村级公益事业建设"一事一议"财政奖补试点。加强农民负担监管，落实减轻农民负担责任追究等"五项制度"，防止农民负担反弹。

（十）推动农村经济结构调整，发展农业产业化经营

首先提高农产品质量。在当前我国农产品供过于求的背景下，各地应把提高产品质量，发展适销对路的优质专用农产品生产作为结构调整的重点。农业生产发展的新特点，决定了农业结构的调整必须提高产品质量和经济效益，国家应建立健全农产品质量主要应从两方面入手：一是发展安全绿色食品。在目前农产品安全生产越来越受到重视的情况下，国家应制定保障消费安全和保护生态环境的农产品强制性措施。建立和健全优质农产品认证和标志制度，要积极采取措施发展无公害食品，绿色食品和有机食品，与国际市场相衔接。二是使低劣质的"温饱型"产品为优质的"营养型"产品。目前全国优质稻种植面积已超过水稻总面积的一半，优质专用小麦种植面积占总面积的25%，初步扭转了加工专用小麦多年来依靠进口的局面。其次是大力发展农产品加工业。在经济发展和人民生活水平达到一定程度后，主要依靠初级产品开拓市场的难度越来越大，必须通过产品的转化和加工，才能既增加农产品的价值，又提供丰富、多样的产品，以引导消费，开拓新的农产品营销和加工业的发展，并提高农业和农村经济的组织化程度，向农民推广先进实用技术，降低农民进入市场的风险，增加农民收入。再次培育龙头企业。发展农业产业化经营，推进我国农业现代化的主要途径，运作的关键是大力培育龙头企业。核心内容是资产整合产业重组，建立新型的利益机制。国家要从财政、信贷、税收、进出口等方面支持龙头企业的发展，逐步在全国范围内形成相关产业领域。

（十一）提高农业的科技含量，加大科技投入，农业的根本出路在于科技

只有依靠科技进步，提高农业生产和农产品加工过程中的科技含量，才能从总体上改变我国农产品竞争力低下的状况。为了提高我国农业的科技水

平，一要引进发达国家先进的农业技术成果为我所用，注重农业技术与国际接轨。二要加快建立新型农业科技新体系，要在加强基础研究的同时，支持和鼓励应用农业科研机构改制为科技型龙头企业，加速科技成果推广转化。三要搞好农民科技培训，不断提高农民的科技文化素质和水平。四要抓好优良品种的引进、培育和推广，加快品种更新换代，搞好良种基地建设。

（十二）加快农村富余劳动力转移，促进农民增收

一是扩大对外劳务输出。济宁市劳动力供大于求和就业压力大是长期存在的问题。除了开拓国内市场以及通过输出劳动密集型产品创造就业机会外，直接向海外输出劳务也是农村富余劳动力转移的一条途径。据有关资料显示，仅国际建筑市场就需要劳动力1.1亿人，其中美国的需求量占30%，中东产油国占25%，西欧占15%。这说明国际劳务合作的领域十分广阔，大有作为。努力扩大对外劳务输出不仅有利于农村富余劳动力的转移，而且也可以赚取大量的外汇支持国家经济建设。二是继续扶持乡镇企业和农村二、三产业发展。劳动力向非农产业转移是经济发展的必然途径。从济宁市目前发展阶段看，第三产业在解决农村富余劳动力就业方面有着十分重要的作用。大力发展第三产业，不仅有利于增加就业，而且有利于吸纳农村富余劳动力，缓解就业矛盾，实现社会的长治久安。近几年以来，在传统体制下形成的第三产业发展滞后的局面有所改观。与人民生活关系较密切的商业、运输业、饮食服务业有了较快的发展。但高质量的服务业其规模和质量有待于扩大和提高，应当采取措施加快发展。现在农村大多数劳动力在乡镇企业就业，乡镇企业进一步吸收农村劳动力的潜力还是很大的。因此，在市场经济条件下，乡镇企业应该从自身的优势出发，扬长避短，发展农副产品精深加工，利用农村对交通信息技术等需求量大的特点，积极发展二、三产业，提供更多农业以外的就业机会，增加农民收入。三是加强国内的宏观协调和组织：①积极响应"十三五"时期，是全面建设小康社会、实现富民强市新跨越的关键时期，是深化改革开放、推进转型发展的攻坚时期。挖掘农业富余劳动力的自我消化潜力，变"盲目东流"为自我消化。②建立有关劳动力供求信息的预测预报体系，减少盲目性，增加准确性。在输出地建立外出劳动力档案，为输入

地管理决策提供依据。③健全劳动法规体系和市场规划，使劳动力的流转和管理走上规范化、法制化的轨道。

（十三）粮食流通体制创新

粮食流通体制改革必然打破来自国家权力对农民的高度控制，让农民依据市场关系自由地安排生产。国家通过国有粮食部门对粮食购买实行垄断控制，并实行定购价格和顺价销售等政策，扭曲了粮食市场的供求关系，造成的最主要弊端是粮食市场人为分隔，市场机制不能有效发挥作用，导致价格剧烈波动。这是原计划经济体制下农产品统购统销体制改革不彻底的原因，现行粮食流通体制存在的这些弊端，既不适应社会主义市场经济体制的要求，又不利于很好地调动农民种粮积极性，引发了一系列新的矛盾和问题。因此，加速粮食流通体制的市场化改革和建立真正有效的市场干预机制是当务之急。当前，粮食流通体制改革的基本思路："放开购销，重点保护，转换机制，加强调控。"一是对粮食主产区农民实行重点保护。按照确保粮食安全，兼顾农民收入的政策取向，调整粮食补贴的范围和方式。二是探索放开主产区的粮食市场的方法和途径。在粮食主产区实行粮食购销市场化改革的基础上，粮食主产区按照粮食购销市场化改革的询问，积极稳妥地放开粮食收购，收购价格随行就市，收购主体实行多元化。在国家宏观调控下，经过几年的努力，实现粮食流通市场化。①实行粮食补贴方式改革，将原来按保护价敞开收购农民余粮使农民得到的间接补贴，直接补给农民，让广大农民直接受益，以促进农业结构调整，有效增加农民的收入，保护广大农民群众利益。②改革国有粮食部门，培育粮食市场主体。由于国有粮食部门冗员庞大、低效运转、亏损严重，因此，应根据政企分开的原则，将国有粮食企业的政策性职能与经营职能彻底分开，按照行政管理、国家储备和商业经营职能分设机构。对国家粮食储备机构应真正建立起缓冲库存的机制，使政策性储备和政策性干预的价格"保留"在政府手中；对商业经营性部分要实行市场化企业改造，从粮食收购环节至零售环节，均由市场决定，这样才能形成真正意义的市场价格体系。③进一步搞活粮食流通，取消粮食强制性收购制度，全面放开粮食市场和价格。增加农民卖粮渠道，重点抓好粮食产地、批发市场、质量标准体系和市场信息网络建设，尽快形成开放、统一、竞争、有序地粮食市场体系，充分发挥市场机制在粮食价值形成中的基础性作用，促进农民根据市场需求，调整粮食或其他经济作物的种植结构，运用新技术改进粮食品种品质，生产更多的适应市场需要的优质农产品，提高农业生产效益，有效增加收入。

（十四）大力推进农村城镇化进程，促进农民增收

根据世界上一些国家以往的经验和中国的现实，在人均收入达到 800 美元左右的发展阶段，农民收入的提高主要依靠向非农产业转移，依靠城镇化建设的加速。长期以来，我国城市在发展中由于种种原因而严重滞后，推进城市化仍是一个长期而艰巨的任务。应从现阶段出发，促进大中小城市和小城镇协调发展的城镇化道路。逐步形成合理的城镇体制，鼓励有条件的地方向中心城镇发展，密切与周边地区的经济联系，发挥济宁中心城市的辐射带动作用。在促进城镇化建设中，必须做好以下配套改革：①深化土地制度改革，稳定农村的家庭承包经营基础，充分结合双层经营体制，保护农民对承包土地的使用权，解除土地对转移人口的束缚。②创造良好的社会经济环境。政府应深化户籍管理制度改革，取消农民进城限制，完全放开县和县以下城镇户口，让农民自由进入县城和农村中心城镇，进一步放开大中城市。积极创造条件使他们能在社会保障、子女入学等方面与城市居民享有同等待遇。③逐步完善社会保障制度，使更多的农民都有缴纳社会保障金的义务和享受社会保障的权利，解除农民的后顾之忧，真正提高农民的生活水平。

党的十八届三中全会提出：农村富余劳动力向非农产业和城镇转移，是工业化和现代化的必然趋势，逐步提高城镇化水平，坚持大中小城市和小城镇协调发展，走中国特色的城镇化道路。农民增收的出路之一在于农村的城镇化，而城镇化的发展最终取决于工业化水平。因此，就整个农村而言，应强化二产的引导、支撑作用，重视二产的发展。城镇化水平比较高的乡镇，几乎都是工业化进程比较快的乡镇。建设工业园区，集中搞好基础设施配套和对国内外投资商的服务，是加速工业化、城镇化进程的基本经验。同时，应积极发展服务业。劳动密集型的工业企业和服务业是农村富余劳动力的主要就业领域。据有关资料显示，近年来，济宁市农村劳动力中，从事二、三

产业的占 46.26%，其中，从事三产的人数占 26.37%，超过从事二产的人数。这说明目前三产是转移农村劳动力的主要渠道，服务业吸收富余劳动力的空间很大。全市每年要培训农村劳动力有 5 万人次，新增转移农村劳动力 8 万人次，到 2015 年，农民工资性收入占纯收入的比重达到 50% 以上。应加速农村教育、医疗保健、科技服务、技术信息和市场信息咨询以及金融保险业的发展，有条件的可以发展旅游、观光、宾馆、餐饮等行业，以增大就业空间，吸纳农村劳动力。加速城镇化进程，还应加大城镇驻地基础设施建设。乡镇驻地的水、电、路、暖、汽、讯等设施建设，是加速工业化和城镇化进程的基础。鼓励农村人口的聚集，也是城镇化发展的重要内容。应制定政策，支持小村庄向大村庄、弱村庄向强村庄集聚，大村庄、强村庄向小城镇发展。经过若干年后，使现有的小村庄、弱村庄成为农业作业点、作业站，大村庄、强村庄成为小城镇。这种趋势是市场力量决定的，也是社会发展的必然趋势。制定政策，鼓励偏远区域的农户适应市场需求和发展规律，适时搬迁是加速城镇化进程、增加农民收入、改善农民生活的重要措施。建设好城镇道路，扩大城镇的作业面积，是促进城镇化进程的重要保障。

（十五）深化农产品流通体制改革

目前，在农产品流通体制改革中，很多地方出现了所谓"农产品市场管理与建设维护相互分离"的做法，市场管理由工商行政部门负责，向交易农民收取工商管理费，而市场建设维护由当地政府或企业负责，向进入市场交易的农民再次收取市场建设维护费。这种做法存在着明显的弊端，要么增加农民负担，影响农民结构调整；要么因控制收取市场建设维护费后影响当地建设农产品市场信息积极性。产地农产品市场是农民进行农产品交易的主要场所，随着国家对农产品收购管制的放松，产地农产品有形市场对农民增收将发挥越来越重要的作用。因此，农产品市场建设维护与管理体制的改革，必须服从大局，有助于农民增收，坚决反对站在部门利益的立场上将产品市场建设维护与管理人员分割，从而加重农民负担，损害农民利益。农产品外贸体制改革，应有助于增加农产品出口。随着世界经济一体化步伐的加剧，积极增加出口扩大农产品需求，成为增加农民收入的重要途径。近几年来，积极采取有效措施，尽可能减少农产品进口对国内市场的冲击，而且要设法扩大农产品出口。农产品外贸体制的改革，在有效增加农产品出口的同时，还必须尽量注意避免贱卖贵买现象的发生。这是否合理，有待于进一步研究。但有一点可以肯定，扩大农产品出口也需要考虑成本因素。控制政府为增加农产品出口而需要支付的费用，必须引起重视。

（十六）大力发展优势特色高端高质高效农业

针对目前农产品质量差、价格低的状况，增加农民收入首先要考虑的就是要大力发展优势特色高端高质高效农业。为此，一方面积极推广和落实"良种工程"。"一粒种子可以改变一个世界"，基层广大干部要及时了解掌握各种农产品的科研动态及其新品种状况，根据济宁当地资源优势确定主导产业，引进、推广具有优良性状、市场竞争具有明显优势品种，从源头上解决农产品品位低、质量不高的问题，以增加农产品的市场竞争力。另一方面加快科学种植方法的应用。良种还要有良法。要大力向农民推广一些实用的科学技术，如农作物设施栽培、果树综合管理、节水灌溉、工厂化育苗、生物调控、反季节栽培、无公害生产等。要充分发挥乡镇农业技术员和村组干部、本村技术能人的作用，鼓励他们到户、到田传技术、教方法，并及时发现和解决农户生产中存在的技术问题。

结合实际，因地制宜、突出特色，重点构建四大区域经济板块（东部山区生态农业经济区、平原现代农业经济区、环湖高效农业经济区、城郊观光农业经济区），提升五大优势产业（粮棉油产业、设施瓜菜产业、林果产业、畜禽产业、水产养殖业），壮大六大特色产业（大蒜洋葱产业、食用菌产业、中药材产业、苗木花卉产业、特色养殖产业和乡村旅游业）。到 2017 年，全市高效特色农业产值占种植业的比重达到 70% 以上，实现农民人均增收 1000元，形成 100 万亩设施瓜菜生产基地，120 万亩标准化干鲜果生产基地，100万亩良种基地，30 万亩西瓜、甜瓜生产基地，各类食用菌种植面积达到 3000万平方米。建成全国最大的大蒜、洋葱产业标准化生产基础、江北最大的食用菌生产加工基地和产品深加工生产基地及交易集散中心。

（十七）创新经营管理体制，增加农民收入

首要的问题就是要使农民直接进入市场、面对市场，使农民成为自己产品的真正主人。使农民直接掌握市场信息，进而决定自己是否生产、收购和出售。要实现这一点，就必须使农民组织起来，这就要求进行经营管理体制的创新。农业经营管理体制的创新，主要包括农业产业化经营体制的创新和农业企业化管理体制的创新。产业化经营要求在农产品龙头企业的建立、生产组织形式、农业合作组织、农业中介服务组织、市场信息反馈渠道以及科技支持系统的建设方面进行创新，以适应农业发展和市场的需求。农业企业化管理，就是以市场为导向，以经济效益为中心，在稳定家庭联产承包责任制的前提下，促使分散经营的农户组织起来，按农业企业进行管理，通过优化资源配置，提高农业的投入产出率，通过扩大优质高效农产品的生产规模，提高农业企业的投入产出率，进而实现提高农业效益，增加农民收入的目标。个体农户的自产自销是自然经济条件下人力资源配置方式和组织形式，已成为提高农业效益的障碍。以家庭为单位的农业生产组织形式，只有在龙头企业和现代营销企业的支持下组织起来，实行企业化管理，才能发挥其成本费用低廉的比较优势，进而提高农业的效益，增加农民的收入。农村合作经济组织是农业产业化经营和企业化管理的好形式。合作组织按民主原则对重大事项进行投票决策，保证了决策体现多数人的意愿；合作组织直接面向市场，更加关注市场信息，经营活动更加符合市场需求；合作组织使农民的个体利益通过合作成为组织利益，更能体现规模效益，从而促进协作发展。

（十八）努力发展产业化经营，促进农产品增值

积极推进农业产业化是现阶段提高农业效益，增加农民收入的一条必由之路。发展产业化经营，要发挥资源优势，选好主导产业。各个地方都有自己独特的资源优势，因而必然具有适合自己资源特点的特色农作物。要把这种特色农作物作为本地的主导产业加以发展。发展农业产业化经营，关键是培育具有市场开拓能力、能进行农产品深加工、为农民提供服务和带动农户发展商品生产的龙头企业。龙头企业建设必须科学布局，不能一哄而起、搞低水平重复建设。瞄准大、高、新、特，充分发挥龙头企业的辐射作用。各

级农业部门要加强对其他部门的协调，认真落实国家对重点龙头企业的扶持政策。农业产业化的龙头企业可以有多种形式，可以是企业带农户，基地带农户，服务组织带农户，合作经济组织带农户，也可以是农户之间自我联合的形式，只要能带动农户进入市场，促进农民增加收入，就要大力给予支持。还要处理好龙头企业与农民的关系。要在发展产销合同制的基础上，鼓励和提倡龙头企业通过风险基金、确定保底收购价、按农户出售产品的数量返还利润等形式，与农户建立更加紧密的利益关系。利用各种合作方法，引导企业与农民建立血肉联系，形成风险共担，利益共享，互惠互利，共同发展的经营机制。要提倡工农、农商联手，引导乡镇企业向农业开发和农产品深加工方面延伸，组织城市工商企业参与产业化经营。积极发展创汇农业产业经营，以创汇农业为龙头，面向国外市场，面向国内生产加工基地，建立起自己的优势产业带和出口农产品"生产—收购—加工—包装—运输—销售—新品种引进及新技术应用"的产业链。

（十九）转变政府职能，服务农民增收

1.建立有效的农业宏观调控体系，稳定农业生产

农业作为国民经济的基础产业，其稳定关乎全局。加入 WTO 后，国内市场也就成了国际市场的组成部分。对此，国家应从宏观上建立有效的农产品流通体制和风险规避机制，在参与国际市场竞争的同时，减轻国际市场对国内市场的冲击和震荡。当前我国农民合作组织缺乏规范，多数运作不符合国际合作组织原则，不能使农民从中受益，政府应尽快就农民合作组织立法，规范其组织形式、运作方式、资金来源和利润分配方式。

2.把解决"三农"问题是全面建设小康社会的首要任务作为全党工作的重中之重

把发展农业和农村经济，增加农民收入作为经济工作的重中之重。作为一个农村人口占绝大多数、农业经济相对落后的发展中大国，农业农村工作在全局工作中占有极其重要的地位。只有抓住并着力解决好农业、农村、农民问题，才能在全面建设小康社会的实践中掌握主动权，才能实现国民经济的持续快速健康发展，才能确保国家的长治久安。农业是国民经济的基础，

是安天下的产业。任何时候、任何情况下，农业作为国民经济的基础地位都不能动摇。济宁市三次产业对 GDP 贡献率分别为 2.7%、59.2% 和 38.1%，三次产业结构比例为 12.6：53.3：34.1，与上年相比，一产提高 0.5 个百分点，二产下降 1.6 个百分点，三产提高 1.1 个百分点。目前，济宁市正处在加快工业化和城镇化的历史时期，随着工业化的快速发展，农业在整个国民经济中所占的份额逐步下降，这是经济发展的一般规律。近几年以来，济宁市农业在国民经济中比重逐步降低，农业比重虽然下降了，但其基础地位并未改变，也不能改变。一方面，我们作为 843.03 万人口的大市，粮食必须始终立足于自给。当前，济宁正处在经济转型升级的攻坚期，由经济文化大市向经济文化强市的跨越期，由基本小康向全面小康迈进的关键期，面临着难得的机遇、严峻的挑战、艰巨的任务。如果不大力保护和发展农业，那么，国际上一有风吹草动，我们就将陷入极大被动。另一方面，随着人民生活水平的提高，全社会对农产品的需求结构会发生新的变化，对农产品质量和品种的要求也会越来越高。如果农业的发展不能适应这一新的变化，满足不了这些更高的要求，整个经济的发展就必然会受到影响。因此，农业这个基础，什么时候都不能忽视，什么时候都不能动摇。实现全面建设小康社会的宏伟目标，最繁重、最艰巨的任务在农村。这些年来，济宁市农业农村经济有了长足的发展，人民生活总体上达到了小康水平，但现在达到的小康还是低水平的、不全面的、发展很不平衡的，与更高水平的小康还有很大差距。这个差距主要是在农村。现在，农民的整体生活水平明显低于城市居民。同时，目前贫困人口和刚刚进入小康、收入还不稳定的人口，也主要在农村。农村文化、科技、教育、卫生等各项社会事业还远远落后于城市。因此，农村实现全面建设小康社会的目的，推进现代化建设的难度更大、任务更为艰巨。中央反复强调，没有农民的小康就没有全国人民的小康，没有农村的现代化就没有国家的现代化，正是基于这样的现实考虑，把思想统一到"首要任务"上来，是解决好"三农"问题做好新形势下农业农村工作的一个重要前提。只要真正这样去认识了，真正按照这样的思想去抓了，用更多的精力去关注农村，关心农民，支持农业，农业农村工作就一定能开创新的局面，农村全面建设小康社会的目标就一定能够顺利实现。

3.拓宽为农服务领域

当前应看到农民苦于缺信息、缺技术、缺资金，农户生产经营难度很大。农业和农村工作应该从帮助农民解决普遍存在的"三缺"问题入手，切实做好服务工作。一是要建立国家权威性农产品市场信息的统计、分析和报告制度，负责协调、统一并定期发布全国乃至全世界农产品产销信息，从而为中央制定政策和农民调整农业结构提供及时、全面、准确的市场信息。二是积极推进"订单位农业"。近年来，各地通过组织产销订货会、签订产销合同、培育龙头企业和专业性合作经济组织形式，大力发展"订单农业"，这种产销衔接，以销定产的市场组织形式具有广阔的发展前景。三是增加对农民的专项小额贷款。我国农户经营规模小，经济实力弱，往往因资金短缺而无力进行结构调整。四是加大政府科技服务力度：①加大农业科技成果的推广力度，同时搞好种子工程建设；②注意培育民营科技服务组织；③做好对现有科技组织服务的改革创新；④做好农民培训组织工作，提高农民科技素质和驾驭市场的能力。

第三节　关注农民增收任重道远、前景广阔

农民收入增长缓慢是当前经济生活中的一大难题，如何破解？社会各界仁者见仁，智者见智。2017 年中央一号文件明确提出，全面贯彻落实党的十八大精神，始终把发展现代农业促进农民增收作为全党工作的重中之重，把城乡发展一体化作为解决"三农"问题的根本途径。立足济宁实际，充分发挥农村经营制度的优越性，着力构建集约化、专业化、组织化、社会化相结合的新型农业经营体系，举全市之力，持之以恒强化农业、惠及农村、富裕农民。就济宁市发展现代农业促进农民增收做了一些长期而深入实际的调研，进行了认真分析与思考，并提出了对策建议。

一、目前促进农民增收面临的形势和主要问题

（一）产业结构调整不够理性，种养"跟风"现象不利于农民稳定增收

据调查发现，济宁市目前大多数农户在产业结构调整上，缺少科学规范统一的综合市场需求信息、价格信息、市场发展的潜力和空间预测，以及产品销售政策等信息，依据的还是传统习惯、往年市场效益，或者是"随大流"，盲目跟风，生产缺乏计划性、预见性。种植业方面，粮经比例失调，2017年全市粮食作物面积占农作物总播种面积的比重达 69.4%，较上年又提高了 5 个百分点，瓜菜比重占 15.8%，下降了 3.87 个百分点。因此，在保证粮食安全的情况下，粮食面积的持续增加并非是一件好事，对农民增收不利。养殖业方面，以生猪最为明显，一哄而上，供大于求，卖不出好价钱；一哄而下，供小于求，价钱高了又没有猪可卖。

（二）济宁市粮食产量突破百亿斤、农民人均纯收入超过 1 万元，农业农村经济发展迈上一个新台阶、进入一个新阶段，但面临的困难越来越多，压力越来越大

1.农业农村经济改革发展创新难度加大

传统的农业生产方式、农民固有理念和较低的文化素质，与现代农业农村经济发展的需求矛盾越来越突出。农业生产比较效益偏低，难以吸引大规模工商资本进入，一家一户的生产经营方式制约了农业规模化、集约化、标准化、品牌化发展；农村青壮年劳动力的大规模转移形成的"去农业现象"，造成农业农村经济发展"后继乏人"；农民集体意识的淡化和村集体调控力的减弱制约了农村事业的发展，农村环境不优、家庭势力影响等都在一定程度上加大了农业农村经济改革发展的难度。

2.保持农民快速增收的难度加大

近年来，农民工资性收入的高速增长，一直是助推农民收入快速增长的主力，农民工资性收入对农民纯收入的增长贡献率分别是 36.3%、41.9% 和 76.5%，2012 年，农民工资性收入增幅为 22.4%，同比增加了 2.6 个百分点，对农民纯收入的增长贡献率为 73.2%。但在当前农民转移就业压力增大、工资

性收入增速放缓的情况下，保持农民收入持续快速增长，面临的困难和不确定性增加。

3.保持粮食持续增产、农业持续增效的难度加大

粮食已连续九年增产，支撑增产的各种条件因素绷得很紧，继续大幅度增产的潜力和空间有限。国家为防止通胀预期、短期内大幅提高粮食价格余地很小，除牛羊肉价格较高，受供求关系影响外，多数农产品市场价格走低；与此相反，农业生产成本呈上升趋势，今年化肥价格同比上涨了10%以上，农药、地膜、农业用工成本均不同程度地上涨，农业综合效益下降。因此，综合各方面的因素，在粮食生产实现"九连增"、农民增收实现"十连快"高基数的基础上，推动农业发展再上新台阶、农民增收再上新水平，保持农业农村经济持续较快发展的好势头，面临的困难越来越多，压力越来越大。

（三）农民收入绝对额低，增长速度不快

近几年，尽管全市农村居民收入显著提高，农民人均纯收入分别突破5000元、6000元、7000元和8000元等整数关，2015年又突破10000元大关，但与全国、全省平均水平相比，济宁市农村居民人均纯收入基础依然偏低，区域发展不平衡的问题非常突出。一是增速不快。2015年，济宁市农民人均纯收入增速14.8%，虽然高于全省平均水平1.6个百分点，但绝对量在全省17个市中排12位（倒数第五），与上年排位一致。二是增长不平衡。一般来说，一个地方经济发展水平越高，农民收入差距就越小。也就是说，越是相对落后的地区，农民收入差距就越加明显。从济宁市所辖的县市区来看，2015年农民收入区域间发展不平衡的问题仍然突出，兖州市农民人均纯收入11620元，泗水县农民人均纯收入7582元，比兖州市低4038元。

（四）农资价格持续上涨给农业生产带来一定阻力

近几年，济宁农业生产资料供应充足，但种子、化肥、农药、农膜等农用生产资料持续在高价位运行，农民用于农业生产的直接生产性投入仍然在不断增加，生产积极性受到较大影响。

（五）农业产业化水平有待进一步升级

近年来，全市农业产业化取得了较快发展，但农产品加工水平和效益仍旧偏低，精深加工能力偏弱，附加值不高，尚未形成规模效应和集约效应，市场竞争力不强。农业龙头企业数量较少，规模偏小，辐射带动能力还不够，外向度偏低，农业合作组织规范运行的水平不高。农业龙头企业、合作经济组织和农户之间缺乏稳定的利益联结机制，对农民的带动能力较差，农民发展生产的组织化程度不高，农业生产抵御市场风险的能力不强。

二、制约农民增收的主要因素与原因分析

（一）农业体制改革和产业结构调整问题，直接影响农民收入的提高

1.农业及农民内在的制约

调查显示，一方面农村劳动力的文化素质普遍偏低，90%以下没有高中文化，科技素质不高，农民在生产中缺乏有效地组织形式和指导，亟须有效的组织、带动；另一方面农民组织化程度差，造成信息不对称现象严重，农民缺乏与政府、社会对话的能力和地位，这种非对称导致农民的利益受损，农民增收缓慢。

2.城镇化发展与非农就业不协调

调查表明，鉴于当前通货膨胀的巨大压力，"十三五"期间粮食价格上涨的空间很小，依靠农产品价格增长来大幅度推动农民收入增长的可行性不大。农民收入增长将主要依靠工资性收入和非农产业收入增长，但目前，济宁市城镇化发展提供的就业空间增长有限，对农民增收的推动力有限。

3.农业要素市场体制改革滞后

从调查数据可以看出，财产性收入对农民收入增长的贡献作用很小。一方面是由于农户经营的耕地规模狭小，固定资产积累水平不高；另一方面也反映了农村的土地和资本市场发展滞后，限制了土地和资本作为生产要素对农民收入的贡献作用。

（二）农业利益保障体系不健全，农业仍被其他产业所控制

农业的整个产业链被其他产业所牵制，农民仅从事农业生产环节，对其

他环节缺乏控制，农产品在市场竞争中处于被动地位，农民收入不稳定。产前环节的信息网络不健全，产中环节缺乏农业保险和科技扶持，产后环节没有建立稳定的产后服务保障体系，导致农民基本无法分享农产品加工、流通的增值。农业生产周期长，受自然气候条件影响大，难以抵制自然灾害的破坏，生产过程中不可控制的风险大，这也造成农业生产收益的不稳定性。虽然，政府大力推行政策性农业保险，保险覆盖面也不断拓宽，但对于受灾农民而言，保险只能弥补部分损失，收入下降是难免的。

（三）国家的农业价格政策，在一定程度上制约了农民收入的提高

我国自 2006 年实施农资综合补贴以来，深受广大农民的拥护，其已成为重要的支农惠农政策。但近年来，虽然农产品价格也有所提升，但受制于农资价格的大幅上涨和通货膨胀，农业效益还是相对低下。

1.农业补贴没有与农资价格挂钩

2013 年，济宁市农资补贴的方式，是以每亩补贴 125 元的形式，并未与农资价格挂钩，虽然农资补贴每年都有所增长，但仍不足以弥补农民因成本上涨带来的损失，从而导致了农民普遍反映惠农补贴的力度不够。

2.粮食生产成本与收购价格没有联动

调查表明，虽然粮价比上年有所增长，但远远低于农资增长幅度。

三、加快发展现代农业促进农民增收的对策措施

（一）加快农村劳动力体制改革，精减农民数量，保障农民收入

1.加快完善社会保障体系建设

重点做好农民工、被征地农民、农村灵活就业人员的参保工作，农村低保要应保尽保；要适度调整农村医疗保障等制度，进一步增加农村居民享受教育、培训、医疗的机会，减轻农民负担，促进农民增收。

2.继续加大农村户籍制度改革，尽快完善和健全城乡统一的劳动力市场

从调查看，由于人多地少，加上农产品价格上涨空间有限，依靠农业自身解决农民收入增长的空间并不大。从长远看，解决农民增收的唯一出路是

减少农民，加速农村劳动力转移，推进城镇化进程。从目前城乡收入差距的走势看，标志改革发生临界点的城乡收入差距已经回到1978年的水平。因此，改革户籍制度的时机已经成熟，只有彻底取消城乡差别的户籍制度，才能真正消除农民外出就业在保障体制、就业政策和社会服务方面的歧视性待遇，构建真正意义上的城乡统一的劳动力市场。

3.大力发展县域或经济，有效地提高农民收入

构建县域经济的良性发展机制，提高县域经济的整体水平，带动地方中小企业发展，引导农村劳动力就近就地向非农产业和小城镇转移，同时扩大就业和创业渠道，支持农民返乡业和创业，从根本上解决农民持续增收的问题。

（二）大幅度提高政策性收入惠农力度，增加财政农业补贴方式

1.建立农民收入直接补贴、土地生产能力国家补贴政策

首先，要积极体现财政在农业增收中的主导作用，保证农业直补增幅高于财政经常性收入增幅的10%左右，逐步提高财政补贴收入占农民收入增加值的比重。其次，加大对农地补贴力度，以土地综合生产能力、生产潜力为依据，发放农地生产补贴，直接保障农民家庭经营的基本收益。

2.调整最低收购保护制度测算依据

将农产品收购保护最低价格测算调整为以当年或当期农产品生产成本测算加上10%～15%的利润计算，避免增产不增收的局面。在当前情况下，济宁市可以选择重点农产品加以收购保护，稳定主要农产品品种最低收购价的政策以托市场力度，从财政上大力扶持农民收入的提高，确保农民的合理经济收益不断增长。

（三）完善创新科教兴农模式，大力发展特色农业和现代农业

1.强化政府科技推广的服务职能和服务能力

增强基层农技推广水平，推动农村生产方式由传统向现代农业生产方式转变。一方面要引导树立创新特色意识，注重发展特色农业，形成"人优我特"，力争建成一批专而精、特而优的"一村一品""一村一业"的特色村，促进农民增收；增强市场导向意识，大力发展"市场农业"和"订单农业"。形成"人无我有"的局面，抢占先机。另一方面要增强质量效益意识，把农

产品质量放在首位，形成"人有我优"的格局，提高农业产业的经济效益。

2.大力实施科教创业型科技特派员农村创业行动

引导公益性高等学校、科研院所在生产第一线创办领办科技型企业和技术合作组织，建立现代农业试验示范基地，示范推广特色农业和现代高价值农业，带动农民增收。推行院地合作、专家大院等科技下乡服务模式，让科技推广落到实处，科技人员要"把论文写在大地上"，切实解决农民"种什么、养什么"的问题，大力促进农业科技机构对农民增收的支持作用。

3.依托农业科研教育机构，领办、培育新型农业社会化服务组织

针对当前农民合作组织缺乏科技及经营带头人的实际问题，政府应通过购买合作组织公共服务、提供资金、职称奖励等方式，组织有技术、会管理、能服务的农业科研人员到农村，代理农民专业合作组织，促进农民专业合作社规范运行，实现合作组织对农产品前、产中、产后一条龙服务，充分发挥农民专业合作社组织农民进入市场、应用先进技术、发展现代农业，进而提高农民收入的积极作用。

（四）继续加大农业补贴强度，建立差别化分类扶持政策

1.强化农资监管、转变农资补贴方式

一方面政府应加强农资价格、质量监管，建立市场监控体系，对农资价格实行基准定价，因市场原因超出基准定价的部分，由政府直接对农民进行补贴；另一方面，要对农资补贴方式进行适当调整。可以参加农机补贴和家电下乡，将农资补贴与农资价格直接挂钩，这样既有助于增加政策的透明度，让农民了解农机补贴的标准与幅度，又有助于稳定农资价格。

2.要继续加大农业公共补贴强度

特别注重对农业基础设施建设、农村公共事业发展、科技服务等薄弱环节的投入，增强抗灾减灾的能力，减轻农民负担，提高农民的生产工艺积极性。

3.要建立差别化分类扶持政策，研究制订不同区域的农业扶持政策

对以农业为主、经济欠发达及土地集中连片困难的区域，要加强农业综合生产能力建设、农业基础设施建设，降低地方配套资金等政策扶持门槛，引导发展特色农业和效益农业；对以中小规模农业经营为主的地区，要加强

对家庭农户的直接补贴，避免农业补贴大部分为龙头企业或其他企业攫取的局面；对以非农业为主、经营较发达地区，则应加强引导非农技能培训和扶持失地农民转移就业，以民生保障为重点。

（五）理性地进行农业和农村经济产业结构调整

要高度重视粮食生产，在稳定粮食生产的前提下，努力做强瓜菜产业，增加优质、高效农作物种植比例，努力做大林果、畜牧等产业。加快推进生态农业及农产品深加工基地建设，进一步加大实施生态农业品牌战略力度，努力将全部农牧产品纳入生态农产品品牌管理范围，提高"三品"认证率。

（六）用科技创新支撑农业，增强持续稳定发展能力

农业科技创新是现代农业可持续发展的基本保证。只有促进农业科技成果的转化，促进农业科技成果走出实验室、走向农田，才能提高农业生产效率，实现农业持续健康发展。新的农业科技成果的运用，对于节省劳力、时间和能耗，提高农业生产效率起着举足轻重的促进作用。要继续加大农业科研投入，不断增加农业科技产品的有效供给，完善农业科技推广运行机制，增强农业持续稳定发展的能力。

（七）抓住机遇，进一步加大农田水利建设力度

紧紧抓住2019年中央"一号文件"加强农田水利建设的机遇，加大农业基础建设投入，大力加强老旧水利设施的修整、重建，充分利用各级水库、水渠，建立科学完善的农田水利网络，提高应对极端天气的能力，确保农田旱可浇、劳可排，促进农业生产持续稳定发展。

（八）继续加大支农投入力度，促进农业长远持续发展

农业是弱势产业，同时是基础产业，近年来农业自然灾害频发，对农业生产造成了较大影响，农业发展需要获得更多的投入与支持。一是要继续加大对"三农"的投入力度，在落实好粮食直补、农资综合补贴、良种补贴等多项惠农政策的基础上，加大资金投入，继续提高补贴力度和范围，改善农

业农村基础设施，引导社会资金投向农业，提高对农业的保护力度，提高农业生产的收益能力。二是加快发展现代农业、实现全市农业的转型和升级。应围绕发展现代农业的契机，尽快提升全市农业发展的档次，拓宽农业发展空间，提升农业为农民增收的能力。三是大力推进政策性农业保险试点，积极扩大农业保险保费补贴的品种，为农村居民规避生产风险提供保障，提高农村居民的抗风险能力。

（九）加强畜牧业市场信息化建设，加大畜牧业生产调控力度

立足济宁实际，各级政府要进一步加强农产品市场信息化建设，加大对畜牧业生产的调控力度，为畜牧养猪户提供及时、准确的市场信息，用于指导生产。从长远来看，畜牧业实现规模化养殖是调控生产与消费的有效方式。针对当前济宁市比较突出的畜牧业市场，应建立长远的畜牧产销调控机制，组织规模比较大的畜牧业饲养、加工、运销企业和其他科研推广机构，成立畜牧业产销协会，开展畜牧业产销协议活动。通过政府对畜牧业生产的调控，使畜牧业生产更好地与市场对接，实现产消大体平衡，减少波动，维护畜牧业经营者和畜牧业产品消费者的利益。

（十）发展新型农民合作组织是建设现代农业的现实新的途径

这不仅能提高合作组织的经营效益，还能增强合作组织在农民中的凝聚力，以吸引更多农户自愿参与多种形式的联合与合作，从而推动农业经营体系的创新，加快现代农业的建设步伐。既要把它作为发展集约化、规模化、专业化、标准化的现代农业经营体，以提高农业生产的组织化和社会化程度；又要把它作为国家支持农业发展的重要渠道，使国家对农业的投入更多地向具备条件的农民合作组织倾斜，以形成更多有效资产和现实生产力。不发展多种形式的新型农民合作组织就难以真正发展现代农业。鼓励农民兴办专业合作和股份合作等多元化、多类型合作社。要根据建设中国特色现代农业的客观要求，要立足济宁的实际，把大力发展多种形式的新型农民合作组织放在创新农业经营体系的重要位置。而为了发展生产，农民除了需要村级自治组织，还需要有能够带领他们进入市场的经营性组织，这就是多种形式的新型农民合作组织。农民专

业合作社法颁布以来，农民合作组织有了明显发展。但总体看，还普遍存在着经济实力弱、经营规模小、服务水平低、制度不健全等问题，农业生产的组织化程度低，主要反映为农民合作组织发展不足。虽然村民委员会覆盖了整个农村，但它主要是提供社会管理和公共服务的自治组织。

（十一）把握新的阶段性特征，加强建设现代农业的紧迫感

加快农业经营体系创新，提高农民生产经营活动的组织化、社会化程度，已成为发展现代农业必须突破的一大瓶颈。建设现代农业，离不开大兴农田水利、加强科技服务、不断提升农业的物质技术装备水平，更离不开深化改革、创新农业经营体系、发挥体制机制优势，激发农业生产要素本身的活力。从济宁市的实情看，再靠增加自然资源的投入来发展农业已没有多少余地，再靠增施化肥农药来增加农产品产量不仅提高成本，而且会破坏环境。因此，要端牢我们自己的饭碗，就必须加快建设现代农业。济宁市是一个农业大市，需要合理利用本地资源和国内外市场，以减轻资源和环境压力；但我国又是世界上人口最多的国家，必须牢记2019年年底中央经济工作会议发出的警示："我国有13多亿人口，只有把饭碗牢牢端在自己手中才能保持社会大局稳定。"为了满足社会对农产品快速增长的消费需求，近年来对部分农产品的进口数量明显增加。

从当前情况看，确保粮食安全和重要农产品有效供给的任务十分艰巨。部分农产品供给增幅赶不上需求增长速度的矛盾已经显现。近年来，城乡居民对农产品的消费需求发生了重要变化：

（1）城镇化使农业转移人口直接消费的农产品数量有较大幅度增长，显然，当前的农产品供求已呈现"总量基本平衡、结构性矛盾突出"的局面。

（2）农民表现出对农产品自给性消费减少而商品性消费增加的趋势，同时，又呈现出人均消费的口粮下降而对食用植物油、肉禽蛋奶和水产品消费数量增长的趋势。

（3）城镇居民人均直接消费的农产品数量开始基本稳定，便对加工食品、绿色食品的消费数量开始明显增加。

但是，农业底子薄、农民收入低、城乡差距大的矛盾是由自然、历史等

诸多因素长期累积形成的，绝非一朝一夕就能彻底改变。党的十六大以来，农业农村改革发展成就显著。粮食连续 11 年增产，农民连续 11 年较快增收，农村基础设施建设和社会事业加快发展，新农合、低保、养老保险等社会保障制度建设实现历史性突破。这 10 年是我国农业发展最快、农村面貌变化最大、农民得实惠最多的又一黄金时期。

（十二）维护农户合法财产权益，优化生产要素组合是建设现代农业的重要前提

采取什么样的土地流转、集中和规模经营的具体形式，应当尊重农民的意愿。发展农民自愿组成的合作，既可以发展规模经营，又能维护农户经营主体的地位。因此，农村土地承包经营权的流转、集中和规模经营必须与农业人口的转移程度相适应。同时，规模经营可以有多种形式，并非一搞规模经营就非要让大多数农民放弃对承包地的经营权。尽管有些地方农村生产要素（主要是耕地）流转和集中的条件确已具备，但这并不能代表当前整个农村的基本状况。据农业部门的统计资料显示，目前农村流转的耕地已占到农户承包耕地总面积的 20% 左右，应当说，相对于农业生产经营户占农村住户89.19%的比重，这已经是一个不低的份额。这就需要有中介来建立平台以提供相应的信息。信息畅通了，真正要实现流转，还需要有一系列服务，如法律法规和政策的咨询，提供土地租金的参考，关于合同的签订以及纠纷的调解，等等。首先必须明确，土地承包经营权等农业生产要素流转的主体是农户，必须坚持依法、自愿、有偿的原则，切不可不顾农户的意愿强制推行。在进城农村人口不稳定、家庭迁徙不完整的背景下，农业生产要素的流动实际上还受多重因素的制约。从农户的合法财产权利得到法律有效保障，到农业生产要素真正进入流转，其间还有一系列问题需要解决。其次是信息对称与服务。有些农民家庭的主要劳动力外出打工了，家里的承包地可以流转出去，但有谁愿意转入土地却不清楚；同样，有愿意扩大经营面积、希望转入土地的，却不了解有谁愿意转出土地。开展了农户土地承包经营权的确权、登记、颁证试点工作，并将逐步扩大试点的范围。这些基础性的工作都将有助于维护农户对土地承包经营权的合法权，也为法律有效保障农户流转土地

经营权后的合法权益提供了有力支撑。当前的关键是要把法律赋予农户的权利真正落到实处，这就必须对农村土地实行普遍的"确权、登记、颁证"。目前，对大部分农民集体所有土地（包括林地）的所有权进行了确权和登记，颁证的工作在济宁市也正在进行之中。《中华人民共和国物权法》的颁布实施，为增强农民对承包土地稳定性的信心提供了有力支撑。《中华人民共和国农村土地承包法》中关于"承包期内，发包方不得收回承包地"和"承包期内，发包方不得调整承包地"的规定，在不少地方实际上并未得到切实执行。不少农民对土地承包经营权的稳定性仍缺乏信心，自然就不敢放心流转土地的经营权。党的十八大报告更是明确要求"依法维护农民土地承包经营权、宅基地使用权、集体收益分配权"。但要切实维护农民的这些权益，首先就需要进行"确权"。农村土地承包到户已逾30年，但对承包关系的管理方式，大多还停留在类似租赁关系的合同管理上。农村改革以来，为了使农民"定心"，党和国家对农户的土地承包经营权一再强调要长期稳定，把承包期限从开始的15年再延长30年。全国人大五次会议通过的《中华人民共和国物权法》，明确把农村土地承包经营权、农民宅基地使用权等界定为"用益物权"。党的十七届三中全会通过的决定又进一步明确"现有土地承包关系要保持稳定并长久不变"。我国农业发展经历曲折的道路，其中值得牢记的一大教训，就是如何正确对待农户的合法财产权益。农业合作化运动虽然奠定了我国农村土地集体所有制的基础，但"谈合色变"的余悸却至今影响着农业生产要素的合理流动。

因此，必须建立严格的制度，切实维护好农户的合法财产权益，才能为农业生产要素的顺畅流动和优化组合创造适宜的环境。培育新型农业经营主体，发展农户间的合作与联合，构建多元化、多层次、多形式的农业社会化经营服务体系，都离不开农业生产要素的必要流转和优化组合。

（十三）创新农业经营体系是建设现代农业的制度保障

在推动这"两个转变"的基础上，逐步构建党的十八大报告所提出的集约化、专业化、组织化、社会化相结合的新型农业经营体系。但家庭经营只靠自身的力量毕竟难以应对生产经营各环节中的所有问题，因此，还要从济宁市实际出发推动统一经营向发展农户间的联合与合作，向形成多元化、多层次、多形式的农业社会化经营服务体系的方向转变。随着农业人口的逐步转移，农业家庭经营的规模也将逐步扩大，专业大户、家庭农场、农民合作社等新型农业经营主体将逐步形成。要因地制宜推动家庭经营向采用先进科技和生产手段的方向转变，增加技术资本等生产要素投入，着力提高集约化、专业化、组织化、社会化的水平。

在大多数情况下，农业的发展，一靠通过合作和社会化服务来弥补家庭的不足，但家庭经营本身始终是难以被替代的；二靠现代物质技术的投入而提高效率；三靠农业人口的减少而逐步扩大经营规模。正是由于农业的这些特点，人们才普遍选择了家庭经营的方式。即使在已经实现了现代化的国家中，农业仍普遍实行家庭经营。因此，所谓"家庭经营已没有前途"的观点是不能成立的。在工业化手段的推动下，一些农产品实现了工厂化的生产，动植物生长的环境可以控制，雇员付出的劳动能够计量和监督，对每个生产环节是否符合标准也可以及时检测。但这样的农业毕竟只占很小的部分。农业是一个经济再生产与自然再生产相交织的特殊产业，需要人类在自然环境中通过利用和控制植物的生命过程来从事生产活动，在这种充满不确定性的复杂条件下要保证农产品的顺利成长，就必须依靠农业生产者对它们及时和精心的照料。而要做到这一点，最简单的办法就是使农业生产者成为他所生产的农产品的主人，不需要别人监督，不需要计算劳动付出，他们会为了自己的经济利益而竭尽全力。当前，农业农村领域正在发生一系列深刻变化，家庭经营面临着不少新情况、新问题，迫切需要通过发挥统一经营的作用去寻求解决的办法。农业要以家庭经营为基础，主要是由农业生产自身的特点决定的。我国的农村基本经营制度包含着三重内容：①一家一户办不了、办不好、办起来不经济的事情通过多种形式的统一经营去解决；②集体土地承包到户实行家庭经营；③农村土地农民集体所有。只有把握住这三者内在的紧密联系，才能准确理解我国农村基本经营制度的深刻内涵；以家庭承包经营为基础、统分结合的双层经营体制，既是我国农村改革已经取得的最重要的制度性成果，又是走中国特色农业现代化道路的现实起点。

第四节 农民持续增收的困境与出路

历史和现实证明，传统农业可以、也只能解决农民的温饱问题，要实现农民持续增收，突破口和着力点在发展现代农业。岳阳作为农业大市，既有传统农业的优势，又积累了发展现代农业的经验，为研究新时期农民增收问题提供了合适的样本。

一、农民增收的现实困境

进入新世纪，中央连续 11 年下发涉农一号文件，农业农村经济步入高速发展期。据有关材料显示，就岳阳情况看，2005 年到 2015 年 10 年间，农民人均纯收入从 2946 元增长到 8326 元，增长 2.8 倍。其中，2015 年和 2016 年分别比上年增长 18.1%、17.8%，大幅超过了城镇居民收入的增速。

虽然农民收入整体呈上升趋势，但持续增长的机制未能建立，突出表现为"两个掩盖""两个拉大"。"两个掩盖"：一是农民工资性收入掩盖了农民增收现状。剔除工资性收入，农民从农业生产增收实际上非常少。近 10 年来，岳阳市农民人均纯收入中，家庭经营性收入连续下降，工资性收入稳步上升。不少农民特别是中青年农民认为种田不如打工。二是国家惠农补贴掩盖了农业低效甚至是负效的真相。粮食、棉花、养猪等都是极少利润，有时甚至是亏本生产，种养收益主要来自国家补贴。岳阳农民种植水稻纯收入仅 116.6 元/亩，除去国家补贴，实际纯收入只有 7.5 元。"两个拉大"：一是城乡收入差距拉大。2012 年，岳阳城镇居民人均可支配收入比农民人均纯收入多 13784 元，而改革初期这个差距只有 764 元。二是内部收入差距拉大。区域间、不同类型农民间收入差距大，高的人均收入过 2 万元，低的不足 2000元，相差 10 多倍。形成上述问题的原因很多，主要有①农业经济效益较低。在不少地方，农业从主业跌落为副业，非农收入成为农民收入的主要来源。农业经济效益与社会效益日益偏离。②涉农资金技术支持偏少。这些年政府对"三农"投入力度不断加大，但政策性投入远远不能满足农村资金的实际需求。由于投入不足，农业科技支持体系不健全，农业科技成果转化率较低，农产品科技含量不高。③抵御市场风险能力不足。仅从农产品销售环节看，"谷连壳卖、猪连毛卖、树连皮卖、鱼连鳞卖"的销售模式，以及农产品价格的大幅波动，使更多利润流入流通环节，减少了生产领域的直接利润。④农民创业创收能力弱。经过多年持续的劳动力转移，当前农村劳动力结构发生明显变化，留守农村务农的农民大多年龄老化、技能单一、信息闭塞、观念滞后，"谁来种田""谁来养猪"的问题凸显。⑤农业的自然风险与基础设施建设滞后的矛盾日渐突出。特别是农田水利设施毁损严重、无力维修，使一些地方农业生产在很大程度上"望天收"。从现实判断，收入越高的农民越容易增收，收入越低的越难堵收，"剪刀差"愈显拉大趋势。同时，农业发展面临转型难，中央强调粮食安全，地方注重经济发展和财政增收，农民看重种养效益，三者少有交集，难以形成合力，这很有可能使农民增收步入新的徘徊期。

二、农民增收的实践探索

为打破这个僵局，岳阳市通过发展现代农业促进农民增收，取得了初步成效。集聚产生效益，以规模化拓展农民增收空间。岳阳突出产业规划和结构调整，推动生产专业化和种植区域化，引导优势农产品向优势生产乡镇（村）集中，形成了 10 大特色农产品产业基地。同时，在稳定完善土地承包关系的基础上，建立健全县、乡、村土地流转服务体系，鼓励有条件的农户以转让、租赁、合作等方式，推动农村土地规范有序流转和资源优化配置，形成"大户带农户"的规模化生产格局。平江县农民凌鑫凡在当地政府的帮扶下，成立"小燕现代家庭农场"，就近聘用近百名农业工人，租用农田 120 亩、旱地 170 亩、油茶林 200 亩，构建立体种养加销模式，经济收入成倍增加。

链条创造利润，以产业化提高农产品附加值。岳阳利用工业技术手段推动农产品加工，把企业办到田间地头，实现产业化经营，打开了农业的利润空间。一方面，围绕农产品加工培育龙头企业，引导加工企业向园区集聚。目前，全市农产品加工园区发展到 8 个，吸引就业近 10 万人，农民人均增收

2276 元。另一方面，围绕农产品销售搞活流通。近年来，岳阳大力建设农产品专业市场，花板桥蔬菜、洞庭渔都、粮食批发等 20 个大宗农产品市场辐射湘鄂赣乃至全国，有效解决了农产品销售渠道窄、价格卖得低、利润留不住的问题。品质提升价值，以标准化增强农业竞争力。岳阳用标准规范生产、监测流程、提升品质，推动农业效益和农民收入同步提升。一是把食品安全作为现代农业的生命线，扎实推进农产品"放心工程"，严格控制农药、肥料、激素的投放使用，建立"从田间到餐桌"的质量追溯体系，实现与大型超市和高端市场成功对接。二是积极引导生产要素和创新元素流向主导产业，支持地方和企业创建名优特新产品，近年来，新增涉农中国驰名商标 14 件、中国名牌产品 3 个、湖南省著名商标 81 件、湖南名牌产品 43 个。三是以屈原、华容现代农业示范区，湘阴国家标准示范县和泪罗、华容两个省级标准化示范县建设为重点，制定生产技术规范规程 121 项、省级农业地方标准 15 项，创建君山、华容两个国家蔬菜标准园和湘阴茶叶标准园，带动建立标准化基地 25 个，总面积 170 万亩。联合促进共赢，以合作化抵御农业自然与市场风险。岳阳以提质增效为方向，大力打造农业合作的"升级版"，一是通过投资入股、联保贷款、订单农业、利润返还等形式，将合作社发展与农民增收紧紧联结在一起，推进合作层次由"松散型"向"紧密型"转变。二是立足优势产业和特色产品，发动种养大户、龙头企业、农技专家、营销大户领衔或参与农业合作，推进合作领域由"生产型"向"链条型"转变。三是将农业合作组织建设列入民办实事工程，资金、项目、人才和技术向其倾斜，推进合作服务由"单一型"向"复合型"转变。知识创造财富，以职业化方式培育现代新型农民。岳阳积极为新型农民创业搭建平台，大力实施农村劳动力培训阳光工程、绿色证书工程、科技入户工程，鼓励具有一定技能和财富的返乡农民在家乡自主创业，培植一批种养大户、个体工商业主和农民企业家。平江县是全国新型职业农民培育试点县，近年遴选职业农民培育对象1000 个，唐辛闲是其中的典型代表。他创新土地流转"双赢"模式，与农户建立长期合作协议，聘请农民当机手、管理员，实行种植全程机械化生产，建立 1000 亩早稻集中育秧示范片、1000 亩水稻全程机械化生产示范片、1200亩水稻绿色防控与专业化统防统治示范区，成为现代农业发展、水稻规模种植的样板。保障固化收益，以社会化服务提高农业生产经营效率。岳阳打破城乡、地区、行业、所有制界限，建立公益性服务和经营性服务相结合、专项服务和综合服务相协调的多元新型农业社会化服务体系，为农业发展和农民增收提供保障。特别是在科技服务方面，岳阳充分发挥市农科所的科研带动作用，加大新品种、新技术、新产品研发力度，建立健全以县级农技推广中心为龙头、乡镇农技服务站为纽带、农村科技示范户为基础的技术推广服务体系，使科技成为农民增收的源头活水。

三、促进农民持续增收要有新思路

我国耕地有限，农产品是永不贬值的黄金。促进农民增收，提高农民创收能力是核心，增强对农业的政策扶持是必要条件。当前，在农业转轨期，尤需强有力的政策支持，进一步发挥财政支农政策的导向作用。一是完善国家涉农补贴政策。重点推进惠农补贴资金的分类管理，将种粮补贴直补到真正务农的生产者手中，提高对种粮大户的补贴幅度。比如，可将粮食直接补贴、农作物良种补贴、农资综合直补"三补"政策合一，直接按二轮延包面积发放补贴，既解决历史计税面积与实际面积不符的问题，又便于操作，减少行政成本，防止虚报冒领。二是加大惠农补贴整合力度。目前国家支农惠农的补贴项目众多，但重点不突出、资金规模效应不明显。建议整合涉农建设资金，逐步将部分补贴和补助类强农惠农资金整合转化为支持农村基础设施类资金，充分发挥恶农补贴正向激励作用，提高资金使用效益。三是尽快出台农业地方补贴政策。鼓励各级政府因地制宜出台地方性农业补贴政策，如用专项资金对特色种养和农产品加工企业给予奖励补助，调动农业生产积极性，增加农民收入。四是建立健全农产品价格调控机制。近年来，农产品价格不稳定，加上国际大市场的影响，对农业的稳定健康发展带来较大冲击。因此，需加强对国内农产品价格的宏观调控，着力构建可持续的农业发展政策体系。强化农村财政金融政策。当前，一些农村基层金融机构，不仅未给农村地区提供资金支持，反而将农村存款抽向城市，造成农村资金供求失衡。应改革完善现有农村金融信贷机制，将金融机构资金"抽水机"变为"供水泵"，增强金融支持服务"三农"的能力。同时，加快推进农业财政投入增长制度化、法制化，从中央到地方调整财政支出结构，提高涉农投入比例，纳入各级财政预算，明确到位比例和时限，确保财政支农投入增加。此外，按照"谁投资、谁受益"的原则，积极引导社会力量投资现代农业，特别是对农户自愿投资投劳兴建的生产生活设施，财政可以运用补助、贴息、以奖代补、示范启动等政策手段给予适当扶持。

推进与城镇化配套的农村改革。城镇化的根本目的是造福百姓和富裕农民。因此，推进城镇化要以城乡一体化发展为目标，严防出现新一轮借城镇化之名夺农民之利的行为。特别需要关注三个重点：一是农村产权制度改革。对于农村土地、农村房屋和宅基地、农村集体资产，应先通过确权赋予农民更多财产权利，然后进入市场交易，盘活农村产权资源，让农民得到更多实惠。二是农村土地征收制度改革。建立公平开放透明的土地市场，完善主要由市场决定价格的机制，建立城乡统一的建设用地市场。三是农民进城后的社会保障制度改革。农民进城后，需保留其在农村的土地、房产、集体资产收益等财产权，同时完善农民进城后的就业、养老、住房等社会保障制度，从而使广大农民平等参与现代化进程，分享发展成果。推广农业适用技术。健全农技推广体系，推动农业科技社会化服务，每年选定推广一批适用的农业新品种、新装备、新技术，通过宣传、示范推广到村到户，以科技提高农业生产效率，增加农民收入。以高新机械推广和解放农村劳动力为突破口，加大农机推广力度，鼓励发展农机、农作物病虫害统防统治等社会化服务组织，争取农作物耕种收综合机械化水平每年提高 1 个百分点，以解决农业劳动力不足、效益不高的问题，提高农业的比较效益。

第五节　有效"集成"各类资源　念活念实"富民经"

山东省济宁地处鲁西南，是一个拥有 580 万农村人口、780 万亩耕地的农业大市，是全国重要的粮棉油生产基地、特色农产品基地。济宁市供销合作社现辖 11 个县(市、区)供销社，拥有独立核算企业 209 个、基层供销社 144 个，城乡各类经营服务网点 5830 个，共有干部职工 3.2 万余人，资产总额 35 亿元。近年来，市供销社根据农业和农村发展的新形势、新变化、新需求，加快培育农业新型经营服务主体，建立健全农业社会化服务新体系，不断探索供销社为农服务新模式，特别是充分利用供销社系统在服务网络、农资经营等方面的优势，全力推进现代农业服务规模化，实现了供销社发展和"三农"工作的互促共赢，探索出一条新型经营服务主体推动现代农业服务规模化的有效途径。

一、研判形势，找准定位，以大田作物托管服务为切入点，推进现代农业服务规模化

当前随着工业化、城镇化加速推进，农村劳动力大量涌向城市，以济宁为例，在很多地方已占到农村青壮年劳动力的 50% 甚至 80% 以上。有资料显示，绝大多数农民工不再打算回乡从事农业劳动，特别是 80 后农民工，只有 7.3% 的人愿意回乡务农。农业兼业化、农民老龄化、农村空心化问题日益突出，同时，过去的土地经营及农业管理方式已不适应生产力发展要求，资源利用强度高，多肥多药、缺水、土壤退化问题日益严重，农业生产经营进入高投入、高成本阶段，农民生产积极性不高的问题日益显现。"谁来种地、怎么种地"成为摆在各级党委、政府面前的一项现实而又紧迫的任务。作为为农服务的合作经济组织，为党委政府分忧、为农民群众服务、为城镇化助力是供销社的职责和使命，而且供销社又有组织体系较为完整，经营网络遍布乡村的优势，最有义务、最有责任也最有能力在变革农村生产方式中担当

主力军。这既是现代农业发展的需要，又是党和政府对供销社提出的要求。面对新形势、新任务、新需求，我们审时度势，找准定位，抢抓机遇，始终坚持姓"农"这个本质，在深刻分析农业农村现状和自身特点、优势的基础上，从 2010 年 3 月开始，在济宁市汶上县率先开展试点，积极探索以土地托管服务为主要内容的大田作物服务创新，走出了一条"农民进城打工，供销社给农民打工"的路子，探索出一条新型经营服务主体推动现代农业服务规模化的有效途径。在此基础上，又相继在曲阜、梁山等县市推广，目前全市已有 9 个县（市、区）开展土地托管工作，60 多个基层社和 24 个社属企业参与，组建粮食种植、农机服务专业合作社和各种服务队 150 多个，购置、整合各种农机设备 1300 余台套，共托管土地面积 42 万亩，服务农户 10.2 万户。

二、明确思路，完善内容，建立推进土地托管工作的组织运营机制

为深入做好土地托管工作，在开展试点、总结经验的基础上进一步完善了土地托管的基本做法，即建立一种工作机制、实行两种托管形式、突出三种运作模式、把握三个关键环节、形成四大服务格局、坚持五项基本原则。建立一种工作机制，即坚持"政府支持、供销社主导、部门参与、农民自愿、合同管理"的工作机制。

实行两种托管形式。开展土地半托管和全程托管服务。土地半托管是根据土地托管服务协议，由基层供销社或领办的专业合作组织向委托农户提供秸秆还田、深耕疏松、农资联采直供、种肥同播、病虫害统防统治、机收、烘干、储存、加工销售、一卡通等一个或多个环节服务，按低于市场标准收取一定服务费用。根据农户意愿选择服务内容，土地种植收益全部归农户所有。土地全程托管服务是以基层供销社和村委会领办的专业合作社与农民签订土地托管服务协议，打破户与户之间的界限，实现土地成方连片，实行统一耕种、统一管理、统一收割、统一分配的全程托管服务。突出三种运作模式。以市、县供销社为主导，以流通和加工龙头企业为依托，以乡镇基层社为服务载体，以专业合作社为纽带，联合村两委，对小麦、玉米、水稻等大田作物实行统一管理服务，以合同形式约定服务内容，在不改变农民土地收

益权的状态下，履行农民受托的各项服务。

（一）龙头企业带动模式

以流通和加工龙头企业为依托，将良种推广、生资供应、农化服务、农产品加工等，通过物资、技术、订单和提供服务等不同方式参与到土地托管服务之中，为土地托管服务提供物资、技术和农产品储藏加工、销售支持，形成生产、加工、销售及品牌培育、基地建设一条龙服务。如曲阜市供销社以当地康利源面粉公司、双联农资公司为龙头，以基层社为服务载体，以专业合作社为纽带，广泛吸收村支两委参与，建立优质小麦繁育、种植基地，为社员提供系列化服务。依托康利源面粉公司对托管土地实施订单种植，生产粮食由康利源收储加工，确保了企业原料供应，通过专业合作社实现了产销对接，解决了农民卖粮难、增收难的问题。依托曲阜市双联农资公司为农户开展配方施肥、种肥同播、统防统治、节水灌溉、机械作业等系列化服务，节省农户种植成本，提高粮食产量，增加农民收入。

（二）专业合作社带动模式

以村民代表和基层供销社为发起人，成立农民专业合作社，由农民专业合作社负责生产经营。在农民专业合作社内部，村民代表主要负责管理、协调外部关系和保障农作物安全等工作；基层供销社主要负责农资购置、农机作业和田间管理。土地收益归合作社社员。如梁山县韩堂村，村两委组织农民整合农户土地，交给由县供销社控股企业梁山沃野现代农业发展有限公司与村民共同成立的种植专业合作社自主经营。收益分配是每年每亩土地支付村民800斤小麦（或按市场价折合成现金），去除生产和管理成本后的纯收益部分，10%交给村两委作为村集体收入，用于村公益事业，20%留到合作社作为风险补偿准备和扩大再生产，其余部分归合作社成员内部分红。生产管理过程中，合作社吸收本村有种植经验的农民成立生产服务队进行田间管理，获得相应的劳动报酬，沃野公司提供农资、农业机械化生产，适当收取服务费。这种方式，既能解决经营中的责权利相统一的问题，又通过增加村集体积累，为村民提供更好的公共服务，使村民可以享受到土地规模化经营后的好处。

（三）党建带社建"三位一体"模式

党支部村委会充分发挥组织、协调、监督、保障作用，支持基层供销社领办粮食种植合作社和农机服务合作社，托管农户土地，为基层供销社提供各种服务，构建"三位一体"（基层供销社+村级党组织+合作经济组织）模式，实现利益多赢，如义桥镇房柳村是汶上县实施土地托管最早的试点村。基层社与村两委成立了凤喜种植合作社，合作社与社员签订托管协议，对托管土地实施成方连片全程管理，土地收益全部归农户，供销社以低于市场10%～15%的价格委托村两委代收服务费，收益的20%留给村集体，按化肥供应量给村集体一定的组织费用。供销社托管土地1100亩，年收益7万余元，帮助村集体增加收入5.8万元，为农户增收节支50多万元。把握三个关键环节：一是积极培植市场主体。发展壮大农资、农产品等各类龙头企业，从生产、加工、贮藏、营销、科技、信息、融资、保险等多方面为推进服务规模化提供支撑；发展专业合作社，积极引导组建专业合作社联合社，把农民组织起来，把土地集中起来，把农机资源整合起来，为推进服务规模化创造条件。二是建立长效运营机制。在具体工作的推进中，各县联社发挥主导地位，制定实施规划，提出发展目标，整合社会资源，协调各方利益关系；基层社加强与村委会、涉农企业、包地大户的合作，全程参与土地托管服务各环节，在服务中实现启动发展；社属企业发挥龙头带动和后勤保障作用，积极参与土地托管服务，做好依托，为土地托管提供物资、技术和农产品加工支持。三是完善利益分配办法。土地托管服务工作按照市场化运作，多方共赢的原则，供销社在更好地为农业、农民提供社会化服务的同时，最大限度的让利农户，扶持发展村集体经济，增加村集体收入，壮大发展供销企业，并积极承担政府及有关部门公益性支农项目，服务盈余按《专业合作社章程》或基层供销社、村委会、龙头企业的合同约定分配。农民原享有的各项政策性补贴仍归农民享有。

形成四大服务格局，即为外出务工农户提供大田作物从种到收的全程托管服务，为涉农企业和包地大户提供农业生产部分环节的专业服务，为新型社区农户提供土地托管、商品供应等综合服务，为村庄农户提供规模化土地集中连片托管服务。坚持五项基本原则，即坚持农村土地承包关系、农民经营主体地位、农民受益主体不变的原则；坚持自愿、依法、有偿的原则，规范化管理、市场化运作、多方共赢；坚持科技服务、信息服务、农资供应、良种繁育、人才技能培训等一体化同步推进的原则；坚持政府引导、供销社主导、社村联建、共同发展的原则；坚持模式多样化、突出重点、梯次推进的原则。

三、整合各方资源、理顺利益关系，实现服务的可持续发展

在推进土地托管服务工作中，一方面我们充分发挥供销社资源、网络、渠道、人才等优势，调动县联社、社属企业、基层社等人力、物力、财力，积极投入到大田作物服务创新之中。另一方面，积极整合社会资源，大力发展合作经济组织，与农民结成利益共同体。在大田作物服务中，基层社、村委会参与，广泛吸收农户、土地承包商，成立粮食种植专业合作社，县联社、基层社、村委会整合社会农机资源，成立农机服务专业合作社。以专业合作社为纽带，结成多方利益共同体，共同开展土地托管工作。同时，努力凝聚社会力量，争取政策，形成各部门协同配合支持土地托管工作的良好局面。

特别是在推进大田作物土地托管服务中，主动与村"两委"对接，将供销合作社的经营服务优势与村"两委"的组织动员优势有机结合起来，形成了推进规模化服务的整体合力。通过土地托管服务，农民节约了劳动，减少了投入；供销社实现了由卖产品向卖服务转变，在服务中获得较高收益；村"两委"不仅能获得合作社的固定分红，还能从服务规模化增收部分中获得10%～20%的收入。这种利益机制，调动了各方的积极性，增强了服务的可持续性。据测算，开展大田作物土地托管，经平整和合并沟垅后的土地，平均每亩增加种植面积13%～15%；通过测土配方、统一灌溉、统防统治、机播机收，每亩可减少农资、电力、用水等投入100元左右；通过推广良种、科学种田、蜡熟早收，每亩产出率提高10%以上。总体上，粮食作物每亩可增收400～800元。2013年，济宁市供销社托管土地42万亩，助农增收节支7000多万元，供销社实现服务收入2700多万元，村集体获得收入1200多万元，实现了农户、供销合作社、村集体多方共赢。

第二章　做好农村土地流转"绿色发展"文章

第一节　农村土地流转应注意的几个问题

土地是农业最基本的生产要素，必须遵循效率原则，适应市场经济要求，使其在市场上合理流动，并与劳动力、资金、技术等其他生产要素优化配置；土地又是农民最基本的生活保障，是农村稳定的基础，必须遵循公平原则，适应社会稳定要求，长期尊重和维持农户土地承包经营权利。做好农业和农村经济工作，紧紧围绕农村全面建设小康社会的这个目标，树立和落实科学发展观，切实做好农村土地流转工作，而土地问题是农业的核心，适时有效的农村土地政策是农业健康发展的关键。这就要创新和完善现行土地承包制度，探索建立起既有利于稳定农村土地承包关系，又有利于促进土地合理流动的土地流转机制。针对目前农村土地流转存在的问题，建立和规范土地流转机制，就农村土地流转问题应注意以下几个问题。

一、加强土地流转宣传，提高乡村干群政策法律水平

（一）提高乡村干部解决土地流转实践中问题的能力

乡村干部要认真学习有关土地流转政策法规精神，提高理论水平，在实践中既要解决简单、粗暴行为，强逼农民进行土地流转的过火行为，又要解决对土地流转不管不问、无所作为的情况。

（二）加大宣传力度，提高农民遵政守法意识

农业、土管和新闻等部门，向农村广泛深入地开展有关土地流转的政策法规宣传活动，做到家喻户晓，人人皆知。使农民认识到稳定土地承包权就是保障他们土地财产收益权，无论土地是否流转，其土地收益都归承包农户。

二、政府积极做好正确的指导监督

（一）县乡村三级政府要因地制宜，推动土地流转

例如，根据济宁市邹城的经验，应建立以村组为主体，乡镇指导、县（市）级监管的管理组织。第一，县级成立农村土地流转领导小组，由农业部门负责抓好政策研究、指导农村土地有序流转，县农业经营管理站建立土地流转信息库，及时收集土地流转信息，为推动土地流转建立信息平台。第二，乡镇建立土地流转服务机构，主要负责全乡镇的土地流转信息搜集与发布，提供交易场所和规范的合同文本、指导流转过程，负责对流转土地地租的评估，引导创建土地股份合作社。第三，进一步明确村组集体经济组织对承包土地依法管理的主体地位，组织管理土地流转合同的签订、登记和档案管理，做好土地流转具体事宜。

（二）建立土地流转市场

市场的功能就是便于买卖双方交易。①土地经营权流转属土地经营权买卖，应建立土地流转市场，建设交易大厅，配备必要的工作设备和人员，让土地流转双方人员在此公布各自的信息资料，便于及时协商、洽谈，提高土地流转效率。②要循序渐进，多种土地流转形式并存。土地流转是一个庞大的系统战略工程，不可能一蹴而就。济宁市地处鲁西南，地势东高西低，有山区、丘陵、湖洼和平原，只有积极引导，稳扎稳打，循序渐进，先易后难，平原和湖洼地区适应农作物规模经营，水利基础设施健全，应作为土地流转的重点，先行一步。其他两类随后跟进，特别是山区，地块较小，应放在最后。③要建立土地流转交易仲裁和管理机构，维护各方权益。首先要建立土地流转交易统一的管理机构。各地农业、土地、城乡建设等有关部门，土地

管理的职能要进行统一整合，负责流转土地的价格评估、确权、登记、颁证、合同等的管理，调解土地纠纷，切实解决遇到的各种问题，维护土地流转双方的利益，促进整个土地流转工作健康发展。其次要建立承包地补偿直接到户制度。对与农村经营权流转的土地，要建立承租方占地直接补偿到户制度，对补偿金进行公示，防止少数村组干部截留和随意调整承包地，彻底解决农民质疑承包关系长久不变的问题。最后要树立科学发展观，维护各方权益。统筹城乡土地、劳动力、资金等要素市场，改变忽视农民利益的倾向，保护各方平等参与市场交易的权利和地位。

三、完善相关政策，解决土地转出农民后顾之忧

（一）破除城乡二元管理体制堡垒

破除城乡二元管理体制的堡垒，尽快解决农民工城镇居民待遇问题，城乡居民应平等看待，只要是在城镇工商等企业、公司上班的，统称工人，没有贵贱之分，应在子女就学等方面享受与城镇人的同等待遇，以引导土地流转出的农村人向城镇转移。

（二）完善农村社会保障政策

政府要建立完善的农村社会保障政策，使正常生活有所保障，病能所医，老有所养，切实解决土地转出农民的后顾之忧，保障土地流转顺利进行。

（三）建立激励机制，鼓励农民向城镇转移

建立激励机制，凡在城镇购置房产，自愿放弃农宅和农村土地经营权的农户，根据市场原则，可进行折抵或互换，给予相应补偿，鼓励农民向城镇转移。改变农村组织形式。建立农村经济合作组织，以集体土地所有者身份存在的村民小组退出历史舞台。农民要在乡村组织的指导下，建立从事农产品生产、加工、销售、信息服务的合作组织，各级党委政府对农民合作组织要从人才培养、技术培训，筹融资等方面给予大力支援和扶持。各级财政每年要在有关土地收入分配中安排一定额度，用于鼓励流转农村土地，壮大规

模经营主体，培育重点产业基地和发展专业合作社；各地根据自己的条件和产业发展、规模经营的重点，建立扶持机制。市、县两级要在财政的支持下建立融资担保平台，把参与规模经营的产业化龙头企业、种植大户、农民专业合作社、农业企业纳入服务范围。

四、建立完善的土地流转机制，实现土地资源可持续利用

通过创新现有的农地制度，使土地适当集中，形成规模经营提高农民收入。农地制度创新应立足于资源可持续利用的基本原则，将资源利用与保护相结合，采取积极的措施防止因农业劳动力转移所带来的农地短期经营行为。强化农地的生态功能和生产功能，注重农地的经济效益、生态效益、社会效益相统一，促进农地资源的可持续利用和农业的可持续发展。以家庭承包经营为基础、统分结合的双层经营体制，是我国农村的基本经营制度。家庭承包经营不仅适应传统农业，而且适应现代农业，必须长期坚持。要认真落实中央关于土地承包期再延长 30 年不变的政策，确保家庭承包经营制度长期稳定，这是土地使用权流转的基本前提。把土地承包期再延长 30 年不变落实到具体农户和具体地块，并按规定与农户签订承包经营合同，发放承包经营权证书。从当地农村生产力水平和现实条件出发，对具备条件的地方不失时机地因势利导，推动土地流转。对通过土地流转发展适度规模经营的承包户和农业产业要给予资金、技术、税收等方面的扶持，鼓励土地使用权通过市场运作机制和流转，促进农业结构调整。大力培育和发展农村土地流转的中介服务组织。目前，可以以经营部门为依托，建立农村土地流转市场信息、咨询、预测等服务机构，采取多种形式为流转双方牵线搭桥，保护流转双方的合法权益。

五、坚持条件，因地制宜，分类指导，稳步推进土地使用权流转

土地流转涉及农村经济的发展，涉及农民生活和农村稳定。土地流转是农村经济发展、农村劳动力转移的必然结果。只有第二、三产业发达，大多

数农民实现非农就业并有稳定的工作岗位和收入来源的地方，才有可能出现较大范围的土地流转，发展适度规模经营。总体上看，绝大多数农村目前尚不具备这个条件。因此，土地使用权流转一定要坚持条件，不能"刮风"，不能下指标，不能强制推行，也不能用收走农民承包地的办法搞劳动力转移。根据目前农村经济发展水平，仅有少数经济发达乡村及部分城郊农村具备实施有组织的、较大范围的土地流转的条件。因此，农村土地流转和集中连片要从实际出发，切忌一哄而上；要因地制宜，分类指导，稳步推进。在农民人均收入较高、非农产业比重较大，从事农业的劳动力比重较低、多数农户已缺乏种田积极性的农村，应该积极推进较大范围的土地流转，而大部分乡镇离上述条件的差距还较大，主要应着力创造条件发展第二、三产业并以此转移农村劳动力。同时也要明确认识到，小范围的土地流转并不需要很多条件，对于一些经营能力不强的农户，同样可以将承包土地的使用权转让给种田能手或工商业主，转让者自己又可作为劳动力被雇用，从而既获得转让收入，又获得劳动力的工资收入。对于目前大多数不适宜开展大范围土地流转的乡村，各级政府和中介服务组织应着力培育和完善土地使用权市场，为农户间的私下自由流转创造条件，提供服务并加以指导。目前，农村土地使用权流转在全国各地都已出现，而且还有进一步扩大的态势。为了保证其健康发展，国家还大力宣传和切实执行《中华人民共和国农村土地承包法》《中华人民共和国土地管理法》。明确规定村民集体为集体土地所有权的主体，村民委员会为其主体的代表。进一步明确集体和农民之间的权利和义务。明确土地承包权是一种物权，明晰承包经营权包括：占有、使用、收益、出租、转让、继承、抵押等权利。

六、要合理规范农户承包土地使用权流转行为，灵活运用各种流转形式

农村土地流转是不可避免的。目前，我国依然是农业大国，农业结构调整是重要任务，实现农业资源的优化配置是接受国际市场挑战的重要手段。由此，土地流转要结合目前农业产业化来进行。第一，正确处理集体、农户

及流转主体之间的利益关系，制定合理科学的补偿标准。如可根据流转土地的用途及预期收益，分类制定流转费用的标准，或根据流转土地所供养的人口及使用年期，制定流转土地的补偿标准。对于村集体收取的土地使用费，应按土地发包净收入的一定比例返还给流转土地的农户，实行二次分配。第二，各地农村土地流转的突出特点是隐性流转。与其任其自流，不如加以引导规范，建立一个良性、有序的土地流转程序。按照"农户自愿、平等协商、签订协议、集体签证的程序"进行；防止行政命令，使种种流转形式得以自愿、规范、有序地进行。第三，建立科学的土地流转管理体制。建议按照积极引导、稳步推进的原则，群众自愿、平等协商的原则，因地制宜和多种形式并存的原则，规范有序、依法管理的原则规范、引导流转市场，完善相关的管理体制。第四，稳定土地承包关系。可以采取"三权分离"的形式，坚持"确定所有权、稳定承包权、搞活使用权"，真正把土地从资源转化为生产要素，从而取得规模效应、集约效应和市场效应，引导、推动土地流转的发展，推进农村社会经济的全面进步。第五，注重加强跟踪服务和纠纷调解。要强化村级组织、农户和经营权的合法性和规范性。建立农业承包合同管理和纠纷仲裁机构，实行依法管理、依法仲裁，及时处理合同纠纷案件。

七、把握原则，切实维护农民利益

在广大农村，土地具有双重功能，即保障功能和收入功能，其中保障功能是收入功能的前提和基础。农民依靠土地保障自己的基本生活，并在此基础上尽可能提高自己的收入。土地仍然是绝大多数农民赖以生存的"命根子"。中央一再强调，要赋予农民长期而有保障的土地使用权。在推进农村土地流转的过程中，一定要坚持"自愿"的原则，正确处理好维护农民利益和发展效益农业的关系。通过土地流转，实现规模经营，提高土地生产率，发展特色农业是农业的发展方向。在具备大范围土地流转条件的乡村，要实现土地的集中连片，有赖于当地承包土地农户的一致同意。由于种种原因，往往会出现绝大部分农户同意，极少部分农户不同意的情况，类似于城市建设中的"钉子户"。对于这种矛盾，目前，只能依靠乡村干部深入细致的思想工作，帮助农户提高思想认识。但决不能由乡村干部越俎代庖，强迫农户进行土地流转。在当前某些地方实行的"反租倒包"的土地流转形式，虽然可以将土地集中起来，反租给大户或种田能手，并实行规模经营，集体收入也能得到增加，但在实际操作中存在不少弊端。"反租倒包"很容易被一些乡村干部操作为先"倒包"后"反租"，乡村组织成为土地流转的行为主体，先将农户的承包地包给开发商，再回过来找农户办理租地手续，这就忽视了土地流转必须坚持农民自愿的原则，否定了农户土地流转的主体地位，使土地家庭经营变成集体经营或政府经营，有的地方从农户反租的土地租金低、租期长，损害了农民的长远利益。因此，中央"关于做好农户承包地使用权流转工作的通知"明确指出："由乡镇政府或村级组织出面租赁农户的承包地再进行转租或发包的'反租倒包'，不符合家庭承包经营制度，应予制止"。已经实行"反租倒包"的乡村，要从维护农民利益的角度出发，对该土地流转形式进行规范和完善。

八、加强对农村土地流转的指导和管理

目前，各级党委、政府全面贯彻执行中央关于农村土地流转政策的落实，切实加强对土地流转工作的领导，把中央关于做好农户承包地使用权流转工作的通知精神落到实处。农业行政主管部门要加强农村土地使用权流转工作的指导和管理。抓好土地流转合同的签订和鉴证，建立流转合同档案，及时办理土地流转引起的合同变更、解除和重新签订。土地管理部门要加强对农村征占土地的管理，防止以土地流转为名擅自改变土地用途。县、乡镇经管部门要发挥好作用，及时向党委、政府提出对策建议，促进有关政策的具体落实。农村特色经济组织要行使好职权，所有的土地流转都必须经发包方同意并办理具体手续，及时向上级主管部门反映土地流转中的新情况、新问题，促进土地流转健康发展。

九、培育土地使用权市场，建立和完善相关中介服务组织

建立土地使用权的市场化流动制度是农村土地制度变迁的必然趋势，而完善中介服务组织是农村土地市场化的重要环节。中介服务组织在农村土地的供给主体和需求主体之间起媒介和桥梁作用。乡镇可以依托农经站建立土地流转中介组织，负责土地流转的管理及中介，包括土地流转规划，收集发布土地供求信息，进行项目推介，规范土地流转程序，指导办理土地流转手续，协调处理各方关系，搞好土地流转的服务。据产权经济学认为，如果产权不能正常转让，则产权效益实现的交易成本就会提高。土地不能合理流转，则土地的配置效率就难以提高。国内外经济发展的历史与现实均表明，一切稀有资源优化配置的主要途径就是流动转让。在我国农村土地生产经营过程中，农民已经通过土地的"转包""转让"等流转形式的实践逐渐意识到土地流动的必要性与可能性。我国土地资源紧缺，要妥善解决土地经营的公平与效益问题，就必须发展土地使用权市场流转的机制，只有如此，才能从制度上保障生产要素的优化组合，实现土地资源的最佳配置和利用。因此，必须在保持土地集体所有权的基础上，长期稳定农民土地承包权，赋予农民长期的、完整的土地使用权，同时培育土地使用权流转市场，允许土地使用权的市场交易。土地使用权真正进入市场以及在多大程度上进入市场，从根本上讲取决于我国市场经济的发展水平，取决于市场体系特别是生产要素市场的发育和完善程度。各地要在农村市场逐渐发育和完善的过程中不断培育土地使用权流转的市场机制。要深化农村各项改革与土地制度、农业发展、农民生活相关的改革，如农产品流通体制改革、农村社会保障制度改革等要以市场为导向，顺应市场化要求。政府在培育土地流转的市场机制的过程中，一方面如前所述，要制定、完善的法律法规和政策，规范土地承包和流转行为，减少或消除土地流转过程中所带来的各种副作用；另一方面，要建立和完善相关的中介服务组织。建议各乡镇在乡（镇）农村经营管理站和村集体经济组织的基础上建立土地使用权流转信息网络机制、价格评估机构、保险服务机构等中介服务组织，为土地使用权的市场流转提供便利。

第二节　农村资源优势不再土地流转迫在眉睫

党的十八届三中全会明确指出了坚持党在农村的基本政策问题，切实加强对农村土地流转的指导和管理，强调土地流转必须坚持依法、自愿、有偿的原则。进一步优化农村资源配置，扩大土地规模经营，提高农业经济效益，促进农村进一步分工和农民向二、三产业转移。为此，济宁市委党校课题组全体成员对近年来济宁市"土地经营权流转"实践进行了调查研究，深入分析了土地流转现状，总结出各具特色的主要成效和实践经验，提出了农村土地流转存在的主要问题及应对措施，为促进农村土地又好又快流转、实现土地进一步增值、农民更多增收提供可借鉴的经验。

一、农村土地承包经营权流转存在的主要问题

从目前情况来看，济宁市农村土地流转机制改革还处于探索阶段，总体上是健康、有序的，对提高农民组织化程度和农业综合效益起到了积极作用。但是由于土地流转是一种新事物，土地承包经营权流转政策性强，涉及面广。据调查发现，目前农村土地流转还处在一个分散的、自发的、不规范的发展阶段，土地流转在实际运作中还存在一些问题，还不能很好地适应加快建设现代农业发展的新要求。存在的问题主要表现在以下方面。

（一）土地流转政策宣传不到位

根据对邹城市、嘉祥县、汶上县、泗水4个县市600个农户的问卷调查结果显示，55%的农户反映当地对国家有关农村土地流转政策宣传甚少，致使一些调查农户对国家的土地流转政策几乎一无所知。由于土地流转政策宣传引导不够，大部分农民对政策不理解，还没有形成开展土地流转的意识。同时，许多县区尚未制定出台相应的措施和办法，农民群众存在等待观望的思想，在一定程度上影响了农村土地流转的正常有序开展。

（二）土地流转的自发性、随意性较大

在调查中发现，目前农村土地流转的口头协议较多，有的打个招呼或打个电话就把土地流转出去了，没有签订书面合同，对承包户、经营户、村集体三方的权利、义务界定不明。600个农户的调查结果显示，53.7%的农户都是通过口头协议流转土地。口头协议稳定性差，双方利益无法受到法律保护，不便于管理，而且也为以后产生不必要的纠纷留下了隐患。同时，口头协议的随意性也造成接包方缺乏长期经营的打算，舍不得增加投入，积极性不高。

（三）流转规模小，集中程度不高

从流转规模看，土地承包时好田好地大家都有份，差土劣地人人分摊，致使不少农户有多处小块田地，制约了土地流转的规模。2010年年底，全市农户家庭承包耕地流转面积仅占农户家庭承包耕地面积的3.4%，低于全国5.0个百分点。同时与浙江、上海、江苏等发达地区（土地流转率20%以上）相比，差距更大。从流转的集中程度看，由于土地流转大多以村内流转为主，主要发生在本村亲戚之间、邻居之间或者要好的本村居民之间，向科研单位、企业和村外人员流转的较少，流转范围小，难以形成规模经营。

（四）土地流转机制不健全

600个农户的调查结果显示，62.5%的农户反映当地尚未建立土地流转服务机构；66.8%的农户反映当地尚未建立土地流转信息网络；74.3%的农户认为土地流转不规范，主要表现在：没有签订合同、签订的合同没有备案、合同内容不完整、合同权责不明确等。农村土地承包经营权流转的主体是农户，但由于济宁农村土地流转机构、网络不健全，流转机制不规范，受地域和阶层的限制，承包经营权转入、转出的信息不能广泛传播，造成流通信息不对称，使得承包经营权的流转被限定在一定的范围之内。

（五）土地流转矛盾纠纷不断

在我国，由于《中华人民共和国土地管理法》和《中华人民共和国农村土地承包法》等法律法规没有明确、具体地规定土地流转的含义、前提条件、流转目的、流转方式等基本内容，导致诸多私下流转、无序流转、纠纷不断的现象。调查中了解到，有些农户在税费改革前认为种地的效益低，随意将土地承包经营权流转，而现在随着税费的取消和种粮补贴政策的落实，要求收回承包地引起的矛盾纠纷时有发生。

（六）土地流转中存在一定非农化现象

600个农户有关"土地流转后主要用途"的调查结果显示，有近8%的流转土地用于发展非农产业或建厂房等其他用途。农村土地流转的非农化问题不容忽视。

（七）认识上有误区

有些村镇干部担心土地流转会影响土地延包30年不变政策的落实，畏难情绪很大。也有些同志则把稳定农村土地承包关系和承包经营权流转对立起来，认为30年不变是土地流转和集中的障碍，只有彻底打破家庭经营才会解决农村土地市场的建立，才能推进农业产业化和规模经营。他们说："早知土地经营权流转，不如搞延包30年，延包政策落实得越好，农村土地流转工作难度就越大。"这些看法显然是对党的农村政策的误解。

（八）对土地使用权流转的心态较为复杂

1.怕"乱"的心态

一些干部、群众把土地流转与联产承包责任制联系在一起，认为土地流转就是对承包地的重新调整，是把农民已承包的土地重新承包，从而造成群众对国家联产承包责任制稳定性的误解，因而有的地方不敢进行土地流转，也不准进行土地流转。

2.把土地作为今后的退路

有的农民已长期在外务工经商，宁愿让自己的土地荒芜，也不愿把土地流转给别人，认为土地是自己的命根子，是今后的退路，害怕土地流转后，将来万一在外待不下去，生活就没有了保障。

（九）土地流转行为不规范

目前，各地大量存在的农户之间自发的土地互换往往不经过村集体经济组织同意，而且也不履行变更承包合同内容的程序，很不规范。土地再次承包合同中已有明确规定，土地流转必须经发包方同意并办理必经手续。这既是承包方应当履行的义务，又是发包方加强对土地承包管理的权利。由于农户间土地流转双方的权利义务往往是口头约定，即使有书面协议内容也往往很不完整、条款很不规范。因而不经发包方同意的流转活动如出现经济纠纷，往往很难做好调解工作。据调查发现，目前少数企业、科技园区等都没有直接与农户签订租赁合同，其流转行为也是不规范的。

（十）联产承包基础不牢固

土地是农业的基本生产资料，也是农民最可靠的生活保障。只有落实和稳定土地承包关系，才能吸引农民珍惜土地，增加投入，培肥地力，才能提高劳动生产率，提高农民的生活水平。再者，许多将承包的土地"转手"的农民，在城镇并无稳定的收入，一旦发生动荡，拥有土地才是他们唯一的出路，只有稳定土地承包关系，才能实现农村社会经济持续、稳定、健康发展。

（十一）缺乏法律、法规的支撑，操作难度大

据统计显示，目前农村土地流转带有明显的自发性、盲目性与随意性，从而导致土地流转内容的不完整性、土地流转价格的不确定性、土地流转目标的非效率性以及土地流转格局的不稳定性，最终无法培育出适度规模的、符合市场要求的经营主体。从而使土地纠纷日渐增多，侵权行为时有发生，司法机关及有关行政部门处理这类问题常常感到无法可依。部分村镇土地流转程序不规范，手续不健全，流转的随意性大。目前，还缺乏指导承包经营权流转的政策和法规，各地都在"摸着石头过河"，对农村土地流转中产生的矛盾与纠纷，处理起来缺乏明确的法律依据。土地流转双方（或三方）的权利、义务怎么明确，其利益补偿关系如何协调，转包、转让价格根据什么确定，都存在较大的随意性。土地流转合同的鉴证，以及仲裁主体均不明确，不便于土地流转的规范运作。调查中发现，不少村镇在成片土地流转中，出

现了绝大多数农户同意流转而极少数农户不同意流转的情况，维护少数农户合法权益不受侵犯与推进效益农业发展之间发生冲突。如何解决这对矛盾，没有法规依据。目前仍局限于依赖乡村干部反复细致的思想工作。

（十二）规划指导手段不规范

目前，各地土地流转具有相当大的随意性，私自流转、违规操作在一定程度上影响了农村经济的健康发展。如有的地方为了引进项目，不惜采取竞相压低标价的恶性竞争手段，造成集体所有土地资产流失。制订适度超前的可操作的规划，可以保证土地流转的有序进行，发现和解决流转中出现的新问题、新矛盾，规范农用土地流转行为。土地流转是新事物，没有现成的经验可循，我们只能在摸索实践中前进。

（十三）土地流转的中介组织不够健全

大部分地区尚未形成统一规范的土地流转市场，流转中介组织较少，流转信息传播渠道不畅。一些地方尽管建立了流转中介组织，但真正按市场经济法对土地流转进行运作的并不多。流转市场发育不良，中介组织匮乏，信息不灵，往往出现农户有转出土地意向却找不到合适的受让方，而需要土地的人又找不到中意的出让者，这影响了生产要素的合理流动和优化配置。

（十四）农民自愿底线不情愿

济宁是人口农业大市，农村社会保障仍以家庭保障为主，土地仍然是与农民血肉相连的基本生活资料。农民即使不能或不愿从事农业生产，也不愿意无偿放弃其承包的土地，农民自愿是土地流转得以顺利进行的根本。但在实际工作中，违反农民意愿，依靠行政力量推行某项流转规定的现象仍有发生。据调查发现，有的地方为了推行所谓"万亩桃园"，强迫农民砍掉了大片的成材林，产生了适得其反的效果。对于农民而言，在其承包的土地上种什么？由谁种？收效如何？有一个利益的比较问题，切不可采取强迫命令式的土地流转，否则只能产生难以预料的负面效应，从而阻碍当地经济的发展。

（十五）土地流转利益分配机制不健全

农村土地流转的中介组织匮乏，流转机制不完善。缺少一个自下而上、网络状、多功能的中介服务体系，致使土地供求双方的信息流转受阻、信息辐射面狭小、信息传播渠道不畅，限制了土地流转的区域范围，在一定程度上影响了土地流转的速度、规模和效益。从实质上讲，土地流转是转出和转入双方在平等自愿的基础上进行的利益交换活动，土地流转带来的收益应当在转出和转入双方之间得到大体均衡的分配。目前，农用土地流转中的利益补偿普遍没有经过对土地价值的科学评估，实践中缺乏一个可以作为参照的客观标准，往往只以种植农作物的收益为基数，而对于流转后的土地增值和收益增加并没有考虑适当兼顾原承包户的利益。以村集体为中介进行利益分配有利于统一租金标准，兼顾各方利益，但有的村在分配上存在扣留农户资金的现象。

（十六）土地流转中政府定位不当

一些乡村组织直接充当土地流转的主体，不尊重农民的意愿，随意改变土地承包关系，搞强制性的土地流转。有的把土地流转作为增加乡村收入的手段，或者作为突出地方政绩的形象工程，损害农民利益。一些地方热衷于搞"反租倒包"，由于流转的动机和做法各异，在操作中曲解甚至违背土地政策，如有的强行反租，有的租金补偿过低，有的明着"反租"，暗着"倒包"，土地租金的收益分配缺乏透明度。

（十七）行政干预"不留余地"

为了顺应新的土地需求趋势，一些农村基层组织在基本尊重农民自愿的前提下，将农民不愿耕种的土地集中起来采取"反租倒包"的形式转租给工商企业经营者，但在此过程中，为了突出政绩，有的地方提出了"深入开展""积极推进""加快进程""加大力度"等口号；为了村里某些集团的利益，有的地方千方百计在土地使用权流转"市场化"上做文章。这些做法容易造成基层领导与农民群众利益的矛盾冲突。尤其是"集中连片"过程中，难免出现某些农户不愿流转土地，也不愿调换土地。但为了将土地成功地连片转租出去，一些乡、村干部不惜动用派出所警力，强制"钉子户"转让或调换土地，这种做法，不仅违背了土地使用产权流转中"自愿、有偿、互利"的原则，损害了农民的利益，伤害了农民的感情，而且违背了中央精神和土地承包期延长30年不变的重大决策。

（十八）土地流转主体不到位

农村土地承包经营以后，承包期内的土地使用权属于农户，土地是不是流转，以什么形式流转，完全应该由农户自主决定。无论是龙头企业，还是科技园区，租赁土地都应当与农户平等协商，与农户签订合同。由于农户对集体信任程度高，由村集体作为中介环节流转土地有利于协调企业与农户的关系，有利于农业结构调整，但是村集体不应当作为流转的主体。土地流转主体不到位，造成目前的做法是流转主体错位，与党的大政方针不相符合。

（十九）非农建设用地存在严重损害农民利益的倾向

目前，非农建设用地绝大多数实行国家征用，没有区分公益性、经营性的不同性质。征地与供地采用双轨制，征地沿用计划经济时的强制办法，但供地却采取市场经济的有偿出让，政府"以地生财"。伴随着房地产热、大学城、开发区、小城镇建设的快步升温，征地失控，"圈地运动"不断升级。对农民的征地补偿方法不合理，采取"一次性买断"，且补偿费不能全部到位，层层截留，农民只能得到一点安置补助。大批农民既失去土地，又不能从土地上得到赖以生活的经常性收入，成为无业游民，直接威胁社会稳定。

（二十）合同契约不规范

据调查发现，在土地使用权市场化流转过程中，经济合同不健全，流出土地农户的利益难以保障的现象十分普遍。合同契约不规范，表现为：一无规范合同契约。二无合同履行的保障条件，主要由于流入方多为自家亲友邻居，碍于面子，农户极少在流出土地时要求担保，更谈不上抵押。因此，即使有书面合同的流出土地，也没有明确规定合同履行的必要保障条件。三合同期限短，土地使用权流转中合同契约不规范，直接导致流出、流入双方的权、责、利无法保障。

（二十一）引导规范保障无根基

土地流转在产生积极作用的同时会有消极的一面，潜伏着各种民事与经济纠纷，影响农村社会的稳定，如土地流转合同中权利义务不明确，造成低履约率、高纠纷率，引发农民上访，这就需要加强引导、规范。乡、村两级组织在土地流转中只能起中介作用，成为联系农户、专业大户和相关企业的桥梁，不能参与土地租赁等经营业户。各级政府及其主管部门应当对乡村组织及中介组织服务机构的行为予以管理和监督，同时制定相应的制度和规章乃至地方性法规，为土地流转提供必要的法制保障。各级政府及中介机构要切实对农村土地流转契约的签订、执行及公正性担负起监督及仲裁责任，要最大限度地保护农民的利益。

二、建立和规范农村土地流转机制的对策建议

（一）加强土地流转宣传，提高乡村干群政策法律水平

1.提高乡村干部解决土地流转实践中问题的能力

乡村干部要认真学习有关土地流转政策法规精神，提高理论水平，在实践中既要解决简单、粗暴行为，强逼农民进行土地流转的过火行为，又要解决对土地流转不管不问、无所作为的情况。

2.加大宣传力度，提高农民遵政守法意识

农业、土管和新闻等部门，向农村广泛深入地开展有关土地流转的政策法规宣传活动，做到家喻户晓，人人皆知。使农民认识到稳定土地承包权就是保障他们土地财产收益权，无论土地是否流转，其土地收益都归承包农户。

（二）政府积极做好正确的指导监督

1.县乡村三级政府要因地制宜，推动土地流转

根据济宁市邹城的经验，应建立以村组为主体，乡镇指导、县（市）级监管的管理组织。①县级成立农村土地流转领导小组，由农业部门负责抓好

政策研究、指导农村土地有序流转，县农业经营管理站建立土地流转信息库，及时收集土地流转信息，为推动土地流转建立信息平台。②乡镇建立土地流转服务机构，主要负责全乡镇的土地流转信息搜集与发布，提供交易场所和规范的合同文本、指导流转过程，负责对流转土地地租的评估，引导创建土地股份合作社。③进一步明确村组集体经济组织对承包土地依法管理的主体地位，组织管理土地流转合同的签订、登记和档案管理，做好土地流转具体事宜。

2.建立土地流转市场

市场的功能就是便于买卖双方交易。土地经营权流转属土地经营权买卖，应建立土地流转市场，建设交易大厅，配备必要的工作设备和人员，让土地流转双方人员在此公布各自的信息资料，便于及时协商、洽谈，提高土地流转效率。

3.要循序渐进，多种土地流转形式并存

土地流转是一个庞大的系统战略工程，不可能一蹴而就。济宁市地处鲁西南，地势东高西低，有山区、丘陵、湖洼和平原，只有积极引导，稳扎稳打，循序渐进，先易后难，平原和湖洼地区适应农作物规模经营，水利基础设施健全，应作为土地流转的重点，先行一步。其他两类随后跟进，特别是山区，地块较小，应放在最后。

4.建立土地流转交易仲裁和管理机构，维护各方权益

①建立土地流转交易统一的管理机构。各地农业、土地、城乡建设等有关部门，土地管理的职能要进行统一整合，负责流转土地的价格评估、确权、登记、颁证，合同等的管理，调解土地纠纷，切实解决遇到的各种问题，维护土地流转双方的利益，促进整个土地流转工作健康发展。②建立承包地补偿直接到户制度。对与农村经营权流转的土地，要建立承租方占地直接补偿到户制度，对补偿金进行公示，防止少数村组干部截留和随意调整承包地，彻底解决农民质疑承包关系长久不变的问题。③树立科学发展观，维护各方权益。统筹城乡土地、劳动力、资金等要素市场，改变忽视农民利益的倾向，保护各方平等参与市场交易的权利和地位。

（三）完善相关政策，解决土地转出农民后顾之忧

1.破除城乡二元管理体制堡垒

破除城乡二元管理体制的堡垒，尽快解决农民工城镇居民待遇的问题，城乡居民应平等看待，只要是在城镇工商等企业、公司上班的，统称工人，没有贵贱之分，应在子女就学等方面享受与城镇人的同等待遇，以引导土地流转出的农村人向城镇转移。

2.完善农村社会保障政策

政府要建立完善的农村社会保障政策，使正常生活有所保障，病能所医，老有所养，切实解决土地转出农民的后顾之忧，保障土地流转顺利进行。

3.建立激励机制，鼓励农民向城镇转移

建立激励机制，凡在城镇购置房产，自愿放弃农宅和农村土地经营权的农户，根据市场原则，可进行折抵或互换，给予相应补偿，鼓励农民向城镇转移。改变农村组织形式。建立农村经济合作组织，以集体土地所有者身份存在的村民小组退出历史舞台。农民要在乡村组织的指导下，建立从事农产品生产、加工、销售、信息服务的合作组织，各级党委政府对农民合作组织要从人才培养、技术培训、筹融资等方面给予大力支援和扶持。

（四）加大财政扶持和金融信贷支持力度

各级财政每年要在有关土地收入分配中安排一定额度，用于鼓励流转农村土地，壮大规模经营主体，培育重点产业基地和发展专业合作社；各地根据自己的条件和产业发展、规模经营的重点，建立扶持机制。市、县两级要在财政的支持下建立融资担保平台，把参与规模经营的产业化龙头企业、种植大户、农民专业合作社、农业企业纳入服务范围。

（五）建立完善的土地流转机制，实现土地资源可持续利用

通过创新现有的农地制度，使土地适当集中，形成规模经营提高农民收入。农地制度创新应立足于资源可持续利用的基本原则，将资源利用与保护相结合，采取积极的措施防止因农业劳动力转移所带来的农地短期经营行为。强化农地的生态功能和生产功能，注重农地的经济效益、生态效益、社会效

益相统一，促进农地资源的可持续利用和农业的可持续发展。

（六）农户承包地使用权流转要在长期稳定家庭承包经营制度的前提下进行

以家庭承包经营为基础、统分结合的双层经营体制，是我国农村的基本经营制度。家庭承包经营不仅适应传统农业，而且适应现代农业，必须长期坚持。要认真落实中央关于土地承包期再延长 30 年不变的政策，确保家庭承包经营制度长期稳定，这是土地使用权流转的基本前提。把土地承包期再延长 30 年不变落实到具体农户和具体地块，并按规定与农户签订承包经营合同，发放承包经营权证书。

（七）要创造推进农村土地流转的宽松环境

党的十八届三中全会报告明确指出了坚持党在农村的基本政策问题，树立和落实科学发展观，根据《中华人民共和国农村土地承包法》的要求，完善有关政策，切实做到有法必依。从当地农村生产力水平和现实条件出发，对具备条件的地方不失时机地因势利导，推动土地流转。对通过土地流转发展适度规模经营的承包户和农业产业要给予资金、技术、税收等方面的扶持，鼓励土地使用权通过市场运作机制和流转，促进农业结构调整。大力培育和发展农村土地流转的中介服务组织。目前可以以经营部门为依托，建立农村土地流转市场信息、咨询、预测等服务机构，采取多种形式为流转双方牵线搭桥，保护流转双方的合法权益。

（八）立足实际，坚持条件，因地制宜，分类指导，稳步推进土地使用权流转

土地流转涉及农村经济的发展，涉及农民生活和农村稳定。认真落实中央关于土地承包期再延长 30 年不变的政策，确保土地家庭承包经营制度长期稳定，这是土地使用权流转的基本前提。土地流转是农村经济发展、农村劳动力转移的必然结果。只有第二、三产业发达，大多数农民实现非农就业并有稳定的工作岗位和收入来源的地方，才有可能出现较大范围的土地流转，

新时代农业农村问题研究

发展适度规模经营。总体上看，绝大多数农村目前尚不具备这个条件。因此，土地使用权流转一定要坚持条件，不能"刮风"，不能下指标，不能强制推行，也不能用收走农民承包地的办法搞劳动力转移。根据目前农村经济发展水平，仅有少数经济发达乡村及部分城郊农村具备实施有组织的、较大范围的土地流转的条件。因此，农村土地流转和集中连片要从实际出发，切忌一哄而上；要因地制宜，分类指导，稳步推进。在农民人均收入较高、非农产业比重较大，从事农业的劳动力比重较低、多数农户已缺乏种田积极性的农村，应该积极推进较大范围的土地流转，而大部分乡镇离上述条件的差距还较大，主要应着力创造条件发展第二、三产业并以此转移农村劳动力。同时也要明确认识到，小范围的土地流转并不需要很多条件，对于一些经营能力不强的农户，同样可以将承包土地的使用权转让给种田能手或工商业主，转让者自己又可作为劳动力被雇用，从而既获得转让收入，又获得劳动力的工资收入。对于目前大多数不适宜开展大范围土地流转的乡村，各级政府和中介服务组织应着力培育和完善土地使用权市场，为农户间的私下自由流转创造条件，提供服务并加以指导。

（九）切实执行《中华人民共和国农村土地承包法》《中华人民共和国土地管理法》

目前，农村土地使用权流转在全国各地都已出现，而且还有进一步扩大的态势。为了保证其健康发展，国家大力宣传和切实执行《中华人民共和国农村土地承包法》和《中华人民共和国土地管理法》。明确规定村民集体为集体土地所有权的主体，村民委员会为其主体的代表。进一步明确集体和农民之间的权利和义务。明确土地承包权是一种物权，明晰承包经营权包括占有、使用、收益、出租、转让、继承、抵押等权利。

（十）要合理规范农户承包土地使用权流转行为，灵活运用各种流转形式

农村土地流转是不可避免的。①我国依然是农业大国，农业结构调整是重要任务，实现农业资源的优化配置是接受国际市场挑战的重要手段。由此，土地流转要结合目前农业产业化来进行。②正确处理集体、农户及流转主体

之间的利益关系，制定合理科学的补偿标准。如可根据流转土地的用途及预期收益，分类制定流转费用的标准，或根据流转土地所供养的人口及使用年期，制定流转土地的补偿标准。对于村集体收取的土地使用费，应按土地发包净收入的一定比例返还给流转土地的农户，实行二次分配。③各地农村土地流转的突出特点是隐性流转。与其任其自流，不如加以引导规范，建立一个良性、有序的土地流转程序。按照"农户自愿、平等协商、签订协议、集体签证的程序"进行；防止行政命令，使种种流转形式得以自愿、规范、有序地进行。④建立科学的土地流转管理体制。建议按照积极引导、稳步推进的原则，群众自愿、平等协商的原则，因地制宜和多种形式并存的原则，规范有序、依法管理的原则规范、引导流转市场，完善相关的管理体制。⑤稳定土地承包关系。可以采取"三权分离"的形式，坚持"确定所有权、稳定承包权、搞活使用权"，真正把土地从资源转化为生产要素，从而取得规模效应、集约效应和市场效应，引导、推动土地流转的发展，推进农村社会经济的全面进步。⑥注重加强跟踪服务和纠纷调解。要强化村级组织、农户和经营权的合法性和规范性。建立农业承包合同管理和纠纷仲裁机构，实行依法管理、依法仲裁，及时处理合同纠纷案件。

（十一）把握原则，切实维护农民利益

在农村，土地具有双重功能：保障功能和收入功能，其中保障功能是收入功能的前提和基础。农民依靠土地保障自己的基本生活，并在此基础上尽可能提高自己的收入。土地仍然是绝大多数农民赖以生存的"命根子"。中央一再强调，要赋予农民长期而有保障的土地使用权。在推进农村土地流转的过程中，一定要坚持"自愿"的原则，正确处理好维护农民利益和发展效益农业的关系。通过土地流转，实现规模经营，提高土地生产率，发展特色农业是农业的发展方向。在具备大范围土地流转条件的乡村，要实现土地的集中连片，有赖于当地承包土地农户的一致同意。由于种种原因，往往会出现绝大部分农户同意，极少部分农户不同意的情况，类似于城市建设中的"钉子户"。对于这种矛盾，只能依靠乡村干部深入细致的思想工作，帮助农户提高思想认识。但决不能由乡村干部越俎代庖，强迫农户进行土地流转。在当前某些地方实行的"反租倒包"的土地流转形式，虽然可以将土地集中起来，反租给大户或种田能手，并实行规模经营，集体收入也能得到增加，但在实际操作中存在不少弊端。"反租倒包"很容易被一些乡村干部操作为先"倒包"后"反租"，乡村组织成为土地流转的行为主体，先将农户的承包地包给开发商，再回过来找农户办理租地手续，这就忽视了土地流转必须坚持农民自愿的原则，否定了农户土地流转的主体地位，使土地家庭经营变成集体经营或政府经营，有的地方从农户反租的土地租金低、租期长，损害了农民的长远利益。因此，中央"关于做好农户承包地使用权流转工作的通知"明确指出："由乡镇政府或村级组织出面租赁农户的承包地再进行转租或发包的'反租倒包'，不符合家庭承包经营制度，应予制止。"已经实行"反租倒包"的乡村，要从维护农民利益的角度出发，对该土地流转形式进行规范和完善。

（十二）准确定位乡村组织在推进土地流转中的角色

乡村组织是农村土地的管理者，它监督土地资源的合理运用，监督农户土地使用权的流动，监控土地供需总量的动态平衡，而不应用行政手段去调整土地资源，去干预甚至取代农户对土地的使用权。因此，乡村组织在土地流转中的定位应该是加强管理和搞好服务。要做好涉及土地流转的资格审查、合同鉴证、档案管理和动态监测等工作；要为土地流转提供信息、中介、组织、协调等服务工作；要制定土地利用与流转的长远规划，做好土地的集中连片和整理工作，改善农田基础设施建设，为农村土地流转创造良好的环境。

（十三）完善土地承包法规、政策，规范土地流转行为

实践中，各级政府逐渐形成对土地流转必要性的共识，各地越来越重视农村土地流转工作，中央和不少地方政府也都在不断出台新的政策措施，推进农村土地流转的进程。对地方政府而言，建议尽快研究制定符合本地实际的、具有可操作性的土地流转管理办法。可借鉴各地经验，确定土地流转的原则，明确土地流转的内容，规定土地流转的程序等。土地流转必须坚持"依

法、自愿、有偿"的原则，流转的土地不得改变农业用途。土地流转的主体是农户，农户有权自主决定承包地是否流转和流转的形式。农户承包地使用权流转必须经过申报、审核、签订合同、鉴证登记等法定程序。

（十四）要加强对农村土地流转的指导和管理

各级党委、政府全面贯彻执行党的十八届三中全会报告关于农村土地流转政策落实，切实加强对土地流转工作的领导，把中央关于做好农户承包地使用权流转工作的通知精神落到实处。农业行政主管部门要加强农村土地使用权流转工作的指导和管理。抓好土地流转合同的签订和鉴证，建立流转合同档案，及时办理土地流转引起的合同变更、解除和重新签订。土地管理部门要加强对农村征占土地的管理，防止以土地流转为名擅自改变土地用途。县、乡镇经管部门要发挥好作用，及时向党委、政府提出对策建议，促进有关政策的具体落实。农村特色经济组织要行使好职权，所有的土地流转都必须经发包方同意并办理具体手续，及时向上级主管部门反映土地流转中的新情况、新问题，促进土地流转健康发展。

（十五）培育土地使用权市场，建立和完善相关中介服务组织

建立土地使用权的市场化流动制度是农村土地制度变迁的必然趋势，而完善中介服务组织是农村土地市场化的重要环节。中介服务组织在农村土地的供给主体和需求主体之间起媒介和桥梁作用。乡镇可以依托农经站建立土地流转中介组织，负责土地流转的管理及中介，包括土地流转规划，收集发布土地供求信息，进行项目推介，规范土地流转程序，指导办理土地流转手续，协调处理各方关系，搞好土地流转的服务。据产权经济学认为，如果产权不能正常转让，则产权效益实现的交易成本就会提高。土地不能合理流转，则土地的配置效率就难以提高。国内外经济发展的历史与现实均表明，一切稀有资源优化配置的主要途径就是流动转让。在我国农村土地生产经营过程中，农民已经通过土地的"转包""转让"等流转形式的实践逐渐意识到土地流动的必要性与可能性。我国土地资源紧缺，要妥善解决土地经营的公平与效益问题，必须发展土地使用权市场流转的机

制，只有如此，才能从制度上保障生产要素的优化组合，实现土地资源的最佳配置和利用。因此，必须在保持土地集体所有权的基础上，长期稳定农民土地承包权，赋予农民长期的、完整的土地使用权，同时培育土地使用权流转市场，允许农地使用权的市场交易。土地使用权真正进入市场以及在多大程度上进入市场，从根本上讲取决于我国市场经济的发展水平，取决于市场体系特别是生产要素市场的发育和完善程度。各地要在农村市场逐渐发育和完善的过程中不断培育土地使用权流转的市场机制。要深化农村各项改革，与土地制度、农业发展、农民生活相关的改革，如农产品流通体制改革、农村社会保障制度改革等要以市场为导向，顺应市场化要求。政府在培育土地流转的市场机制过程中，一方面如前所述，要制定、完善法律法规和政策，规范土地承包和流转行为，减少或消除土地流转过程中所带来的各种副作用；另一方面，要建立和完善相关的中介服务组织。建议各乡镇在乡（镇）农村经营管理站和村集体经济组织的基础上建立起土地使用权流转信息网络机制、价格评估机构、保险服务机构等中介服务组织，为土地使用权的市场流转提供便利。

（十六）要大面积推行土地流转必须具备的宏观基础和微观条件

国际上通行的看法，当一个社会人均 GDP 大于 1000 美元之后，土地拥有者转移土地的愿望及土地经营者扩张规模的需求才有实现的可能、土地的商业运作和市场价值才开始体现出来，二者共同作用推动土地使用权的流转。另外，根据深圳、上海、苏南等地的实践及有关经济理论的分析，土地流转的健康运行，还必须具备五个主要条件：①农业产值在农村社会总产值中的比例小于 10%；②农村经济中的非农活动收入在 75% 以上；③在农村劳动人口中，从事非农劳动的数量大于 50%；④农村人口中的恩格尔系数在 45% 以下；⑤在农业种植结构中，经济作物种植面积占总播种面积的 30% 以上。如果一个地区不能满足上述标准而强行推行土地流转，则难以得到农民的自动响应，更难达到预期的效果。

（十七）逐步推行土地股份合作制，引导农民走向新的联合与合作

中国地域辽阔，差异性很大。目前，土地流转的形式多种多样。在完善土地承包制的过程中，应允许各地按照自己的实际情况进行制度创新，重视和尊重农民自己的选择。但从长远的趋势看，农业发展的出路在于最终走向现代化和规模经营，实现"第三个飞跃"。中国农村现代化的关键是农民行为方式的现代化，即从"善分不善合"的无组织状态向以共同利益为纽带、平等协商的有组织状态转变。建议政府逐步把农民在承包制条件下重新联合起来，引导农民走向新的联合与合作，建立新的合作组织。引导农民走向新的联合与合作，是实现农业快速飞跃的重要途径。当前，一种有效的选择就是逐步推行土地股份合作制。土地股份合作制，就是在现行土地承包制条件下，由集体经济组织、有经济实力的大户或投资农业的工商企业发起，农户以所承包土地的土地使用权作价入股，按照自愿原则组成利益共享、风险同担的股份合作制农业企业。企业统一经营农民的土地，农民既可按股分红，又可以在农业企业中工作，按劳取酬。企业要优先吸纳以土地使用权入股的农民到企业内工作。土地股份合作制是稳定土地承包权的一种很好的方式。土地承包权股份化，承包农户与土地股份合作制企业结成利益共同体，农民就会更为关注企业的发展。这种形式的土地流转，既有利于实现土地经营的规模化，形成规模效益，达到增产增收的目的，又有利于推广农业现代化，并带动农户从事专业化生产，实现生产、加工、销售的有机结合，实现当地农业经营的产业化、商品化和市场化，同时也有利于解决土地的抛荒、流失和浪费问题，促进农村富余劳动力向非农产业、向城镇的转移。因此，土地股份合作制是对当前土地承包制度的继承与创新。

（十八）规范经济管理

既然农用地使用权流转具有市场化性质，那么，必须按照社会主义市场经济规律办事，采用市场经济最基本的管理手段来规范土地使用权的有序转让。而经济合同是保障土地流出、流入双方经济利益得以顺利实现的最重要的管理手段。因此，必须严格按照经济合同法，从合同形式、内容、程序、

担保、公证等方面进行全面规范。在有条件的地方以乡（镇）或县（市）为单位，设立专门的土地使用权流转管理机构，如土地使用权流转托管中心等，对每一块流转土地订立具有法律效力的合同，并督促合同实施，保障土地使用权价值的顺利实现。同时，必须建立健全土地使用权市场化流转市场机制、管理机制、利益机制和风险机制。从社会主义市场经济的高度营造出公开、公平竞争的市场环境；采取足够的激励措施，充分调动土地经济关系有关当事人的积极性；严格按照"依法、自愿、有偿"的原则，明确划分处理集体经济组织和农户的权利和义务，合理分配土地流出与流入双方的经济利益；在有条件的地方，筹建必要的风险基金，逐步形成土地流出者、流入者和管理者利益共享、风险共担的风险机制。

（十九）建立覆盖全社会特别是广大农村的社会保障体系

当前，农村的社会保障体系是以土地为基础的保障体系，随着农村富余劳动力流动的加快，这种社会保障体系有着极不完善的一面。因此，应当完善农村社会保障机制，熨平各种风险，减少对农民的损害，具体办法就是建立最低生活保障体系、商业保险和社会保险体系等。但农村的社会保障问题很复杂，地区差别很大，建立农村社保体，应当在有条件的地方试行由农村集体经济组织、乡村企业和农民共同负担，国家给予补助的养老保险制度。

（二十）建立科学的运行机制

济宁市成立了全市农村土地流转工作领导小组，制定出台了《关于全面推进农村土地承包经营权流转的实施意见》，从资金、政策、信贷、用地等方面全力支持土地合理流转。不断深化土地流转制度改革，支持采取入股、出租、互换等形式流转土地，并对受让面积较大、流转期限较长的经营主体，优先安排农田基本建设、农业综合开发等项目。在运行机制建设方面，安排专人认真审查流转信息，把好"准入关"；引导供需双方严格按照市场规律进行洽谈交易，把好"交易关"；统一设计印制规范性的流转合同文本，把好"合同关"。截至目前，全市共签订土地流转规范性合同文本 2800 份，农户自发分散进行的土地流转开始向有计划、有序流转转变，农地流转价格逐步由最初的无偿或随意定价转向市场化的有偿流转，土地流转进一步规范。

（二十一）搭建完善的服务体系

成立了市级土地流转服务中心，在 12 个乡镇（街道）和 389 个行政村均设立了土地流转平台，建立起全市土地流转信息库，依法指导、规范土地流转、提供信息服务；在各乡镇（街道）建立了土地流转服务中心，负责土地流转信息登记发布、土地评估、合同签订鉴证、法律政策咨询等工作；在村级建立了农村土地流转服务站，负责土地流转信息的收集，参与流转土地收益评估，帮助土地流转供求双方签订土地流转合同，全市初步形成了市、乡、村三级上下贯通的土地流转服务网络。截至目前，济宁市农村土地流转面积达 65.1 万亩，涉及 17.6 万户，占家庭联产承包户的 8.47%。

（二十二）架起通向现代农业的桥梁

通过土地使用权流转，带动了农业结构调整和标准化生产。涌现出乐义现代农业科技示范基地、董庄屈家村草莓大棚、吴村大樱桃生产基地等一批土地流转经营新亮点，现有标准化生产基地 1 个，专业化特色种植基地 8 个。土地流转重新配置了土地资源，使龙头企业和专业合作经济组织获得了土地经营权，把农业的产前、产中和产后诸环节连接成紧密的产业链条，架起了传统农业通向现代农业的桥梁。曲阜时庄街道前代、后代村的 1100 亩土地被台商租赁后，种植牛蒡产品并出口日本等国，取得了良好的经济效益，辐射带动了周边村庄的农业结构调整。南辛镇西曼村与寿光市三元朱村共同组建"乐义现代蔬菜基地"，建设冬暖式大棚 109 个，棚均效益达到 4~5 万元，农民收入显著增加。

第三节　以放活土地经营权为突破口深化农村改革创新

四川作为农村改革的发源地之一，认真学习贯彻党的十八届三中全会和习近平总书记关于深化农村改革的重要讲话精神，以放活土地经营权为突破口，在全面深化农村改革方面进行了积极探索。

一、放活土地经营权是农村土地制度的重大创新

（一）土地制度是农村的基础制度

1978 年，开启的第一轮农村改革，实现了农村土地集体所有权和家庭承包经营权的分离，强化了农民权利，解决了生产积极性的问题。但在实行家庭联产承包经营 30 多年后的今天，农村生产关系亟须进一步调整。问题倒逼改革。从四川发展的实际来看，一家一户的家庭生产经营发展到今天，农业的投入和产出几乎到了极限，亟须转变经营方式来聚集资金、技术、装备等生产要素。城镇化工业化发展到今天，农村劳动力大量向城镇转移，"谁来种地""怎么种地"的问题越来越凸显，亟须新的经营主体弥补家庭经营的局限。小块分散的土地经营发展到今天，农民经营性增收空间已经不大，亟须盘活农村资产、拓展增收渠道。市场经济和对外开放发展到今天，传统农业无力应对国际市场竞争，亟须靠现代化的规模经营提高农业竞争力。当前阶段我们必须要通过新一轮的农村改革，消除体制机制弊端，推动农业农村工作再上新台阶。

（二）抓住"牛鼻子"

从农村改革开放以来，与杂交种子大面积推广相结合，一举解决了亿万农民的温饱问题，为"总体小康"打下了坚实基础；这一轮农村改革，既要解决农村土地资源优化配置和高效利用的问题，又要调整农村内部的生产关

系和上层建筑，满足城乡统筹、"四化"同步的要求，为"全面小康"提供重要保障。习近平总书记指出，我们要在坚持农村土地集体所有的前提下，促使承包权和经营权分离，形成所有权、承包权、经营权三权分置，经营权流转的格局。放活土地经营权是农村土地制度的一次重大创新，是新一轮农村生产关系调整的核心所在。实践中，把放活土地经营权作为改革的突破口，有利于推动土地适度规模集中，促进农业产业化经营，保证粮食和农产品安全。因此，在纷繁复杂的农村改革中，抓住"土地"这个农业生产中最重要、最基本、最广泛的生产要素，抓住土地"所有权、承包权、经营权"这个最关键、最复杂、最积极的生产关系，就能够带动农村其他改革攻坚突破、整体推进。

（三）勇于闯新路

四川新一轮农村改革的主攻方向是以放活土地经营权为重点，创新农业经营体系，发展适度规模经营，重点是粮食规模化生产，努力提高农业劳动生产率和农业现代化水平。

二、开展土地承包经营权确权登记颁证是深化农村改革的基础

开展土地承包经营权确权登记颁证明确权属关系是推进新一轮农村改革的前提，作为全国三个试点省份之一，今年四川在全省所有县（市、区）开展土地确权颁证。推广"多权同确"的做法，统筹推进农村其他产权确权颁证，尽快完成集体建设用地使用权、宅基地使用权确权颁证，积极探索开展小型水利设施、农牧业设施等产权确权。

确权工作关系群众切身利益，要依靠群众自主协商解决问题。在确权颁证过程中，有的地方认为没有必要实测，建议直接沿用第二轮承包的土地面积；有的提出"确地"好还是"确股"好，实测土地面积增加怎么处理等问题，通过自主协商，这些都得到了圆满解决。在确权基础上推进增加农民财产性收入试点，是这轮农村改革的新探索。四川选择部分县（市、区），分类探索保障农户宅用基地益物权；推进农村集体经济组织成员资格认定，深

入研究赋予农民对集体资产股份占有、收益、有偿退出及抵押、担保、继承权改革，按中央部署开展试点工作。同时，积极探索农村集体经济新模式，以改革盘活村集体资产，让农民通过壮大集体经济增收致富。

三、发展适度规模经营是深化农村改革的方向

明确了土地承包经营权的权属关系，就为土地流转提供了可能。所谓土地流转，实际上流转的只是农户承包土地的经营权，让出的是一定期限内土地经营权所能获得的预期收益，其目的就是为了解决土地分散、劳动生产率低的问题。

坚持因地制宜开展土地经营权有序流转。土地流转，主要有租赁、转包、入股、托管等四种方式，采取什么流转方式，必须从实际出发，不搞一刀切。从四川实践来看，80%采用的是租赁、转包的方式，而无论采取哪种方式流转，都不能动摇农户的土地承包权；而且要更加重视维护农民利益，引导建立紧密的利益联结机制，避免"一租了之"；要坚持以农为主、适度规模经营，农地不能搞"非农化"，不能随意改变土地用途。党委政府要做好引导、支持、规范、监管、服务工作。引导，就是宣传党的政策，让农民知道自己的权益。支持，就是加大农业基础设施投入，为规模经营创造条件。规范，就是完善流转程序，保障农民和经营主体的合法权益两监管，就是加大土地用途等执法监督。服务，重点是统筹建立完善流转平台。

四、培育新型农业经营主体是深化农村改革的关键

放活土地经营权，目的就是培育新型经营主体、发展适度规模经营、构建新的机制。习近平总书记指出，当前要以解决好"地怎么种"为导向，加快构建新型农业经营体系。在实践中选择什么样的经营主体，同样要走多样化的路子，不能整齐划一。目前，四川各地探索发展的新型农业经营主体，主要有专业大户、农民合作社、家庭农场、农业企业四种类型。专业大户发展空间仍然很大，需要继续支持发展。合作经营对组织农民、带动农民、富裕农民最直接，效果最好，需要加大支持力度，但要解决好"空壳社"、运

行不规范、专业经营人才缺乏等问题。家庭农场是引领适度规模经营、发展现代农业的有生力量，尤其适宜在四川这样山地、丘陵面积广的省份推行，要研究出台家庭农场的认证标准和管理办法，纳入支农政策扶持范围。农业产业化龙头企业既壮大产业，又带动农民，引导农业企业建基地、带农户，向农业基础设施建设等方面延伸。

发展新型农业经营主体，必然要求创新农业经营方式。四川各地创造出了不少典型的经营模式，比如，合作社+基地+农户、龙头企业+合作社+农户+基地、龙头企业+联合社+农户、合作社+家庭农场+农户+基地、大园区+小业主+农民产业园，等等。各种经营模式的创新，归根到底就是把千家万户组织起来，对接千变万化的大市场，让农民在农业规模化经营中更多的受益。因此，我们提出把农民是否受益、受益多少作为重要的衡量指标，推行保护价收购、利益兜底等做法，让农民直接受益；推行利润返还、收益分成等做法，让农民充分受益；推行股份制、股份合作+保底分红等做法，让农民持续受益。

五、构建农业社会化服务体系是深化农村改革的保障

随着新型农业经营主体增多，需要构建起与之相适应的多元化、专业化、市场化的农业社会化服务体系，解决农业现代化的专业分工、协作配套问题。农业社会化服务兼有经营性和公益性，因此，既要更好地发挥政府作用，又要充分调动社会力量。构建农业生产服务体系，当前工作重点有三个：①提升农业机械运用水平；②推进农业病虫害统防统治；③建立和完善新型农资供应体系。构建农业科技创新和技术推广体系，鼓励高校院所科技人员以科技成果作价入股、兼职兼薪创业，解决农业科技服务"最后一公里"问题，满足农业技术、农田水利、农产品质量安全、防疫等现实需求。构建农产品市场流通体系，要积极培育新型流通主体，加快建立形成多层次、多类型、多形式的农村现代流通体系，支持重要农产品集散地、优势农产品产地市场、主要农产品集配中心建设，办好各种博览会、展销会，促进农产品营销从传统模式向现代模式转变。构建农业保险体系，农业是弱质产业，抗御自然风险、市场风险能力差，特别是推进大规模生产后风险更大，解决这个问题，

必须大力发展农业保险，探索建立政策性农业保险体系，引导和支持保险业向农业农村纵深发展。构建农业信息化服务体系，将信息化要素注入农业，在较短的时间内就能够实现农业生产经营的重大变革，从发展趋势看，要着眼长远推进信息化与农业的全面融合，运用物联网、云计算、大数据等新兴技术，推进耕地质量管理、肥水药精准实施、温室环境监控、疫病诊断与辅助决策等。

六、农村金融制度创新是深化农村改革的支撑

建设现代农业离不开金融的支持。当前农村发展面临的主要问题是，面向农业农村的金融机构少，抵押担保物匮乏、贷款成本高。推进农村金融改革，必须要建立商业金融、合作金融、政策性金融"三位一体"的功能互补、相互协作、适度竞争的金融组织体系。强化各类金融机构服务"三农"职责。要落实中央"保障金融机构农村存款主要用于农村"的要求，引导金融机构提高涉农贷款比例。完善农村金融网点布局，支持金融机构到县域及乡镇布网设点，大力推进金融下乡。支持发展新型农村金融组织。要大力支持村镇银行发展，逐步实现县（市、区）全覆盖。按照"社员制、封闭性"原则，积极开展农民资金互助社试点，探索农村合作金融发展新路子。支持组建主要服务"三农"的金融租赁公司，丰富农村金融服务主体。探索农村金融服务创新试点。要深入推进土地流转收益保证贷款试点，建立农村资产评估和抵押登记制度，健全农村资产流转处置机制，完善风险分担补偿机制。逐步扩大农村贷款抵押物范围，支持农村多种渠道融资。同时，要改革财政涉农资金使用办法，以县为主体统筹安排，坚持"渠道不变、用途不乱"，健全涉农资金统筹整合协商机制，鼓励开展成立县农业投资公司的探索。推进财政支农资金股权量化改革试点，扶贫资金更要体现精准扶贫的要求，更直接地用于贫困村、用于贫困群众。

第三章　为农业农村发展插上腾飞的翅膀

第一节　践行党的群众路线要以百姓之心为心

一个政党，一个政权，其前途和命运最终取决于人心向背。党员领导干部只有坚持以百姓之心为心，树立为民情怀，想群众之所想，急群众之所急，解群众之所困，帮群众之所需，真心诚意为老百姓办实事、办好事、解难题，才能赢得人民群众的支持和一个政党，一个政权，其前途和命运最终取决于人心向背。党员领导干部只有坚持以百姓之心为心，树立为民情怀，想群众之所想，急群众之所急，解群众之所困，帮群众之所需，真心诚意地为老百姓办实事、办好事、解难题，才能赢得人民群众的支持和拥护。从去年以来，我们结合党的群众路线教育实践活动，紧紧围绕为民务实清廉主题，狠抓思想教育，引导各级干部牢固树立群众观点，自觉践行群众路线，把以百姓之心为心内化于心、外化于行，把立党为公、执政为民贯彻落实到全部工作中。抓学习，牢固树立群众观点。树立群众观点，最关键的是要解决党员领导干部的群众感情和群众立场问题，增进为民情怀，时刻把群众放在心中的最高位置。为此，自治区党委坚持把理论武装工作摆在首位，组织党员领导干部全面系统学习中国特色社会主义理论体系，学习党的十八大和十八届二中、三中全会精神，学习习近平总书记的系列重要讲话精神，进一步增强道路自信、理论自信、制度自信。在群众路线教育实践活动中，我们坚持从解决思想认识问题入手，从解决"为了谁、依靠谁、我是谁"问题入手，推动解决世界观、人生观、价值观这个"总开关"问题。省级党员领导干部带头学习、讨论、思考，为各级干部当好表率，做出示范。各地各部门采取多种形式，抓好学习教育，党员干部普遍接受了深刻的群众路线再教育，思想上补了课，精神上补了"钙"，增强了贯彻落实党的群众路线的政治自觉、思想自觉和行动自觉。实践中我们体会到，只有坚持不懈抓好思想教育，使群众观点深深植根于党员干部的思想中，才能更好地践行党的群众路线，使改革发展各项工作具有广泛、深厚、可靠的群众基础。

一、作决策，坚持从群众的根本利益出发

改革发展的出发点和归宿，就是要解决好人民群众最关心最直接最现实的利益问题。作决策、抓项目、干工作，首先要站在群众的立场上，把群众满不满意、赞不赞成、高不高兴、答不答应作为检验标准，实现好、维护好、发展好人民群众的根本利益。在重大政策出台前，我们充分进行调研论证，广泛听取群众意见，把"党政想干"和"群众想要"更好地统一起来，寻求最大公约数。注重加强制度建设，完善常委会议事规则，制定全委会工作规则，对全委会议事决策的原则、范围、程序和议定事项的落实做出明确规定。同时，制定市县党委和区直部门党组（党委）集体决策制度，增强重大事项决策的严肃性、原则性，提高科学决策、民主决策、依法决策水平。对涉及群众切身利益的重大决策，推行社会稳定风险评估机制，充分考虑群众的承受能力，既重视群众的长远利益、整体利益，又注重群众的当前利益、个人利益，把可能影响群众利益、影响社会稳定的问题和矛盾解决在决策之前。在项目建设和招商引资上，坚持按市场规律办事，按老百姓愿望办事，不搞捡到篮里都是菜，不违背群众的意愿盲目引进；在城镇建设上，合理布局生产、生活、生态空间，划定生态、耕地、水资源三条红线，推进以人为核心的新型城镇化。在实践中我们体会到，重大决策只有充分考虑最广大人民群众的根本利益、现阶段群众的共同利益、不同群体的特殊利益，广泛听取群众的意见建议，才能保证决策的科学性，才能得到群众的认同和支持。

二、谋发展，着力提高群众生活水平

科学发展是提高群众生活水平的根本途径。只有以更大的决心和勇气推进发展，不断提高发展质量和效益，才能有条件、有财力改善老百姓的生活；只有老百姓的生活水平提高了，才能更好地支持发展、参与发展。宁夏最大的区情就是发展不足，各族群众盼发展、求富裕、奔小康的愿望十分强烈。按照宁夏回族自治区第十一次党代会确定的目标，我们提出了建设开放宁夏、富裕宁夏、和谐宁夏、美丽宁夏的口号，并开展推进产业转型升级、加快"两区"建设、打造"两优"投资发展环境、增进民生福祉大讨论，进一步统一思想、凝聚力量。立足欠发达地区和资源型省区的实际，提出既要保持一定的经济增速，确保居民收入、就业等民生指标的完成，夯实与全国同步进入全面小康社会的物质基础，又要提高经济发展质量和效益，大力推进产业优化升级，加快发展特色优势产业，在延长产业链、提高附加值上下功夫。全力推进重点工作和重大项目建设，建立宁东煤电油、交通基础设施、固原重大扶贫项目、内陆开放型经济试验区和中（国）阿（拉伯）博览会"4+1"等工作机制，细化分解任务，明确责任单位、领导和人员，明确节点、进度和完成时限，加强督查，盯住落实，把事关发展的大事抓好。实践中体会到，谋划和推进发展首先要考虑老百姓是不是受益，是不是通过发展造福了群众，让老百姓得到了更多实惠、生活过得更好。特别是要在推进发展中保护好青山绿水，不以牺牲资源和环境为代价谋取一时的发展，让老百姓生活在良好的生态环境中，给子孙后代留下天蓝、地绿、水净的发展空间。推改革，让人民群众共享改革红利。解决我国发展面临的一系列突出矛盾和问题，不断推进中国特色社会主义制度自我完善和发展，必须全面深化改革。针对制约宁夏发展的瓶颈问题、体制机制问题，特别是老百姓关心的热点难点问题，认真贯彻落实党的十八届三中全会精神，制定了全面深化改革的决定，分解了262项具体任务，对每一个改革事项列出推进计划表，提出实施的具体步骤和要求。认真抓好群众最期盼的教育体制、医药卫生体制、社会保障制度等改革，特别是深化行政审批制度改革，大幅精简审批事项，简化办事程序，取消、下放、转移行政审批事项223项，清理取消各类收费82项，真正让企业和群众少交钱、少跑路，少走程序、少跨门槛。实践中我们体会到，改革的办法和措施要广泛听取群众意见，汲取群众智慧；改革的推进要凝聚群众力量，形成改革合力；改革的成效要由人民群众评判，让人民群众共享改革红利。只有这样，才能最大限度地调动人民群众的积极性、主动性和创造性，同人民群众一起把改革推向前进。

三、守底线，把保障和改善民生放在突出位置

中华民族伟大复兴的中国梦，归根到底是人民的梦。实现人民的中国梦，需要经济社会不断发展，更需要民生持续改善。保障和改善民生，关键是要对群众有深厚的感情，抓住老百姓最急迫需要解决的问题，抓住最需要关心的人群，一件事情接着一件事情办，一年接着一年干，将心比心、以心换心地认真去做。我们坚持把保障和改善民生作为一切工作的出发点和落脚点，从群众最期盼的事情抓起，把新增财力的70%以上用于改善民生，每年实施10项民生计划、公开承诺为老百姓办30件实事，一件一件地盯着落实，凡是对老百姓做出承诺的，都一一兑现，真正把好事实事办到群众的心坎上。针对宁夏目前还有100余万贫困人口的现状，创新理念、创新模式，大力推进"造血式"扶贫开发，实施好生态移民工程，着重在稳得住、管得好、逐步能致富上下功夫，完善相关政策，加强移民新村社会管理，多渠道发展增收致富产业，特别是用好用活扶贫资金，撬动更多的企业、金融机构和群众自筹资金，增强贫困地区和贫困群众自我发展能力。实践中我们体会到，保障和改善民生是一项长期任务，经济社会越是发展，就越要以高度的政治清醒、坚决的责任担当，把改善民生的各项工作抓在手上，确保群众持续受益、长久稳定地得到实惠。

四、保稳定，为群众创造平安和谐的环境

没有稳定的政治环境，一切改革和发展都无从谈起，再好的规划和方案都难以实现，已经取得的成果也会失去。宁夏是一个少数民族自治区，我们

始终牢记确保稳定的第一责任，坚持守土有责、守土负责、守土尽责，把民族团结、宗教和顺、社会稳定作为一切工作的生命线，全面贯彻落实党的民族宗教政策和民族区域自治制度，扎实开展民族团结进步创建活动，使"三个离不开"的思想更加深入人心。坚持管理与服务并重，创新宗教工作理念，疏堵结合，帮助信教群众解决生产生活中的困难，教育引导宗教界人士和信教群众既念教义经，又念致富经。创新社会治理机制，推进社区网格化管理、信访规范化建设、畅通和拓宽群众诉求表达渠道等工作，加大矛盾纠纷排查化解力度，加强社会治安综合治理，推进警力下沉，深入推进平安建设，最大限度地增加和谐因素，最大限度地减少不和谐因素。实践中我们体会到，社会和谐稳定是做好一切工作的根本保证，只有在改革中加强和创新社会治理，及时妥善化解各种社会矛盾，维护民族团结、宗教和顺，才能提高老百姓的安全感、公平感、幸福感。

五、转作风，密切党同人民群众的血肉联系

习近平总书记深刻指出，如果"四风"问题蔓延开来又得不到有效遏制，就会像一座无形的墙把党和人民群众隔开，就会像一把无情的刀割断党同人民群众的血肉联系。在党的群众路线教育实践活动中，我们聚焦"四风"，坚持教育与实践并重、纠"四风"与建制度并举，持之以恒地抓作风、转作风。宁夏回族自治区党委领导班子充分发挥示范引领作用，认真贯彻落实中央八项规定和一系列廉政新规定。省级党员领导干部带头加强学习，带头查问题，带头开展批评和自我批评，带头深入群众、解决问题，下基层调研轻车简从，不搞迎送，严格控制陪同人员，不封路，不扰民，为全区党员干部做出了表率。坚持问题导向，立说立行、边查边改，开展"四项清理"行动，解决了一大批群众反映强烈的突出问题。把下基层作为一项制度性安排，把"三同"作为硬约束，要求市里的干部到县区，县区的干部到乡镇和街道，乡镇和街道的干部到村队社区、到老百姓家里。全区近4万名机关干部深入田间地头、社区院落、厂矿车间、建设工地和群众家中，与群众同吃同住同劳动，给群众送政策、送科技、送资金、送法律、送文化、送卫生，实实在

在地帮助老百姓解决生产生活中的困难和问题。实践中我们体会到，与群众接触多了，官僚主义就会减少；与实际接触多了，主观主义就会减少；与民情接触多了，形式主义就会减少。党员领导干部只有真正沉下去，与群众零距离接触，面对面交流，才能真正增进同群众的感情，更好地密切党群干群关系。以百姓之心为心，既是一种境界，又是一种责任。只有坚持以百姓之心为心，在增强群众观念上有更高标准，在密切联系群众上有更多行动，在为民服务上有更大作为，才能最大限度地凝聚民心民力，推进改革发展稳定各项工作取得新进展、新成效。

第二节　如何扫除目前农村党员队伍"建设死角"

党员教育是党员队伍建设的一项基础性工作。只有抓好党员教育，才能统一党的思想和行动，保证党的方针政策和贯彻执行；才能提高党员的思想政治素质和科技文化素质，发挥党员的先锋模范作用，团结、带领人民群众推进改革和两个文明建设。近日，中共中央办公厅印发了《全国党员教育培训工作规划》，切实提高党员教育培训工作科学化水平，培养造就高素质党员队伍。近年来，农村基层党组织在各级党委的领导下，大力加强和改进了农村党员队伍建设，使广大党员基本适应新形势、新任务的要求，发挥先锋模范作用，受到广大群众的好评。但是，由于种种原因，在农村党员队伍中，也存在着一些不容忽视的问题，必须下大力气加以解决，才能推动农业农村工作上新台阶。

一、当前农村党员干部队伍建设中存在的突出问题

党员干部队伍建设的好坏，关系到我们党事业的兴衰与成败。特别是在我国全面建成小康社会，加快推进社会主义现代化，实现中华民族伟大复兴的关键时期，加强党员干部队伍建设显得更加重要。目前，从整体来看广大

党员干部是努力健康向上的，在改革发展稳定的各项工作中，在突发事件、关键时刻的考验面前，发挥了模范带头作用。但是，在干部队伍中也存在着与党的先进性要求不相适应的问题：党的执政能力还不完全适应新形势新任务的要求，一些党员、干部的思想观念、能力素质还不完全符合党的先进性要求，一些基层党组织的管理手段和创新能力与经济社会发展任务还有一定差距。具体说来，主要存在以下几个方面的突出问题。

（一）有些党员干部政治信仰迷茫，理想信念模糊、动摇甚至缺失

对党的忠诚意识逐渐弱化或功利化，执政意识淡薄，带领群众前进的能力不强，先锋模范作用发挥得不好；有些党员干部思想懒惰，不思进取，在政治理论学习方面缺乏主动性，满足于一般了解和应付考核，不去深入细致地学习钻研，导致思想理论水平不高、依法执政能力不强、解决复杂矛盾本领不大。由于政治理论不扎实，对上面的政策理解不透彻，与工作联系结合不紧密，上级政策很难在群众中得到有效的宣传和贯彻。在做工作时很难说服群众让其理解上级意图，有时甚至出现理屈词穷的局面，引起群众不满，甚至使矛盾激化。在业务学习方面，一些党员干部满足于日常工作任务的完成，习惯于按常规办事，按过去的经验办事，缺乏钻研精神、创新意识，不能根据社会生活和群众思想的新变化，不断提高自身素质和能力，从而造成本领恐慌，用老办法处理新问题，工作无法取得应有的成效。

（二）一些党员干部职业道德淡化、服务意识不强

一事当前，先替自己打算，权衡个人得失，对党和人民的事业缺乏事业心和责任心。在领导岗位上明哲保身、患得患失，回避矛盾，怕得罪人，采用老好人的处世哲学，不开展批评，不让人批评，甚至压制批评。有些干部存在着严重的"官本位"思想和特权思想，"对上负责，对下不负责"，不能平等对待群众，官僚主义严重；有的干部急功近利，沽名钓誉，虚报浮夸，欺上瞒下，形式主义严重，热衷于搞政绩工程、形象工程，只重轰动效应，不重实际效果。少数干部对党的方针、政策阳奉阴违，口是心非，有令不行、有禁不止，望文生义，肆意歪曲。在现实生活中，对中央的政策，一些地方政府往往基于其自

身利益的考虑而变通执行，或者部分执行，甚至根本就不执行，从而导致中央政令在基层受阻。一些党员干部缺乏深入基层、深入群众的工作意识。有时下村只在面上走一走，到村干部那里谈一谈，而直接到农户得少，访问贫困户的就更少，对基层群众提出的问题，也是能推则推，不能一抓到底。

（三）少数党员干部经不起执政考验和改革开放的考验，由人民公仆逐渐蜕变为人民主人

高高在上，脱离群众，工作方法简单粗暴，对群众的安危冷暖漠不关心，甚至肆意欺压群众，让普通老百姓望而却步。少数干部腐化堕落，以权谋私，与民争利，见利忘义，权力寻租，官商勾结，直接损害群众利益。为了一己之私，在工程建设、土地出让、产权交易、政府采购、资源开发等项目中，为得到一些好处，不惜给国家和人民造成更大的损失。

（四）理想信念不够坚定

部分党员经不起改革开放新形势的考验，理想信念发生动摇，拜金主义、享乐主义、个人主义思想膨胀，因而淡化了共产主义理想和全心全意为人民服务的信念，人生观、价值观严重扭曲，个别党员甚至腐化堕落，违法乱纪。

（五）思想不适应

思想观念陈旧，宗旨观念不牢，与农村发展的新形势、新任务，对党员提出的新要求不适应。一是观念陈旧，抱残守缺，不愿意也不主动接受新生事物和做出新的探索。二是体制转轨、社会转轨，对党员思想观念带来了新的冲击，少数党员思想滑坡，理想淡化，信念动摇。三是部分党员的思想观念仍沉溺于原有的思维定式，因循守旧，求稳怕变，保守狭隘，忽视创新，小富即安，认识明显跟不上迅速变化的客观实际，对党的改革开放，发展社会主义市场经济政策，在执行中表现出顾虑重重，畏缩不前，影响了工作的成效。

（六）知识贫乏、素质偏低

相当一部分党员素质偏低，掌握的知识较少，缺乏在"致富奔小康"中

发挥先锋模范作用的本领，无力发挥"领头羊"的作用。

（七）能力不适应

驾驭市场经济和带领群众致富的能力差，与群众盼望致富的迫切心情不适应。总体来讲，存在"四多四少"问题：懂传统农业得多，懂现代农业得少；懂自然规律得多，懂经济规律得少；懂生产环节得多，懂经济管理得少；懂行政管理得多，懂市场营运得少。

（八）方法不适应

主要是依法行政的能力弱，与群众日益增强的民主意识、参与意识不适应。现在农村党员对农民的关系，已由过去的指挥者变成了服务者。一些党员感到面对加强基层民主政治建设的新形势，存在着老办法不能作、新办法不会用、软办法不顶用、硬办法不敢用的困惑。据调查，一些党员对农村政策把握不全面，不是向群众宣传解释党的政策，而是"通不通三分钟，再不通龙卷风"，对群众态度恶劣，甚至做出违法乱纪的事；导致干群关系紧张，群众不听号召，工作处处被动。

（九）党员队伍后续力量弱

由于受市场经济负面效应的影响，人们理想信念淡化，现在在农村中要求入党的积极分子呈下降趋势，有的村支部甚至长期不发展党员，致使现在的农村党员队伍年龄结构文化层次不尽合理，严重缺乏后续力量。

这些问题不仅会影响一个地方的发展，影响党的形象和党的执政成效，而且会使人民群众对党和政府失去信心，甚至产生对抗情绪，破坏构建和谐党群关系的群众基础，严重阻碍了实现中华民族伟大复兴梦想的进程。

二、农村党员干部队伍建设中存在问题的原因分析

当前，在党员干部队伍建设中存在的种种问题，其原因是多方面的，概括起来，主要有以下几个方面。

（一）形式主义作祟

有的对农村党员教育存在片面认识，认为党员教育可紧可松，耗费过多的时间会影响经济的发展，因而学习制度只是写在纸上，贴在墙上，落实不到行动上。还有一些单位虽然按上级要求部署了，但也只是照本宣科，走马观花，至于做什么，怎样做，实际效果如何则不太关心，只求能应付上级检查就行。这些形式主义的东西，使党员产生一种厌倦心理，不仅达不到应有的教育效果，反而使党员教育工作失去了吸引力。

（二）思维定式影响

过去由于我国长期实行的是以计划经济为主的体制，在这种体制的影响和束缚下，人们便建立了与之相适应的思维方式，在这种思维定式的影响下，容易形成两种"心态"。一是不愿动，只求稳。工作缩手缩脚，不敢闯，不敢试，明哲保身，打不开局面。二是本本主义、教条主义。对工作唯书、唯上，不唯实。

（三）失落心理作怪

在以经济建设为中心的形势下，没有直接从事经济工作那样"吃香"，个别地方对农村党员教育工作有时甚至有"说起来重要，做起来次要，忙起来不要"的倾向，因此，工作积极性不高，工作上不求有功、但求无过。同时，由于有的党员文化程度低，理论水平不高，市场经济知识缺乏，对现代经济管理知识知之甚少，对新时期下出现的新问题不能从理论的高度去分析、去探索。因此，在实施教育的过程中，不易把握教育的重点。

（四）教育培训的实际效果还不够理想

目前，在党员干部队伍作风教育上，我们采取了一些措施，也取得了一定的成效，但实际效果还不够理想。一是对教育对象划分的层次性还不够细致，没有根据具体岗位的不同进行有针对性的教育。二是虽然针对在理想、宗旨、纪律、作风、廉政等方面的突出问题进行了有的放矢的教育，但也只是水过地皮湿，做到了入耳，而没有真正全部做到入心、入脑，不能触及思想和灵魂。三是对教育培训成果的运用还很不规范，没有把干部的学习情况和干部的提拔使用充分挂钩。

（五）管理监督缺乏系统性、规范性和实效性

在干部管理监督上，虽然研究制定了一些制度，但还缺乏系统性、规范性和实效性，特别是在执行上缺乏应有的力度，监督方面还存在"上级监督太远、下级监督太软、同级监督太难"的现象。在工作中，存在着管理监督跟不上的现象，注重使用，轻视监督管理，对领导干部作风上存在的一些问题不能完全尽早发现，及时消灭在萌芽状态。对作风上出现一般问题的干部，教育时往往是蜻蜓点水、点到为止，没有真正做到严肃、深入地批评指正，缺乏从根本上解决的措施，致使有些干部屡教不改，这样对其他干部不但达不到教育目的，有时反而产生负面影响。

（六）干部制度改革的力度还有待加强

近年来，我们在干部制度改革上进行了积极的探索，实行了公开选拔、公开选调、竞争上岗、票决制、任前公示等，但是改革的力度还不够大，步子还不够快。一是干部选拔的民主程度还不够，群众参与面还比较小，选人用人的范围还不够宽。二是领导干部只上不下的问题还一定程度地存在着。一些素质较差，工作进取心、事业心和责任感不强，任职多年毫无作为的领导干部没有得到及时调整，仍然平平稳稳地占着位子，因此，影响了一些干部工作的积极性和干部队伍整体素质的提高。

三、加强农村党员干部队伍作风建设的对策思考

建设高素质的党员干部队伍是党的事业的组织保证，是实现中华民族伟大复兴梦想的必要条件。只有解决党员干部队伍中存在的突出问题，使全党始终坚持立党为公、执政为民，始终坚持以人为本，我们党才能更好地带领广大人民群众为夺取全面建成小康社会而奋斗。解决党员干部队伍中存在的突出问题，应从教育、监督、惩戒和制度等方面着手进行。

（一）从全局和战略的高度，充分认识新形势下加强农村党员教育管理的重要意义

一是加强农村党员的教育管理，是按照"三个代表"的要求，保持党的先进性的需要。党的十八届三中全会精神对党的先进性做出了新的、全面而又完整的概括，对农村党员的教育管理提出了新的更高的要求。党的先进性决定了党员必须具有与时代相适应的思想政治素质和科技文化素质。二是加强农村党员教育管理，是大力发展社会主义市场经济，实现新世纪宏伟目标的需要。从新世纪开始，我国将进入全面建设小康社会，加快推进社会主义现代化的新的发展阶段。各级党组织必须教育广大农村党员提高对发展社会主义市场经济的必要性和必然性的认识，用党性原则来正确把握市场经济的社会主义方向。三是加强农村党员教育管理，是迎接新的挑战、保证党经受住各种风险考验的需要。世纪之交的人类历史正处在一个重要的转折时期，西方国家对我国加紧实施"西化""分化"，我国原有的利益格局正在发生深刻变化。在新的形势下，加强农村党员教育管理，增强广大农村党员抵御各种风险和拒腐防变的能力，就显得非常重要和紧迫。

（二）切实加强农村党员教育工作

毛泽东同志曾提出："掌握思想教育是团结全党进行伟大的政治斗争的中心环节，如果这个任务不解决，党的一切政治任务是不能完成的。"因此，加强党员队伍建设首要是加强党员教育工作。一是找准着眼点，确立新思路，突出农村党员教育工作的重要性：①应把握教育方向，必须将这一工作的指导思想和工作重点，统一到教育农村党员积极投身于社会主义现代化建设事业、争做农村增收致富带头人上来。②狠抓制度建设，各级党委应建立教育工作的培训领导和工作落实；教学骨干落实；培训基地落实。③农村党员教育经费要到位。乡镇党委应把农村党员教育经费列入预算，专款专用。二是抓住根本点，充实新内容，突出农村党员教育的针对性：①进行解放思想、实事求是观点的教育，引导农村党员更新观念，扫除不利于农村经济社会发展的思想障碍，逐步树立竞争意识，创新观念；②进行政治理论，党的路线、方针、政策教育，引导党员们认清形势，看清方向，明确奋斗目标，牢牢树

立以经济建设为中心的思想，坚持两个文明一起抓，在推动农村社会全面进步中建功立业。③进行党章的深入教育，引导农村党员牢固树立正确的世界观、人生观，爱祖国爱集体；增强党的组织观念，纪律观念，履行党章规定的权利义务，坚持全心全意为人民服务的宗旨，自觉保持工人阶级先锋战士的本色，不仅带头致富，更要带领群众共同致富；把我们确定的最高纲领与现阶段实施的基本目标结合起来，提高贯彻党的基本路线的自觉性和坚定性；弘扬艰苦奋斗的精神，敢于在改革开放的大潮中拼搏。④进行经济知识、法律知识和实用技术知识的教育，使党员掌握致富本领并遵纪守法，按规范办事。三是把握结合点，改进教育方式方法，注重教育的实效性：①坚持正面灌输为主，把集中培训与自我教育结合起来。②普遍教育与分层次重复教育结合。③理论教育与形象相结合。④思想教育同解决实际问题相结合。⑤思想理论教育与党员的实践活动相结合。

（三）科学合理地安排农村党员教育管理的内容，切实把广大农村党员的思想统一到实现党的建设新的伟大工程的总目标上来

党的十八届三中全会精神是实现党的建设新的伟大工程总目标的现实要求，为加强党员教育管理工作指明了方向。今后一个时期，党员教育管理工作的重点就是用党的十八届三中全会精神武装党员头脑，党的十八届三中全会精神要求规范党员言行，用党的十八届三中全会明确精神统一党员思想，使广大农村党员进一步坚定共产主义理想信念，切实保持共产党员的先进性。教育管理的内容，要根据不同行业、不同类型党员的实际情况来确定。对乡镇企业党员，要围绕深化乡镇企业改革、转换经营机制，突出进行市场经济知识和岗位技能培训，通过"党员挂牌上岗"等活动，组织他们立足本职，投身改革，多做贡献；对农村党员，要围绕农业产业结构调整、增加农民群众收入，实现小康社会，突出进行党在农村的方针政策和农村实用科技知识培训，通过"奔小康立功竞赛""党员包联贫困户"等活动，发动他们带头致富，带领群众共同致富，等等。

（四）切实加强农村党员管理工作

党员教育是提高党员素质，增强党性，使党员发挥先锋模范作用的有效途径，但党员教育如果不同党员管理有机结合，其教育就难以达到预期目标，教育和管理是相辅相成，不可分割的。一是坚持和完善各种行之有效的管理制度：①严格党的组织生活制度。党组织负责同志要组织好党员过组织生活，要有严格的计划，做到人员、地点、时间的"三落实"，不断提高党员参加党的组织生活的自觉性，增强组织生活的针对性、实效性。②对党员实行目标管理制度。首先，以支部为单位，每年组织党员对照党章准则和评议党员的标准，从各自不同的实际情况出发，由党员自己制定一年的目标计划；其次，认真进行考核评比，要把定量考核和定性考核结合起来，并建立考核评比档案。③实行党员的分类管理制度，调整和改革基层党组织的设置，对党员实行分类管理制度是与农村经济发展情况相适应的，有利于党员及时参加组织生活，从而加强教育管理。二是严肃认真地执行党的纪律：①教育党员增强党的纪律观念，要通过深入持久的教育，使党员认识到共产党员自觉接受党的纪律的约束，严格遵纪守法，这是党员党性修养的重要内容。②加强党内外的监督，采取各种行之有效的措施督促约束党员。③严肃查处违纪党员，对于严重违反纪律的必须按照有关规定给予查处。三是建立党员管理配套运行机制。党员管理配套运行机制能使各种管理办法、制度相互衔接、相互促进。经过多年的探索，初步形成了"以坚持和完善党的组织生活制度调整和改进党的基层组织设置为保证、目标管理为基础、主题活动为载体、民主语言作衡量、创先争优上水平"的党员管理配套运行机制。

（五）切实加强流动党员的管理

随着改革开放的深入，尤其是市场经济的发展，农村外出经商，从事劳务等活动的党员日渐增多，形成了流动党员队伍。管好这些党员，是加强农村党员队伍建设必须解决的一大新问题。①树立"大组织"观念，实行双向管理。"大组织"观念，即每个党员不仅属于某一个基层组织，而且属于党的整体组织，无论何时何地都有参加党组织活动，接受党组织教育管理的权利。实行双向管理，即原所在地党组织和外出所在地党组织要区别责任，各负其责，共同做好流动党员的教育管理工作；②把握流动党员的特点和规律，实行分类管理。农村流动党员在外出地点、时间、规模上不是整齐的，具有不同的特点。因此，要根据流动党员的不同情况，实行分类管理，采取不同的管理措施；③建立健全制度，实行规范管理。建立健全外出党员报告登记制度；建立健全制度，实行规范管理。建立健全外出党员报告登记制度；建立健全外出党员与党组织联络制度；建立健全外出党员奖惩制度。

（六）建立科学、有效的工作机制，认真落实宏观管理职能和发挥基层党组织的作用

首先，要强化领导责任，落实管理职能。严格执行"党要管党"的原则和"从严治党"的方针，建立党委"一把手"负总责的责任制。自上而下理顺各有关部门的联系，规范农村党员教育管理工作的组织领导机构、部门职能、人员编制和教育管理经费来源，调整充实农村党员教育管理工作队伍。建立健全保证基层党组织对农村党员教育管理常抓不懈的工作制度和机制。其次，要坚持辩证的分析问题，正确处理好相关关系。要求党员履行义务与尊重党员行使权利的关系。权利和义务是统一的，要充分尊重党章规定的党员参与权、建议权、批评权、申诉控告权、选举权、被选举权、辩护权以及接受教育培训的权利等，只有保证党员的这些民主权利不受侵犯，才能增强他们的党员意识，更好地履行义务。

（七）切实增强党员队伍的后续力

认真做好在优秀青年农民中发展党员的工作，增强党员队伍的活力和战斗力，是党员队伍建设的重要组成部分。①认真贯彻发展党员工作的方针，严格遵循发展党员工作的基本程序。做好发展党员工作，必须坚持和遵循新时期发展党员工作的方针，即"坚持标准，保证质量，改善机构，慎重发展"；严格遵循发展党员工作的基本程序，对保证发展党员的质量，保持党的先进性具有重要作用，要做好入党积极分子的挑选、培养和考察，为发展党员工作打好基础，要严格履行入党手续，把好关口。②加强农村基层组织建设，建立一个有活力，有凝聚力，能为民办实事，能带领群众脱贫致富的村级党

支部班子。同时健全一套比较完整的发展党员的工作制度：在制定经济发展目标的同时，对党员发展做出规划，并纳入目标管理责任制，并把发展党员工作摆上各级党组织的重要议事日程，层层抓落实，形成党委支部二级发展农村党员工作管理体系。③要加强入党积极分子队伍建设：一是要注意在农村第一线，35 岁以下的青年农民中培养有前途的入党积极分子，激发他们树立远大的理想和崇高信念，激发他们的上进心。二是要扩大党的发展工作视野，做好在乡村企业和外出人员中发展党员工作。三是要加强对入党积极分子的教育和管理，可从实际出发，定期或不定期地举办入党积极分子培训班，要及时了解和掌握他们的情况进行跟踪考察，以便督促指导，从而保证入党积极分子健康成长，尽快成熟。四是要充分发挥团组织的作用，加强团员队伍建设，做好团组织向党组织推荐优秀团员作为党员发展对象的工作。

（八）加强对党员干部的教育，提高他们的思想政治水平和领导能力

要加强对干部进行社会主义核心价值体系、马克思主义群众观和党的群众路线教育，通过教育，促使党员干部牢固树立全心全意为人民服务的思想和真心实意对人民负责的精神，做到心里装着群众，凡事想着群众，工作依靠群众，一切为了群众。能真正深入基层扎实地开展工作，了解群众的疾苦，帮他们排忧解难，真正做人民的公仆，从而取得人民群众的信任、理解和支持。要加强对干部进行市场经济意识、科技知识、现代管理能力等方面的教育培训，不断开拓干部的视野，丰富他们的知识面，提高他们带领群众发展经济、实现共同富裕的能力。

（九）拓宽监督渠道，加强管理监督的力度

对党员干部要加强监督机制建设，采用多层面的监督，使党内监督、人民监督、法律监督和社会监督有机结合起来。在充分运用好党内监督、法律监督的同时还要将互联网监督纳入制度化、法制化轨道，让群众充分利用好网络空间行使监督的权力。各级干部要增强管理监督的领导意识和自觉性，对因监督不力、下级出现问题的，要追究领导责任。单位的领导成员要增强责任意识，搞好互相监督。通过召开专题民主生活会、开展谈心活动、个别交换意见等形式，把监督工作落到实处。要

广辟渠道，广开言路，完善社情民意反馈网络，了解和掌握更多、更真实的信息。通过多形式、多层面的监督，把干部作风方面的苗头性、倾向性问题消灭在萌芽状态，以赢得群众的支持和拥护。

（十）加大反腐败斗争力度，保持干部队伍的先进性和纯洁性

腐败现象在不少地方仍然客观存在着，并且出现一些新的特点，比如领域广、金额大、手段科技化等。所以，我们必须不断加大反腐败斗争力度，注重从源头上预防和治理，把教育与制度、德治与法治结合起来，从管权、管物、管人等容易滋生腐败的环节入手，改革行政审批制度、财政管理制度和干部人事制度，强化对权力运行的监督机制，铲除腐败现象滋生的土壤和条件，把腐败遏制在最低限度内，直至彻底消除。

（十一）改革完善教育培训机制

一是结合各部门各行业特点和党员干部工作实际，修改完善教育培训计划，采取个人学习与集体培训、理论学习与实践活动相结合的形式，有针对性地对党员干部进行教育培训。二是完善干部选人用人机制。在民主推荐、组织考察和任免决定等程序中，严格按照干部任用条例的要求，坚决打破"暗箱操作"，大力推行差额选举、公开选拔、公开选调、竞争上岗、干部任免票决等制度，扩大群众在干部选拔工作中的参与面。三是要完善干部考核机制。对干部考核办法进行修订和完善，使考核工作更科学、更合理。将原来注重年终考核转变为注重工作业绩和日常管理的考核，把考核内容与岗位责任制紧密结合起来，与干部平时的表现和工作实绩相挂钩。在强化考核的同时，加大对考核结果的使用力度，做到奖罚分明，作为干部调整的重要依据。对那些素质不高，工作进取心、事业心和责任感不强，考核较差、任职多年毫无作为的领导干部及时调整，以提高党员干部队伍的整体素质和工作的积极性。总之，加强党员干部队伍作风建设是一项至关重要的系统工程，只有经过长期不懈地努力，采取全方位、多层次地措施，才能打造一支作风优良、素质高尚、能力出色的党员干部队伍，从而为实现中国梦打下坚实的组织基础。

第三节 怎样才能让群众真正满意

一、济宁市创新群众工作方法的实践探索

（一）齐心合力，着力提升群众幸福感和满意度

近几年是济宁民生投入最大、群众得到实惠最多的时期，但群众满意度并没有随之提升，据调研发现，其根本原因还是干群之间隔着一道"玻璃门"。为此，自去年以来，济宁相继开展"大规模驻村入户、面对面谈心交流活动"和"干部直接联系农户制度"，使政府决策和群众要求在一个频率上共振，着力从体制机制上解决民生和发展难题。在山东省 2012 年度综合考核电话随机访问中，济宁市的群众满意度大幅前移了 5 个位次，一举改变了多年排名比较靠后的局面。经济发展和信访稳定工作呈现较大幅度的"一升一降"：在山东 17 市中，2012 年济宁市地方财政收入、城乡居民收入增幅分别上升到第 5 位、第 5 位、第 4 位，今年上半年增幅又分别居全省第 3 位、第 8 位、第 3 位；2012 年济宁市到省集体访、进京非访数量分别下降到全省第 17 位、第 15 位，今年上半年又下降到全省第 17 位、第 16 位。为探寻这种现象背后的原因，笔者就此做了专题调查研究。

1.连心——"俺村每家都有公家的人"

市委决定，市、县领导班子成员每人联系 1 个村、10 个农户，市级班子成员每年到村蹲点不少于 7 天、住在村里不少于 5 个晚上，县市区委书记、县市区长每年蹲点不少于 10 天、住在村里不少于 7 个晚上；市、县直部门单位领导班子成员每人至少联系 10 个农户，每年蹲点不少于 2 周，主要负责人住在村里不少于 5 个晚上。对领导干部驻村蹲点、联系农户的情况，市委定期进行督导检查，每半年进行一次公开通报，各级领导干部做到了真蹲下、真驻住、真联系，发挥了示范标杆作用，"俺村每家都有公家的人喽"！知道家庭成员、知道生活状况、知道生产情况，清楚思想状况、清楚家庭困难、清楚就业情况、清楚诉求愿望，这是对每一名驻村干部提出的"三知四清"要求。如今，济宁市的每一户村民家里都有一张"干群连心卡"，每一名机

关干部都有一本"民情日记",每级下派办都有一本"干部联户台账"。针对村民白天下地干活或外出务工而家中无人或只有老人和儿童留守的情况,联户干部利用每晚6点至9点饭前饭后的空闲时间,以及阴雨天气开展入户走访,做到了"你下班我上班,你闲着我忙着,你干着我帮着"。"俺村每家都有公家的人,家里啥事上边都知道"。在济宁市微山县韩庄镇南张庄村,70岁的村民张旭昆对"干部直接联系农户制度"深有感触地说。通过入户走访经常联系、拉家常、解决具体问题,群众敢跟干部多交流了。"做梦也想不到,这辈子还能住上新瓦房!这得感谢市委派的联户干部啊!"在自家的新瓦房前,山东省汶上县寅寺镇后王庄村张桂芹激动得几乎要哭出来。

2.暖心——"做梦也想不到农村人也有保健医生"

泗水县圣水峪镇小城子村地处偏僻,经济发展落后。村民黄士海家等10个农户是市委书记马平昌的重点联系户。市委书记马平昌到村里逐家走访。黄士海向他反映村里没有卫生室,村民看病要走十几里山路。马平昌当场协调卫生部门解决,重新启用了村里弃用的卫生室,村民看病难的问题很快得到解决。针对农民保健意识比较淡薄,小病不愿意看,大病发现得晚、治疗不及时等问题,济宁市去年启动了"万名保健医生进农户"活动,从市县乡三级医疗卫生机构选派了10152名医务人员,由1名医生、1名护士或其他医务人员组成1个小组,对口联系一个行政村,与当地乡村医生一起,组成保健医生团队。每个团队为300~600户农村家庭提供基本医疗和基本公共卫生服务,并与至少10户长期患病的病员家庭建立长期帮扶关系,每月巡诊不少于3天,实现了"户户拥有自己的家庭保健医生,人人享有基本医疗卫生服务"。在泗水县泗张镇王家庄村,对口联系该村的保健医疗队正忙着为村民量血压、听胸音、问病史。"以前听别人说这是城里人的待遇,做梦都想不到农村人也有了保健医生。这两天头晕还以为是热的,刚才大夫告诉俺这是得了高血压,除了开药,还叮嘱俺吃饭少吃点儿盐。"村民胡庆荣说。"2013年7月26日,星期五,本日共巡诊35户家庭,发现和随访高血压12例,糖尿病6例,0~6岁儿童疾病8例,做健康教育指导56人次,发放健康教育材料60份。"王家庄村对口联系的保健医疗队的工作日志中写着这样的话:济宁市长梅永红说:"搞好民生,一方面要多做雪中送炭的工作,另一方面要确保城乡群众普遍受益、公平收益、持续受益。"目前济宁市级财政投入2150万元配备了医疗器械，保健医生已入户走访152.5万户，义诊269.9万人次，签订服务协议书155万份，建立健康档案384.5万份。通过开展"万名保健医生进农户"活动，实现了由"农民找医生看病"到"医生制度化送服务上门"的历史性转变，实现了对农民健康干预模式由以疾病为中心的单项干预向以健康为中心的综合干预转变。

市长梅永红联系的梁山县韩垓镇高店村老党员、特困家庭郝迎启，儿子患精神病因贫困得不到有效治疗。梅永红将国家新型农村合作医疗和特殊病治疗可以"免费治疗三个月"的政策告诉了郝迎启，通过国家惠农政策中免费治疗，使患者病情得到好转。

3.合心——政府和群众一个频道共振让难事不难

济宁市开展了大规模的农村环境综合整治，采取"财政补一点、村居筹一点、群众出一点、社会捐一点"的筹资机制，筹措资金37.89亿元，整治村庄5152个，硬化农村道路1.27万公里，新增村庄绿化面积1283万平方米，新建垃圾中转站335座，配备垃圾转运车辆409辆，配备农村保洁员1.6万人，全市80%以上的行政村村民的生活环境和出行条件有了显著改观。此期间，不仅没出现一起来信来访的事情，广大群众还纷纷出工出力、捐款捐物。金乡县胡集镇后史屯村民营大户史一良捐助50多万元，并亲自带领村民规划施工硬化道路。嘉祥县疃里镇杨山村支部书记杨凤英坦言："农村环境整治确实办到了群众心坎上，使我们也过上了城里人一样的生活，村里一开会老少爷们都拥护，我们的工作好做多了。"当前，外出打工的农民越来越多，"打工顾不上种地、种地耽误挣钱"的两难问题比较突出，一些村庄出现土地撂荒现象。针对这种情况，济宁市在汶上县进行试点，依托供销系统推行土地托管新模式，目前已在全市全面推开。在济宁，每年都开展"政府怎么干、请您提意见"活动。济宁市委副书记傅明先认为，不论是民生难题还是发展难题，只要政府决策和群众要求在一个频率上共振，群众就会支持政府的工作，难事也就不再难。济宁市委常委、组织部部长何思清介绍，济宁干部联户制度的最大特点就是干部全员参与，农户全面覆盖，服务群众即时化、零距离，让干部受锻炼，让群众得实惠。在推行联户工作中，济宁市尤其关注困难户、老党员户、无在外工作亲属户等。

4.民心——设立群众满意奖

市委书记马平昌说："我们和群众走多近，群众就和我们有多亲。现在正是发展的关键期、改革的攻坚期、矛盾的凸显期，尤其需要我们真切感受群众的安危冷暖，真诚回应群众的各种诉求，真正和群众打成一片，这样才能更好地践行群众路线。""地方党委、政府的工作，要让群众满意和认可，最根本的是老老实实地走群众路线，干部要走进群众、融入群众、和群众真有感情，党委政府作决策办事情要真正站在群众角度，把群众利益想在决策之前，把群众要求解决在实施之前，把群众工作做在执行之前，切实树立起以群众满意为标准的工作导向。""您的电话是电脑随机抽取的，这是匿名访问，您放心……您对当地环境保护情况是否感到满意呢？""您对当地干部工作态度、工作作风是否满意呢？"……这是济宁市社情民意调查中心进行群众满意度调查的一个场景，也是济宁市委、市政府评选"群众满意奖"的一个基础性工作。电话随机访问，对18～65周岁，在本地居住一年以上的城乡居民进行电话调查，按照县市区上年年末常住总人口占全市总人口数量的比例综合确定样本量，访问内容主要包括：增加收入、扩大就业、医疗卫生、中小学教育、环境保护、困难群体救助、文化生活、社会治安及干部作风等八个方面，根据调查结果来确定"群众满意奖"。在今年年初召开的2012年度全市科学发展综合考核总结表彰大会上，济宁首次颁发了"群众满意奖"，6个县市区获"群众满意先进县（市、区）"、20个部门单位获"群众满意单位"。

（二）知行合一，全心全意服务群众

近年来，济宁市把践行党的群众路线化为实实在在的具体行动，努力做到服务群众知行合一，让群众更加满意。

1.知民意，服务群众才能有的放矢

"知道群众心里想什么、盼什么、需要哪些帮助，服务群众才能有正确的方向和目标。"济宁市委书记马平昌条分缕析地说。掌握社情民意，关键是更好地畅通群众诉求的渠道。近年来，济宁市在全市范围内开展了"大规模驻村入户、面对面谈心交流"活动，今年又建立"干部直接联系农户制度"，市县乡三级机关 7.3 万名干部，联系全部 6215 个行政村、181.4 万农户。了解社情民意，济宁市还有更多的有效渠道。8 月 23 日下午，在泗水县泗张镇苇子沟村，一个标有"泗水县民意收集信箱"字样的钢质盒子已安装在村里人群经常聚集的村务公开栏上。当地民意收集平台已延伸到这个偏远的山村。领导干部接访已成为一种严格的制度。每周一、周三，会有一名市级领导干部在市群众服务大厅接待群众来访；每个工作日，都会有 1 名县、乡领导干部在当地接访。去年以来，市、县两级领导干部参与接访 2591 人次，接待群众 3205 批、12321 人次，了解到大量的群众诉求。济宁市在全国率先开通了12340 社情民意调查热线呼入功能，接受群众建议和诉求，12340 热线与市长公开电话办公室还建立了联动机制。多渠道汇聚的民意，为服务群众提供了决策参考。

2.惠民生，服务群众成为自觉行动

济宁市决定按照"城乡一体、全面覆盖、初始起步、逐步提高"的思路，逐步建立健全就业创业服务、社会保障、基本医疗卫生、住房保障、教育保障、济困救助、社会养老服务、公共文体服务、城乡环境改善、社会管理等十大体系。今年 3 月 16 日，曲阜市小雪中心卫生院主治医师杨立帅、主管护师孔丽再一次来到武家村卫生所为村民进行义务免费查体。根据济宁市"万名保健医生进农户"活动要求，杨立帅和孔丽作为 1 个医疗小组负责联系武家村，每月至少 3 天到村，除为村民提供基本医疗和基本公共卫生工作外，还提供健康的生活方式指导、健康评估与规划、慢性病交流指导、亲情上门和双向转诊医疗绿色通道服务，并至少与 10 年长期患病的病员家庭建立"一对一"长期帮扶关系。从 2012 年秋季学期起，济宁市启动实施了"家庭困难学生营养改善计划"，对义务教育阶段所有在校孤儿、低保家庭学生、特殊教育学校学生和其他经济困难家庭学生发放营养补助，在校孤儿按每人 365天补助，每生每天补助 10 元；特殊教育学校学生按每年在校 200 天补助，每生每天补助 10 元；低保家庭学生及其他经济困难家庭学生按每年在校 200 天补助，每生每天补助 3 元。今年，又逐步向非经济困难家庭农村中小学生拓展。去年以来，市、县财政共拿出补助资金 1.1 亿元，受惠中小学生 39.8 万人。近年来，济宁市的济困救助力度不断加大。今年上半年，全市共支出医疗救助资金4265.5万元，其中，发放住院救助资金3000.9万元，救助城乡困难居民7671人，人均救助3912元。对患特大疾病的特困家庭，实施了市级二次救助制度，落实特大疾病市级救助人数93人，安排救助资金224.3万元，人均救助标准2.4万元。全市共受理农村贫困家庭危房改造申请605户，已认定446户，342户正在组织开工建设，已完工104户。通过提高公共服务资源的普惠度，人民群众的生活质量得以提高，服务群众取得了显著成果。

3.群众满意，检验服务成效的标尺

群众是否满意一直是济宁市检验服务群众工作质量和成效的一把标尺。在济宁市，有一个由1000名群众组成的监督评议团，成员涵盖了党代表、人大代表、政协委员、民主党派人士、离退休老同志、新闻媒体人员、企业管理人员、个体工商户和基层群众，其中，企业管理人员、个体工商户和基层群众代表占了80%。他们定期或不定期的直接到党政机关、执法执纪部门进行质询评议，到重点工程项目现场进行督导检查，并通过新闻媒体向社会公开监督评议结果。济宁市"万名代表评机关"和"民主评议政风行风"活动已连续开展了十几年。参加全市年度科学发展综合督查考核和全省"民主评议政风行风"的市直部门、驻济有关单位以及与群众生产、生活密切相关的公共服务单位，共计155家、5大类别接受了评议。评议，促进了工作，促进了群众满意。只有随时听取群众的呼声、了解群众的情绪、真心为群众着想、全力为群众造福，做到服务群众知行合一，我们才能赢得群众的满意和信任。

二、锐意创新，扎实开展群众工作

近年来，济宁市针对部分干部思想上漠视群众、感情上疏远群众、工作上脱离群众的实际，坚持"百姓至上"理念，扎实开展了干部群众路线教育实践活动，创新建立了五大机制，用具体的制度设计、刚性的操作规范、丰富的实践载体构建了从城市到农村覆盖广泛的联系服务群众体系，搭建了干部走出机关、深入基层、服务群众的有效平台，实现了干部直接联系和服务群众的常态化，凝聚了科学发展跨越发展的合力，形成了"实干当头、全力全速、敢于担当、全面创新"的发展氛围，推动全市经济社会发展实现了全面突破、进位提升。以济宁市曲阜为例，对群众路线教育实践探索方面进行的全方位创新主要在以下几方面。

（一）建立经常性的教育引导机制

按照分层次、全覆盖、常态化的思路，强化学习教育和活动载体建设。一是分层次组织学习。在各级领导班子和领导干部中实施以"修学、修心、修礼、修德、修政、修廉"为主题的"干部修身计划"，通过市委理论中心组集中学习研讨、专题知识讲座等形式，实现了市委常委带头接受群众观点、群众路线、群众利益和群众工作教育；通过印发群众路线教育读本、集中教育培训等形式，提升了干部修养。二是建立全覆盖的教育载体。在全市各机关、企业、农村、社区和学校建设廉洁道德讲堂 386 个，实施了廉政文化"六进"、廉政文化体验基地建设和廉政文化主题公园建设工程。同时，充分发挥孔子故里儒家优秀文化传统资源优势，成立 675 所"人人彬彬有礼"教育学校，建立了 4800 人的教师队伍，编写并免费发送 10 万份特色教材，把群众路线教育活动同广大干部群众的工作和生活紧密相连、内化于心。三是常态化开展活动。在全市党员领导干部中普遍开展信仰信念信心、为民服务、廉洁自律和个人品德四项主题教育和"恪守从政道德、保持党的纯洁性"教育活动，在农村新"三大员"中开展"讲三课三促进三提升"活动，即"第一书记"宣讲党的政策、促进创先争优、提升干部群众综合素质；"村助理"宣讲科技知识、促进全民创业、提升干部群众致富能力；"一村一警"宣讲法律法规、促进和谐稳定、提升干部群众法制观念，实现了干部和群众相互学习、共同提高。

（二）建立常态化的直接联系服务机制

1.实行第一书记"1+1"制度

采取"1+1"模式，村村都选派 1 名副科级以上实职党政领导干部任村支部第一书记、村村都选派 1 名大学生村官或优秀年轻干部担任村支部书记（村委会主任）助理，建立健全了第一书记选派、职责、教育、管理、监督、考核等刚性约束机制，充分发挥了党建工作指导员、群众信访代理员、经济发展领航员、农民群众教导员、支部书记监督员的作用，扎实推动党员领导干部深入基层接"地气"，服务群众充"氧气"，提升本领增"底气"，实现了干部直接联系服务群众"全覆盖"。这一制度入选第二届全国基层党建创新最佳案例。

2.实施信访局"第一局长"制度

采取"1+2"模式，选派1名市级领导干部担任信访局第一局长，并带领1名市直部门正职和1名年轻干部到信访局每天轮流公开接访，实行"首问负责、马上就办、限时办结、办就办好"制度，同时常态化开展"大接访、大下访、大走访"活动，进一步拓宽畅通群众利益诉求渠道，市委书记带头走访"老上访户"，有效化解了社会矛盾。这一制度入选2012年全国优秀地方新政第一名。

3.推行"马上就办"工作法

在不增加人员、不增加编制、不增加经费的情况下，在全市党政机关和窗口服务部门成立101个"马上就办办公室"，配备了40部"马上就办直通车"，开通"马上就办一线通"服务热线，形成了"马上就办办公室""马上就办一线通"和"马上就办直通车""马上就办"工作法，解决群众办事"门难进、脸难看、话难听、事难办"等问题。这一做法入选2011年全国优秀地方新政和"2012年度山东省反腐倡廉工作创新成果"。

（三）建立全覆盖的民意反应机制

（1）针对当前存在的群众正常的利益诉求、民意反映沟通不够的问题，畅通网上、网下干群沟通的"绿色通道"，在政府网站开通了市委书记信箱和网络问政平台，全市74个部门单位一次性上网，明确专人值守，随时在线倾听群众意见和反映的问题，对群众提出的问题进行耐心解答或办结，实现网上访民情、网下解民忧，使干群消除误会、关系和谐。

（2）邀请群众代表和"两代表一委员"参加市委常委会，把市委常委会开在农村一线、企业一线，做到问政于民、问计于民、问需于民、问效于民。

（3）实行第一书记、第一局长信息公开制度和"信访代理制"，直接处理百姓反映的问题、表达的诉求，帮助群众解决问题。

（4）深化"平安夜会"制度，利用农民空闲时间，深入村头农户，听民声、察民意。推行村居干部"联户"制度，建立民情恳谈档案，在一线征求意见，发现问题、解决问题。

（四）建立全过程的群众评价机制

（1）创造性地开展了征求"群众最不满意10件事"和大规模"问政于民、问需于民、问计于民、问效于民"活动，坚持把群众不满意的事情作为市委、市政府工作的重点，先后决策实施了环境整治、公路建设和"大绿化""彬彬有礼道德城市"建设、"一村一医"、失独家庭关爱、全民创业、农村教师免费乘车和"打黑除恶""打霸治痞"双打专项行动等系列民生工程，特别是健全完善了城乡环卫一体化体系，实现保洁员工作、垃圾中转站运转、检查评比、奖惩兑现、秸秆综合利用"五个常态化"；累计投入6.2亿元，两年建成农村公路2248公里，在全省率先实现"村村通""村内通"，基本实现"户户通"；在全省率先实现了农村教师上下班免费乘车，得到群众的热烈拥护和积极参与。

（2）组建4个群众监督评议团，对全市的重点工程、重点项目和干部作风等进行群众评议，接受群众监督和评价，引导各级干部一心为民办实事、做好事、解难事。

（3）建立规范了新闻发布会制度、信息公开制度和网民座谈会制度，创造条件让群众监督。

（五）建立各级领导班子批评与自我批评机制

（1）始终把领导班子和领导干部作为教育实践活动的主体，以完善领导班子民主生活会制度为基础，组织开展了群众路线教育实践活动专题民主生活会，市委常委和各基层党（工）委领导班子均拿起批评与自我批评武器，召开了专题民主生活会，剖析、整改、提高自己做群众工作的能力。

（2）制定出台《关于提高市委常委会议事决策质量的办法》《曲阜市"三重一大"事项决策办法》，进一步健全完善了专题学习制度、调查研究制度、咨询评估制度和决策信息公开制度，推行"一线常委会"和常委倒序发言模式，坚持协商于决策之前和决策之中，创新了常委会"议题、议事、决策、执行""四步"工作机制，提高了常委会议事决策的科学化、民主化水平，进一步增进了班子团结。

（3）建立科学的干部考核评价机制，把能否认真开展批评与自我批评作为检验党员干部党性的一条重要标准，纳入"德"绩考核的主要内容，作为评价和使用干部的重要依据，进一步严明"以德为先、实绩至上"和"重视基层、倾斜一线"的用人导向，形成自我加压、比学赶超、大干快上的良好局面。

（六）执政谋事，本着百姓至上的理念

对待群众，要怀着一颗真心，群众来访，不敷衍、不推诿，不搞"研究研究"、不搞"再等等看"，坚持当场调查、当场处理、马上就办，换位思考、置身事内，将群众的事当成自己的事，用真心解决群众困难，用真情温暖群众心灵，用真诚赢得群众信任。出台政策、执行政策坚持维护群众利益，牢固树立"以稳定促发展、以发展保稳定"的工作导向，加快发展，关注民生，将为民办实事与化解信访矛盾有机统一起来，将改善人民群众生活与构建和谐社会有机协调起来，让最广大的群众享受到改革发展的成果，使人民群众的物质文化生活水平不断提高，切实维护好、发展好群众切身利益，缓解信访这一独木桥的压力。

（七）解决信访问题，要有改革创新的精神

要多研究，探索群众信访工作的规律和特点，切实理清矛盾问题易发多发的领域、原因和根源，工作开展要做到有章可循，有高度、有水平，问题解决要做到有的放矢，有成果、有辐射。要多思考，积极寻求问题应对和矛盾解决的思路和对策，特别是针对"老大难"问题，要在听取民意、了解民情的基础上，做到既严把真实关、政策关和法律关，又注重原则性与灵活性相结合，切实为群众解决一些实际困难，促进社会矛盾和问题的调处。要多深入，将群众工作做到前面，将真心放进去，将架子放下来，深入到农村、社区一线，宣讲政策、发现问题，排除不稳定矛盾和隐患。要多总结，将群众和信访工作定时定期分类分析，提出思考，多给党委、政府提出一些合理化的意见和建议，确保我们的决策更符合民情、顺应民意。

（八）协调各方利益，要坚持公平公正的原则

特别要注重维护群众利益，在涉法涉诉、征地拆迁等各方面问题上坚持公平公正理念，要创新并畅通平等的对话途径，通过见面会、协商会、联席会议、书记信箱、问政平台等形式，平等沟通，平等对话，在法律与政策许可的范围内解决利益性矛盾，实现利益的相对均衡，确保群众拥护，各方满意。要正确处理人民内部矛盾和各社会矛盾，从问题、矛盾的根源入手，坚持依法依规，加大调查排处力度，坚持各方联合、齐抓共管，共同维护和谐稳定的社会大局。要确保社会公平正义得到切实维护和实现，严格执法、依法行政，在社会管理中不搞特权阶层、不搞特殊对待，一碗水端平。

（九）化解矛盾，要有敢于担当的气魄

做好信访工作的根本是"事要解决"，而"事要解决"的关键则是领导责任的落实。要敢于碰难，不能回避矛盾、回避问题，要充分发挥各级各部门主观能动作用，切实增强服务群众、化解矛盾的主动性和积极性。要敢于碰硬，始终坚持依法依规、始终坚持公平正义，真真正正为百姓解决问题，切切实实处理无理缠访闹访现象。要敢于突破，在关键问题上坚持创新，从问题的根源入手、从群众的困难切入，不拘泥于老习惯、老思维，主动在信访问题、特别是老大难问题上求突破、求解决。要敢于负责，要能独当一面，要敢于做决定，始终坚持信访问题"事要解决"的工作理念，做出成绩、做出民心、做出形象。

（十）做群众工作，要有一天也不放松的态度

群众工作要天天抓、时时抓，要将党的群众工作优势和信访工作实际结合起来，拓展群众工作外延，深化信访工作内涵。

（1）健全诉求表达机制，进一步拓展社情民意表达渠道，推动机关干部下访、约访。

（2）健全利益协调机制，找准群众长远利益与当前最关心、最直接、最现实利益问题的切入点，统筹兼顾不同群体的利益诉求。

（3）健全矛盾化解机制，建立人民调解、司法调解、行政调解"三位一体"的社会矛盾纠纷排查调处工作体系。

（4）健全应急管理机制，在市、镇、村设立信访信息员、网络舆情引导员两支队伍，把所有稳定信息牢牢把握在手上，把工作重心由"救火"前移到"防火"，实现信访工作由单一部门独木难撑向网络化、系统性整体作战转变，由单纯被动解决信访问题向提前预警、源头防范转变。

这些都是对传统信访工作模式的突破，也是新形势下信访工作生命力的重要体现。

三、济宁市创新群众工作方法的初步成效

（一）干部宗旨服务意识进一步增强

通过开展干部群众路线教育实践活动，广大干部增强了宗旨意识，了解了群众的所思所盼，增进了同群众的感情，如在城市旧村拆迁工作中，坚持把群众利益作为工作的出发点和落脚点，推动了拆迁工作的顺利开展。

（二）群众幸福指数和满意度进一步提高

广大党员干部从群众最期盼的事情做起，在机关和农村、干部和群众之间架起了服务直通车，密切了党群干群关系，提高了群众的满意度。2011年以来，如，济宁曲阜建成了农村公路和村居街巷道路200公里，所有村居实现了村内通，75%以上的村居实现了户户通，把农村公路建成了群众的放心路、满意路。

（三）群众诉求渠道进一步畅通

干部通过书记信箱、网络问政平台、参与接访或进村入户，直接听取群众需求，了解群众诉求，促进了民生热点难点问题的解决。市委书记信箱共收到群众来信1877件，坚持件件批示、信信回复；网络问政平台先后受理群

众各类诉求、意见和建议 11948 件。2012 年以来，市信访局群众来信来访量明显下降。

（四）社会管理模式进一步健全完善

第一局长"1+2"工作制度是落实中央、省市关于加强社会管理创新要求的具体化。制度的实行，明确了领导干部公开接访目标、职责和要求，切实提高了领导干部抓信访的责任意识，将各镇街、各职能部门"捆"在一起，使人人肩上有担子，各家合力共推进。特别是市委、市政府主要领导率先垂范、亲历亲为，带动了各级干部的主动性、积极性，形成了社会矛盾调处化解上下协调联动、齐抓共管的良好工作格局。

（五）社会和谐稳定大局得到进一步巩固

第一局长"1+2"工作制度将部分干部"害怕接访"的思想扭转为"开门接访"，变不想、不愿、不敢接访为主动服务群众，推进了各类诉求的化解进程。该制度实行一年来，全市信访工作实现了"一个零登记"（党的"十八大"和全国"两会"期间，无进京访），"两个好转"（信访形势、信访秩序持续好转），"三个下降"（来市访总量、集体访总量、越级访总量），"四个100%"（信访隐患排查覆盖率、上级交办积案结案率、网上信访结案率、三级交办信件办结率）。与 2012 年同期相比，群众来访起数下降 32.9%，人次下降 48.7%；集体访起数下降 45.5%，人次下降 45%。

（六）干部作风切实转变，干群关系更加密切

通过第一局长"1+2"工作制度实施，各级领导干部更多地了解到群众所思所盼所求，群众观念、群众路线进一步强化，依法执政、科学决策、服务群众能力不断提升，切实担当起了为党分忧、为民解难、为社会服务的职能，树立起党委政府代言人、群众信访代理人、社情民意表达人的形象；群众逐渐看到了党委政府为群众办实事、解难题的决心和诚意，对党委政府的信任度明显提高，对党委政府的一系列决策部署、一批项目工程建设更加支持与理解，干群关系进一步密切。

（七）经济社会发展进一步提速增质

长期的稳定靠发展，短期的发展靠稳定。实施第一局长"1+2"工作制度以来，实现了来信、来访、集体访、重复访总量下降，信访秩序持续好转的"四下降一好转"，济宁全市上下抓经济、谋发展的精力更加充足了，广大干部群众干事创业的精气神更高了，如2012年，曲阜地区生产总值增长12%，地方财政收入增长27%，固定资产投资增长50%，在济宁市经济社会发展综合考核中，曲阜名列第一；在党政领导班子四项考核指标中，曲阜的经济发展、政治建设和民生民意三大类考核指标均名列第一。

四、济宁市创新群众工作方法的启示

济宁市群众工作方法创新实践的做法和取得的成效为新形势下做好群众工作提供了颇有价值的启示。

（一）做好群众工作必须要有爱心

爱心是做好群众工作的永恒条件，也是亘古条件。做好群众工作要求我们在与群众的朝夕相处中，与群众交朋友，在繁杂、琐碎的生活中解决群众的每一件小事。这就需要我们怀有一颗爱心，怀着对人民群众的深厚感情，在与广大人民群众接触的过程中宣传党的路线方针政策，切实掌握为人民服务的本领。要把他们的所思所想所盼记在心上，解决他们的实际困难，让他们切实感受到党和政府的关怀。

（二）做好群众工作必须要有真心

我们要始终做到真心为群众服务，就要把他们的安危冷暖记在心上。切实关心他们的疾苦，做到认认真真办小事，千方百计解难事，一丝不苟办好具体事，千方百计急群众之所急，想群众之所想，把人民群众的利益放在第一位。始终坚持问计于民、问政于民、问需于民，建立和人民群众的鱼水深情，得到人民群众的理解、信任和支持，维护社会的和谐发展和稳定。

（三）做好群众工作必须要有细心

服务群众的工作首先要求我们做到心细，尤其要多关心困难群众的生产生活，要多关心、勤慰问，帮助他们解决实际困难。以真挚的感情抓好群众工作，脚踏实地为群众谋利益，真心实意为群众办好事、解难事，真抓实干，把对自己工作的评价权交给人民群众，并在这个过程中积累经验，掌握为人民服务的本领。

（四）做好群众工作必须提高化解矛盾的能力

化解矛盾是做好群众工作的关键，随着改革开放的深入，各种社会矛盾开始凸现出来。社会的转型期，也是社会矛盾的凸显期。在这种情况下，能否通过深入细致的群众工作，有效化解各类矛盾，最大限度地激发社会和谐因素，最大限度地减少不和谐因素，是对我们党执政能力的一场严峻考验，也是当前加强群众工作迫切需要解决的问题。提高及时化解矛盾的能力，要从源头上抓起，关心群众的生产生活问题，切实维护群众切身利益。要继续推进基层群众自治制度，把群众的知情权、参与权、表达权、监督权落到实处。要加强信访工作，畅通群众诉求表达的渠道，做到诉求合理地解决问题到位，诉求无理的思想教育到位，生活困难的帮扶救助到位，行为违法的依法处理到位。

（五）做好群众工作必须提高深入群众的能力

深入群众是做好群众工作的前提，提高深入群众的能力，就是要解决真正深入的问题，而不能把下基层作为一种例行公事，甚至是摆样子。深入群众，就是要真正与最基层的群众接触，不仅要看亮点，还要看问题；不仅要听赞扬的话，还要听得进不同的声音。通过深入基层，真正了解群众呼声、掌握基层实情。

（六）做好群众工作必须提高服务群众的能力

服务群众是做好群众工作的保证，要经常深入基层，深入群众，切实解决好与群众生产和生活息息相关的实际问题，切实为群众办实事、办好事，让群众得到实实在在的利益，让群众感受党和政府的温暖。党员干部要到群众需要的地方去嘘寒问暖，到群众困难的地方去排忧解难，到群众意见多的地方去理顺情绪，从各个方面提高服务群众的能力。服务群众，不仅要关心群众的物质利益，还要关心群众的精神文化需求；不仅要关心一般群众的共性需求，还要关心不同群体的特殊需求；不仅要关心实际问题的解决，还要关心心理疏导，积极培育健康、向上、平和的社会心态。

（七）做好群众工作必须提高组织群众的能力

组织群众是做好群众工作的基础，能否有效地组织群众，直接关系到党和政府决策的落实和工作的成效。在利益关系越来越复杂的情况下，组织群众的难度也在不断加大。要有效地组织群众，就要尊重群众，把人民群众的意愿、要求和利益作为想问题、作决策、办事情的出发点和归宿，以扎实的工作为人民群众谋取实实在在的利益。组织群众，党员干部不仅要通过解决群众的实际困难感化群众，更要以优秀的品德修养、过硬的工作作风、良好的公仆形象影响和带动广大群众。特别是在社会矛盾日益复杂，部分领导干部在群众中的威望逐渐弱化的情况下，强调党员干部的形象建设就显得尤为迫切。领导干部品德高尚、自身素质高、形象好，群众就信服，你说话群众就听，就愿意跟着你干，反之亦然。

（八）做好群众工作必须提高沟通群众的能力

沟通群众是做好群众工作的桥梁，沟通群众，就要把党和政府的意志为群众所掌握，同时又要把群众的意愿作为党和政府决策的依据。沟通群众，首先要建立信任，然后才能实现真诚交流。党员干部要得到群众的信任，绝不是靠权力，而是要靠工作业绩和人格魅力，靠做群众工作的方法和本领。党员干部必须具有与群众平等互动、有效沟通的能力和本领，善于把党和政府的政策做到群众的心坎里，转化为群众的自觉力量。同时，要畅通民意渠道，拓宽群众参与公共事务的领域，通过各种有效途径，特别是近些年来发展起来的评议、听证会等制度化方式，保证群众有说话的地方，确保群众意愿充分表达。

第四节 大病医保新政落实面临的困境

大病医保新政的出台无疑给许多普通健康家庭带去了福音，让身患重病者的家属看到了生存的希望。然而这一项好政策是否能够有效执行，将会涉及政府、商业保险机构、合同医院和参保人四个方面。笔者将从以上四个方面对新政落实面临的困境进行分析。

一、政府难于统筹监管

由于各地方的经济发展水平不相当、人口密度不一，国家很难对大病医保统筹资金进行统一的划分规定。国家将大病医保筹资标准下放由地方政府结合地方经济实际情况进行科学合理制定。地方政府在自行确定时，会存在积极性不高或决策失误等可能性，就会导致好的政策在落实时变味走形。地方政府在统筹监管中可能会自身懈怠，各部门间推脱推诿，没有有效执行落实相关精神。

此外，地方政府在全面认真统筹监管时，还会受到外界的阻力。在大病医保筹资方面基金不足时，地方政府和参保个人都不愿意出钱。地方政府如何统筹将会存在困难。在监管方面，商业保险机构在市场化的环境下，以营利为目的，这就存在道德风险。再者，商业保险机构在监管合同医院的相关医疗费用和医药是否合理报销方面存在缺陷。政府很难在此进行统筹监管。对于参保人和医院方面，在参保人患大病在同省市不同医院或是不同省市不同医院转院时或是外地参保人在本地就诊时，报销医药费的比例及手续情况如何，各级政府同商业保险机构及相关医院对此统筹监管时存在很大的困难。

二、商业保险机构难于求实

大病医保新政是由政府主导，商业保险机构承办的方式。商业保险机构在这项利民政策中起着举足轻重的作用，其优势主要体现在专业性、抗风险性、节约成本和提高效率等方面。然而商业保险机构在具体实施时缺乏政府行政手段的干预，并且是以盈利为目的，这导致大病患者在保险后进行报销时存在报销不到位，或拖延报销的情况。并且商业保险机构也没有足够的人力、物力、财力对合同医院进行监督，去厘定哪些医药是合理用药，哪些是可以报销的，对医院提供的医疗费用数据，保险机构难于求实。对保险机构本身也可能存在弄虚作假的现象。

三、合同医院难在公益性质淡化

现在越来越多的医院有片面追求经济利益的倾向。许多医院医风、医生医德不正，医生应该是以救死扶伤为己任，竭尽全力帮助患者脱离苦海的。而现在医院医生都是先付钱再治病。公益心逐渐淡化，大病医保新政是以帮助大病患者解除看病难看病贵为目的的，而有些医院则虚报医疗费用成本价格，造成政府定价虚高。生产销售等流通环节多、层层加价，一些不法药商通过给医生回扣、提成等，增加药品和医用器材的销售量。现行医院的药品收入加成机制，也诱导医院买卖贵重药品、医生开大处方、过度检查和治疗，从而使患者承受不必要的高额医疗费用。再者，医护人员缺乏公益心，对待重病患者不积极以怜悯同情友好耐心的态度服务，对之敷衍了事也会增加大病患者额外的家庭负担，使患者家庭陷入绝境。

四、参保人难在知之甚少

城乡居民特别是农民对于大病医保新政中如何界定大病，大病医保如何进行报销，异地报销是否有困难等可能知之甚少，特别是在医疗这个特殊的信息不对称的市场中，很多人只知道自己参保了，但是具体能享受到什么样的优惠政策都不是很清楚，更不用说用已掌握的信息来维护自身的医保权利。对于各地方的医保基金结余和报销数额，绝大部分参保人都不知情，这样在大病医保中偶然出现大病医保基金不足，再进行筹资时大部分人将不愿意再出资，参保人不知道每年上缴的费用是如何花费的，心中难免会有怀疑和不满。参保人除了由于政府宣传和落实不到位的原因导致知之甚少外，自身也存在不积极去了解、关注、重视的主观原因，导致资源浪费。

五、大病医保新政有效落实的建议

（一）加大政府监督力度

由于各地方经济发展速度不一，国家在大病医保基金的筹资方面没有统一标准。这给地方政府很大的自主选择权，倘若在此方面国家将全国各地方根据经济发展情况和医保报销情况划分等级，规定最低的筹资标准，各地方再在此标准根据具体情况进行自我精算合理确定，这样就形成一个宏观又自主的监督氛围。地方政府在监督商业保险机构和合同医院时，除了要进行行业间互相监督，还要社会监督以及商业保险机构和合同医院双向监督，这样从准入条件有效控制，从向社会公开相关收支情况诚信保证，从医疗收费服务方面强化规范，大病医保新政将会深入人心。

（二）发挥商业保险机构专业优势

商业保险机构在风险测算、保险精算、理赔网点和管理人员的工作经验方面比大多数政府医保经办机构人员更加丰富和专业，由商业保险机构负责管理医保可以节省部分管理费用开支，并且可以提高机构管理效率，最重要的是，商业保险机构出于盈利目的会尽可能地降低运行成本，从而会对医疗费用的监管拥有强烈的欲望：商业保险机构可以通过协商申请在合同医院设立专门的部门协同监管医院医疗服务行为和医疗费用是否合理，并且在医院公布医保报销流程和手续，同时进行医保咨询解答等服务行为，不仅可以为参保者解决疑惑，还能以优质服务打响保险机构的服务品牌，更进一步方便了以后的工作。

（三）官办分开，促进民营医疗机构发展

官办分开，意味着公立医院的监管者和举办者不能是一体的。监管主

体不一定必须是行政部门，监督权也不一定必须拥有行政处罚权之后才能有效实施，我们只需要政府制定强制信息披露规则就可以。行业监管的任务主要由民间组织，比如协会、媒体或律师业来承担。在这样一个竞争充分的市场上，患者拥有的实际选择权，就是最有效也是最具有奖惩机制的。官办分开即意味着医疗服务体系将逐步走向民营化和市场化，要打破以公立为主体的基层医疗机构模式，促进民营医疗机构的发展，可以通过放开医生自由执业制度，吸引优秀的医生去社区举办个体或合伙全科诊所，再就是改革基层医保定点机构集中在公立社区卫生服务中心站、乡镇卫生院的状况。开辟大病医疗绿色通道。对患重大病者开辟专门的绿色通道，实行先治疗后付费的福利政策，通过专门的途径保障了大病患者得到及时有效的治疗，也使大病医保手续问题可以得到高效快捷的解决。不仅如此，对大病患者实行高质量的护理，要求医院培训出更具针对性的专业性护理医疗团队，从而使大病患者得到很好的治疗并早日康复，而最终可以节省一笔巨额的医疗费用的开销。

（四）加大宣传力度，灌输医保意识

对于参保人缺乏一定的医保知识，省市县乡村可以加大宣传力度，通过网络、手机短信、开讲座进行宣传医保知识，并定期组织学习，同时实施奖惩措施对于不积极参与者，可以在其报销时将比例进行一定削减，这样有利于加强人们的医保意识，对于后续的管理和医疗纠纷在一定程度上起到了有利的作用。此外，参保人应该有自由选择首选诊所的权利，促进基层医疗机构的竞争参保人自愿注册选择家庭医生，家庭医生按照注册人头获得医保支付和公卫补贴，完成基本医疗服务包和公卫服务包要求的服务内容，由此建立竞争性的全科医生社会"守门人"制度。

第五节　破解"看病难、看病贵"难题

如何破解"看病难、看病贵"这个老大难问题，经过深入实际调查研究发现"看病难、看病贵"有六大病因，如何综合治理"看病难、看病贵"问题，成为人们议论的重要话题，要想真正减轻人们的医疗负担，必须立足"看病难、看病贵"这个实际情况，有针对性地来彻底解决"看病难、看病贵"。

一、"看病难、看病贵"六大病因

据调查发现"看病难、看病贵"问题很复杂，主要有以下 6 个方面的难题。

（一）部分城镇居民收入水平过低

据了解，大部分老百姓由于经济收入低，无力支付医药费用，连基本的医疗需求也得不到满足，尤其是破产企业、困难企业职工只能靠每月三四百元的退休金或低保金勉强维持生计，无力承担医疗服务费用支出。而城乡贫困人口的贫困原因有四分之一到三分之一与疾病直接相关，在农村贫困户中有 50%是因病致贫或因病返贫。无钱看病，因病返贫，加重了百姓对疾病风险的恐惧心理，也成为社会的热点问题。

（二）医疗保障体系不健全

据有关材料显示，我国医疗保障覆盖水平不高，50.4%的城市居民和87.4%的农村人口没有医疗保障，购买商业医疗保险的仅占 9.35%，享受各种形式医疗保障服务的主要是机关、事业单位的管理人员和专业技术人员。此外，基本医疗保险制度和管理还存在不完善的地方：一是整体处于低水平的状态，个人负担偏重，按设计职工个人负担为 25%左右，但不少地方参保人的实际负担达到或超过了 40%，医疗保障程度低，抗风险能力弱。二是覆盖面小，以济宁市为例，一些破产企业、困难企业以及农垦、森工系统职工等没有医疗保险。农民互助合作意识差，参加新型合作医疗的意识和积极性有待提高。

（三）医疗资源分布不合理

目前，卫生资源配置不合理，资源过度向大医院集中，农村和社区卫生资源短缺，城市的二级医院闲置，同时社区和农村医疗水平低、设备差、急救急诊水平不高，导致病人到城市大医院救治，增加负担。我国的城市医疗资源占总量的80%，属优良资源，基本在县、市以上医院。农村医疗卫生资源占总量的20%，多为不良资源，并存在人才老化、专业水平低、设备落后、基本设施欠缺等问题。以济宁为例，基层卫生功能不健全和缺乏有效分流机制以及就医趋高心理，无论大病小病，人家首选大医院就诊，城乡居民就诊流向进一步向上级医院集中，从而导致一方面基层医疗机构资源利用率和技术水平下降，另一方面也使大医院的资源得不到合理利用，大医院看小病、常见病，人满为患，加剧了"看病难、看病贵"的现状。

（四）药品和卫生材料价格虚高

药品和卫生材料价格国家实行企业成本盘报成本申报制，企业虚报成本，国家定价机制存在问题，导致确定的价格是成本价格的十倍甚至几十倍。近几年，对药品实行招标采购，形式上很好，但效果不佳。药品和卫生材料虽然实行了招标采购，但并没有达到通过招标真正实现价格下降的目的。据调查发现，群众反映强烈的问题主要在于：一是出现了因为实行招标加大了药品成本，增加了流通环节，甚至滋生了新的腐败问题。二是现行的招标采购方法没能将药品价格真正压实，一些企业拒绝降价，招标"一招就死"或者是价格降下来的品种因为利润小或企业拒绝供货。三是一些药品出现了招标后的价格比市场流通价格还贵的现象，招标后的药品，往往在医院还可以二次议价，出现再次降价不可思议的现象。四是招标后的厂商有很大的操作空间，促销商无孔不入，利用医院管理漏洞，绕过医院管理层，直接把药品及开单提成交给医生。有的医生国产药、普通药品不用，专用进口药、促销药，甚至不顾病情乱开处方。一些医院购置大型设备，为了尽快收回成本，便给开单医生高额回扣，医生便乱开单检查，过度服务。

（五）医疗机构片面追求经济效益

由于政府投入不足，医院市场化经营，自主创收，医院为了生存发展，把经济利益放在首位，在激烈的市场竞争中，为了获得更多的经济利益，不断扩大规模，购置先进设备，建设高档病房，甚至发生过度检查、开大处方等服务。由于财政补贴不足，医疗机构服务收费标准偏低，药品收入成为医院的主要经济来源，出现"以药养医"现象。在医院的总收入中，药品约占48%，医疗收入约占47%，而财政拨款仅占5%左右。济宁市各级医院药品收入一般占总收入的40%，小医院要占到50%以上。小医院在医疗竞争中，为了争取多分得一块服务"蛋糕"，不顾医院功能定位，一律从事营利的医疗活动，追求"大而全""小而全"，医疗成本居高不下，加重了患者负担。

（六）政府投入不足

公立医院是公益性质的福利事业，应由政府投资举办。目前的现状是政府投入严重不足，对医院的拨款越来越少，政府把公立医院推进市场，用市场机制经营公益事业，公立医院用市场经济手段经营医院，公益性质淡化，追求经济利益倾向明显。医院要养活自己、留住人才、购置设备、引入先进技术、改善环境、宣传品牌等，都需要大量资金投入。据统计，政府每年对医院的投入不超过医院业务支出比例的十分之一。以济宁市为例，医院只能靠自主创收求生存、谋发展，最终将生存和发展成本转移到患者身上。

二、"看病难、看病贵"成顽疾

据有关材料显示，群众有病看不起的达48.9%，农村则高达64.7%。据调查，"看病难"问题在我国农村表现突出，乡镇卫生院骨干人员少，设备严重不足，加之交通不便，农民普遍感到"看病难"，而"看病贵"无论是城市还是农村均不同程度存在。随着国家医疗体制的改革，中央财政预算中卫生支出占全国卫生总费用的比重逐年下降，而个人卫生支出占卫生总费用的比重则逐年上涨。目前，政府在全社会卫生总费用中扮演的角色呈现弱化，而个人医疗支出在卫生总费用中所占比重还在不断加大。在基层调查时也了解到，一些困难群体因病致贫、因病返贫现象比较严重，一些农村流传着"小病抗，大病挨，实在不行往医院抬"的顺口溜，反映了农民患病后无力看病的状况。"看病难、看病贵"问题也引起了各级政府的高度关注。据了解，近几年收到全国人大代表建议 1413 件，政协委员提案 1379 件，占两会建议、提案总数的 7.2%，是卫生部承办建议、提案工作以来数量最多的一年。要真正解决"看病难、看病贵"成顽疾，必须从制度上，国家下苦功夫，有针对性的把"看病难、看病贵"成顽疾彻底解决好。

第六节　推进农业农村建设应做到"四个切忌"

在推进新农村建设中，为了避免出现偏差和走弯路，必须立足当地实际，按照党的群众路线教育总要求，认真学习贯彻党的十八届三中全会精神，不能把中央确定的新农村建设总体目标割裂开，变成部分干部争相展示政绩的良机，把一项必须经过长期努力才能实现的目标简单化，急于求成，导致欲速则不达的后果。要充分认识到建设社会主义新农村的艰巨性、复杂性和长期性，必须做到"四个切忌"。

一、要健全制度，完善机制，坚持不懈，切忌"朝令夕改"

习近平总书记指出：制度更具有长期性、稳定性、根本性。建设社会主义新农村是一项艰巨而长期的任务，必须要坚持不懈、持久不断地抓好这项工作。因此，在建设社会主义新农村过程中，必须将统筹城乡发展、以工补农、以城带乡的政策措施，以及近年来促进城乡发展的成功做法、新鲜经验用制度形式固定下来，长期坚持下去，在落实上下功夫，切忌朝令夕改、半途而废。要按照公共财政体制的要求，合理调整财政支出结构，逐步加大财政反哺农业的力度，建立健全财政支农资金的长效增长机制；要制定政策，调整补贴重点，加大补贴力度，建立健全政府对农业的长效补贴机制；要形成功能完善、分工合理、产权明晰、监管有力的农村金融体系，建立健全金融对农村的长效供给机制；要深化改革，注重公平，保护农民劳动和生活的生存基础，建立健全征用农村土地的长效补偿机制；要正确引导，改善服务，加强教育，建立健全农村劳动力长效转移机制；要促进城乡产业融合，实现城乡产业一体化，优势互补，分工合作，建立健全加快农业发展的长效经营机制，等等。通过这些长效机制的建立，确保以工促农、以城带乡的各项支农、惠农、强农政策落到实处。

二、要上下联动，齐抓共管，形成合力，切忌"单打独斗"

社会主义新农村建设涉及方方面面，必须举全社会之力，动员各行各业、各级各部门、社会公众参与。最近，中央有关部门已着手出台了一系列的支农、惠农、强农政策，各级各部门应抓紧制定相关的配套措施，积极落实中央支农、惠农、强农政策，加大对农村的投入，形成一级抓一级，一级带一级，层层抓落实的良好格局。同时也要看到，农民是建设社会主义新农村的主体。新农村不能指望财政"补"出来，也不能靠各部门"帮"出来，最终还要靠广大农民的致富劳动和农村的各项建设来实现。因此，要充分调动广大基层党组织和农民的积极性、主动性和创造性，教育他们发扬吃苦耐劳、艰苦创业的优良传统，在各级各部门的大力帮助和扶持下，积极投身到社会主义新农村建设中，争取早日建成社会主义新农村的美好家园。

三、要尊重实践，尊重民意，因地制宜，切忌"一刀切"

．尊重实践，尊重群众，是党的群众观点、群众路线的具体体现，也是建设社会主义新农村应该把握的基本原则。在建设社会主义新农村中，一定要切忌违背实际、违背农民意愿，搞一些政绩工程、形象工程，损害农民群众利益。前几年，一些地方的领导干部为捞取政治资本，个人的升迁，不顾本地群众意愿，急功近利，搞"逼民致富"、搞短期行为，追求脱离实际的"形象工程""政绩工程"，其结果是把群众辛辛苦苦挣来的钱，白白地扔进"大海"里，连点响都没有。这样的行为严重损害了党的形象，侵害了群众的利益，引起群众强烈的反感。因此，在建设社会主义新农村过程中，一定要坚持党的群众观点、群众路线的科学发展观，树立正确的政绩观，真正把群众拥不拥护、赞不赞成、高不高兴、答不答应，作为想问题、作决策、办事情的根本出发点和落脚点，把群众满意作为"第一追求"，把群众的富裕作为"第一目标"，扎扎实实为群众办实事、谋实惠，真正把建设社会主义新农村办成群众满意的工作。

四、要坚持立足当前，着眼长远，积极稳妥，切忌"急躁冒进"

中央提出建设社会主义新农村后，一些地方习惯地拿起了以往"搞活动"的套路，有的制定了"一年农村大变样，两年旧村成新村，三年乡村变城镇"的计划蓝图；有的则干脆着手在农村大建统一设计的农民别墅，或者开始了示范点的建设，试图以一两个示范点的完成应付整项工作。这些认识和做法体现了一些地方把建设新农村短期化、运动化、形式化的危险趋向。要看到，社会主义新农村建设是一项系统的、复杂的、长期的工程，是今后相当一个时期需要长期坚持的工作，需要一代甚至几代人才能完成的事业，不可能一蹴而就。在这一点上，各级领导干部一定要保持清醒的头脑，切忌急躁冒进。应该看到，我国离城乡一体化的目标还有一些距离，实现农村城镇化还有相当远的路要走，农村大部分地区仍然贫穷，农民绝大部分仍然过着和城里人截然不同的生活。改变这一面貌需要投入很大的资金。同时，我国各级财政实力总体还比较薄弱，多数基层政府还是吃饭财政，在短时期内也难以拿出太多的钱补贴农村。因此，各级党委、政府现在要做的不是提出多么大的口号，制订多么宏伟的计划，而是应该认真研究我国农村的实际，立足当前，从老百姓当前最需要、最困难、最希望的事情做起，一步一个脚印，脚踏实地，扎扎实实，积极稳妥地推进社会主义新农村建设。

第七节　农村消费旺起来尚需迈过"四道坎"

据有关材料显示，目前我国农村人员占全国人口的 70%以上，而农村消费品零售总额占全社会消费品零售总额的比重却逐年下降，只有 30%左右。针对农村消费市场"启"而不"动"的现象，农村消费的"冰冷症"，笔者经过长期调查研究并认真思考分析，就目前农村消费市场旺起来还需迈过"四道坎"。

一、保障坎：后顾之忧大—即期变远期

与一些发达国家相比，目前我国的社会劳动保障体系还不完善，医疗、卫生、教育、养老等社会保险范围还不大，在农村更是如此，极大影响到城乡居民的消费倾向。缺乏完善的社会保障体系，是目前我国城乡居民特别是农民消费率偏低的重要原因。由于受城乡二元结构的影响，我国农村社会保障严重滞后于城镇。在农村，上学难、治病难、养老难已是普遍现象。而近年来，随着我国教育、医疗服务价格的上涨，农民对未来支出的预期大大增加，进一步降低了农民的即期消费支出。农民心声：来自济宁乡镇的农民工陈某说，现在虽然挣了点钱，但还不敢随便花，今后看病、小孩上学和老人养老都要用钱，而且这笔钱数目还不小，只能是有点钱就攒着。现在国家已经对农村义务教育实行了"两免一补"政策，还扩大了农村合作医疗的覆盖面和保障力度。但对农民来讲，"看病难、上学贵"的现状还没有得到根本解决，一些地方还存在"一人上学，全家吃糠"的现象。国家应适当降低教育、医疗等公益部门的消费价格，采取措施控制其对消费者的超额支出，对

价格虚高、给老百姓基本生活成本带来巨大压力的消费也应进行控制。努力使百姓对未来预期不断看好，消费需求不断释放。

二、环境坎：商品不放心—消费不安心

近年来，随着国家对市场监管和整治力度的加大，商品市场秩序有所改善，但在部分地区特别是农村市场，掺杂使假花样翻新，假冒伪劣仍很严重，采用虚假广告、虚假打折等误导消费者和不正当竞争现象不断出现，严重损害了农民的利益。据商务部去年对全国1万户农民进行的问卷调查，75%的农民买过假冒伪劣商品。农民心声：济宁农民田某说，过去农村买东西难，现在东西倒是多了，可我们又要担心能不能买到放心的商品。农民大多文化水平不高，很难看出商品是不是假冒伪劣，等买到手后悔又晚了。最痛恨的是假化肥、假种子，一旦买到，一年的收入就没有了。

现在农村深受假冒伪劣商品之害。城市的消费环境逐年得到改善，可一些假冒伪劣商品又跑到农村了。有关部门要加大治理力度。使商品市场秩序实现好转，为农民创造一个安心的消费环境。

三、配套坎："公共"不普及—消费难升级

据有关材料显示，目前，农村家电普及率与城市相比还要落后10年，如彩电的普及率只有城市的一半，电脑更少。但是，有相当一部分农民家里没有电视，不是农民买不起电视，而是很多相关的配套设施不完善，如有些地方电压不稳，或是电视接收信号不好，或是电价偏高。再如，洗衣机，很多农民没有购买，主要是水的问题，因为在农村约有60%的地方还没有通上自来水。

家住济宁农村的李某说，我们买彩色电视、冰箱、洗衣机的钱是准备好了，但就是不敢马上买。现在农网改造还没有完成，自己的村子里三天两头停电。另外，现在吃水还靠土井，再高级的洗衣机也白搭。我们羡慕城里人能大大方方地消费，但自己还看不到马上消费升级的希望。长期的城乡分割

导致农村公共产品十分缺乏。拉动农村消费市场的公共配套处在低级水平上，有些地方甚至根本没有刺激消费的硬件环境。公共产品跟不上，带来的一个直接后果是农民消费升级难。就一般意义上讲，只有完善的公共设施配套，才有活跃的农村消费市场。在广大中西部地区，的确存在"买了电视没有电、买了汽车没有路、买了洗衣机没有水"的问题，这些公共设施还是要靠政府财政来解决。

四、收入坎："钱袋子"不鼓—"冰冷症"难消

虽然收入连年增长，但评价农村居民家庭富裕程度的恩格尔系数仍然较高，达到 45.5%。农民心声：家住济宁的农民高某说，虽说这几年收入上去了，但和城里人还是没法比，一年的收入除了吃、穿外也剩不了多少钱，能用来买电器之类的钱真不多。要让农民敢于消费，先要让农民的"钱袋子"鼓起来，如果没有真正让农民富起来，农民就很难有消费的欲望。现在大多数农民虽然衣食无忧，但还没有实现富裕，城乡之间的收入差距还在不断拉大。

第八节　促进新型城镇化中农民工市民化的路径与模式

城镇化的核心环节是人的聚集，若没有亿万农民向城镇集聚并实现市民化，城镇化战略将难以彻底实现。同济大学可持续发展与新型城镇化智库专家程名望教授结合西方发达国家城镇化的经验和教训，从新型城镇化视角分析了我国农民工市民化的路径与模式的选择问题，认为农民工市民化的有序推进，应该考虑大、中、小城市多头并进，但要优先考虑小城镇。同时，国家需要制定战略和规划，但不能过多强调行政手段，而应该尊重市场主体。其观点对上海和全国农民工市民化及新型城镇化的推进有一定的启示和借鉴意义。

一、目前农民工市民化的主要形式是"候鸟式迁移"

城镇化的推进，必须考虑中国的特殊国情，特别是农民工的实际诉求与处境。首先，农民工有较强的意愿成为市民并在城市安家立业。以国家统计局上海农调队"上海市外来人员情况调查"为例，有41.29%的样本选择"在上海安家立业"或"去其他地方发展"。其次，从实际情况看，农民工实现永久性迁移的比例很低。以自有住房为例，全部样本中"拥有自购房"的比例仅为3.29%，而高达60.03%的农民工居住的是租赁房。由此可见，目前农民工市民化的主要形式是候鸟式迁移，而非永久性迁移。目前，农民工在城市和农村之间是候鸟式迁移的状态，是中国城镇化推进中的一个必然阶段。其主要原因有两个方面：一是经济因素。二是制度或政策因素。就经济因素看，农民工收入水平不高，仅凭务工收入，农民工群体很难实现在城市购房和安家立业的梦想。就制度和政策看，不仅二元经济导致的城乡鸿沟短期内难以完全消除，而且基于二元经济的户籍制度、养老保障等系列制度和政策也难以在短期内彻底消除。因为要让全体农民享受与城市居民同样的社会保障，还需要很大的资金投入。

二、农民工市民化模式选择：大、中、小城市多头并进，优先考虑小城镇

就国际经验看，城镇化的基本模式有三种：大都市群、中小城市圈、适宜行走的紧密型城镇。农民工是城镇化的重要主体，其行为和选择对于我国城镇化模式具有重要作用。目前的情况是，农民工选择在大中城市打工挣钱，在家乡的乡镇或县城买房，在农村还有宅基地。这会导致乡镇的住房空置率很高。如果在农民工买房的中小城镇有比较好的就业机会和创业环境，那么他们在那里生活和工作，将是一个比较理想的状态。这种状态对应的城镇化，在美国被称为适宜行走的紧密型城镇化，也就是国内学者常说的小城镇化。农民工既是经济人，又是社会人，影响其迁移决策的，不仅仅是经济收入，还包括基础设施、医疗、教育等基本公共服务等非经济因素。综合比较以上

诸多因素，无论生活在城市还是乡村，大都市还是小城镇，当农民可以获得无差异的效用或收益时，就没有了迁移的意愿和动力。这个点是一个均衡点，也就是在这个均衡点，中国城镇化才算基本完成。就中国实际来看，农民工市民化的有序推进，应该考虑大、中、小城市多头并进，但要优先考虑小城镇。同时，中国城镇化的推进，国家需要制定战略和规划，但不能过多强调行政手段，而应该尊重市场主体，特别是农民工市民化的行为选择，要按照市场主体的行为决策顺势而为。

三、农民工市民化的政策建议

（一）要结合新型城镇化，注重城与乡、人与人、人与自然之间的和谐发展

和传统城镇化相比，新型城镇化最关键的是要和谐发展，主要包括三个方面：第一是人与自然之间的和谐，就是我们在发展经济的同时要重视资源节约和环境保护；第二是人和人之间的和谐，要益贫式增长和包容性增长；第三是城乡之间的和谐，不仅要考虑工业增长，还要考虑粮食安全问题。

（二）要结合产业转型，注重与经济发展的协调和相互促进

农民工主要集中在劳动密集型的制造业或建筑业，而随着产业升级，劳动密集型产业逐渐转向资本和技术密集型。在此背景和趋势下，服务业和高新信息技术产业开始成为推动城镇化的主导产业。因此，农民工市民化的推进，应该和产业转型和升级结合起来。在重视粮食安全和农业发展的基础上，更应重视新型工业和现代服务业对城镇化的支撑作用。

（三）要尊重农民工的市场主体地位，发挥市场机制，并鼓励农民工经商和创业

政府部门要相信农民工的理性和"看不见的手"的力量，侧重于战略层面的指导、规划或引导，而不是采用行政性手段进行直接干预。一方面，要相信农民工的创业意愿和能力，另一方面要提升农民工素质，制定相关政策，鼓励农民工创业。

（四）重视基本公共服务建设，尽快消除制度障碍

农民工市民化的实现，要逐步取消现有的户籍制度。同时要完善现有的养老保险、医疗保险、失业保险、工伤保险、住房保障、最低保障、子女入学等系列制度或政策，完成对农民工社会保障的覆盖，逐步实现农民工公平享受城市公共资源和基本公共服务。当务之急是加快财政体制改革，解决因财政分割造成的各地政府对农民工均等享有本地区的公共资源的排斥性安排的困局。需要建立农民工公共服务的转移支付制度。

第四章　改善农业农村生态发展环境

第一节　生态建设体制机制障碍与解决途径

对中国来说，"十三五"时期一个主要任务就是实现经济结构的优化调整和经济发展方式的绿色转变，而衡量这一转变是否成功的一个主要依据就是生态环境尺度。保护生态环境必须依靠制度。科学合理、行之有效的制度是凝聚社会共识、实现科学发展、成就美丽中国的根本保障。

一、现状与问题

我国环境状况总体恶化的趋势并未得到根本遏制，环境治理所取得的成果与人民群众的环境诉求之间的缺口依然很大，并且，环境问题对于企业、政府形象的影响越来越突出。

（一）治理主体错位

环境治理主要涉及政府和企业两大主体。但是，政府主要侧重于地区、行业、产业等"大环境"的治理，审查、监督和控制是政府发挥效能的主要手段，其目的首先是为了维护公共环境空间的可持续发展，而不是资本利润，相比之下，企业是生产经营的主体，它主要负责自身的从原料采购、生产加工到制成产品整个流程的"小环境"治理，而实现经济效益是其根本目的。在现行体制下，由于信息传导机制的不及时和不透明，以及"事不关己，高高挂起"实用主义心态，社会公众对政府环境政策和企业环保信息的不关心或片面性认识是不争的事实，在此情况下，担当环境治理和监管的主要是政府和企业这两大主体。但是，由于政府掌管着审批权、监督权、管理权和控制权，民众认为，许多环境问题的责任主体和管理主体似乎必须是政府，而不是企业，政府在环境治理问题上有无限的责任，所以，当因为环境问题而导致的群体性事件发生时，政府基本上都是老百姓的申诉主体。在此情况下，企业也是"见眼色行事"，只有政府或民众盯得紧，他们才会出来配合治理，否则，企业不会积极主动承担环境治理责任。

因此，如果单纯从环境治理的末端切入，我们很容易发现，民众对此问题的认识、参与和抗争往往具有片面性，而企业则是能避则避、能逃则逃，唯有政府"一枝独秀"。在此情况下，政府的监管范围和职能只能被不断强化，其必然加剧两个向相反延伸的可能性，即政府的越位行为和企业的规避心理。

（二）治理时效延后

长期以来，我们国家形成了一个较为普遍的社会心理，即没有污染就没有治理。"先污染，后治理"的治理模式便是这种社会心理的直接结果。表现为，尽管我国各级政府对于化工、医药、橡胶、制革、印刷等污染可能性较大的企业有严格的审批流程和监管环节，国家也相应建立了许多治理环境的法律法规，配备了专门的环境执法人员队伍和财物保障，但是，总体来看，政府对环境问题的管理重点似乎在行政审批以及投入生产的前半段，后期的持续性监督和控制则比较松散和缺乏，而且力度也在逐渐放缓。

此外，上述社会心理还导致了一个十分严重的结果，那就是加剧了各类污染主体的"捞一把算一把"的投机心理，受其驱使，企业请报批、人员配置、资金准备、设备投放等环节中会有意规避政府的监管，这为切实有效的环境治理增加了难度。

（三）违法成本较低

在一定时段内，自然界只能默默承受人类排放的各类污染物，即使自然界会以另外的方式来"惩罚"人类，但是，形成这一惩罚的过程有一个时间、数量、程度的积累过程。自然界物质代谢过程的长期性、缓慢性为人类的盲目行为、短视心理和投机行为奠定了可能，而这种可能性恰好与现行的事后治理模式相契合。反映出来就是：如果政府、社会监管不力或缺失，那么，许多企业必然会顶风作案，利用各种隐蔽的方式和手段偷排污染物。最成问题的是，企业总是要考虑效益和成本之间的关系，其一切行为都必须有利于产值增加和利润增长，它们是生产的主体，而非治理的主体，在许多企业家看来，环境治理说到底是"赔钱的买卖"，他们看不到这一部分成本投入之后所产生的正反馈效应。此外，由于我国法治环境的总体偏软，许多实力雄厚的大企业并不惧怕环保罚单，因为这类罚款的额度相对于其经济实力而言往往是"九牛一毛"，许多企业正是抱着"大不了挨一次罚款"的侥幸心理或应付心态在从事生产经营活动。

（四）资金支持乏力

环境治理是一项"投入多、周期长、见效慢"的社会公益工程，所以，政府必然是环境治理的首要主体，这一点与政府的服务职能高度契合。但是，我们要清醒地看到，无论是国家财政还是地方财政，单位时段内其总量和规模都具有有限性，其用于环境项目的数额也是有一定的限度，这为许多环境治理问题上的"有心无力"奠定了前提。此外，在现实生活中，政府许多环境治理专项基金或补贴在实际的投放和监管环节有待加强，主要表现在：资金投放不集中、资金的使用缺少监管，这为环保资金市场的混乱奠定了基础。

相比之下，受逐利动机和自身财力的影响，社会资本用于环境建设的数额相对较少，即使有少数的企业或社会组织参与环境治理，但是，"能耐得住寂寞"的少之又少，所以，许多环保项目基本上都不具有可持续性，而已经有所改观的环境突然恶化便是这种原因所致。

在环境监管过程中，由于生产设备和管理水平的差异，不同企业对污染物的理解标准偏差较大，这一点尤其反映在对"地方标准""国家标准""欧洲标准""国际标准"的理解上。在此问题上，环保部门也非常头疼，很多标准无法统一执行也是不争的事实，许多"非标产品"的不断出现就是这种现实的一个侧面反映。

尽管"十二五"时期我们的各项环境保护指标基本完成，但是，我们必须清醒地看到，"十三五"期间环境治理的担子依然很重。从本质上看，治理主体单一、治理时效滞后、治理成本高昂、治理资金足、地方强势祖护等主客观因素依然大量存在，正是这些因素的存在，中国"十三五"时期资源约束趋紧、环境污染严重、生态系统退的形势依然严峻。要切实建设美丽中国，实现中华民族的永续展，我们必须深究影响环境治理的深层次原因，从而为有针对性地出对策建议奠定基础。

二、成因分析

总体而言，我国的环境问题是多种因素综合作用的结果，如，较多的历史欠账、低水平的社会发育度、缺乏忧患感的环境观、GDP 为中心的绩效观、低下的立法执法效能、监管上的条块分割、从业人员的素质低下，等等，都有可能直接导致环境问题的不断恶化。"十二五"时期，这些不利于环境建设的因素依然存在，我们必须对其给予充分的重视，要运用系统性思维进行认识和排除。

（一）政绩考核机制

众所周知，政绩考核机制是中国官员思想和行动的"指挥棒"，GDP 则是充实这根指挥棒的主要内容。在我国改革开放和市场经济的发展过程中，尽管中央和地方都十分重视和强调精神文明、环境治理、科技教育等工作的重要性，但是，在实际生活中，GDP 这个硬指标对官员和政府的影响力实在太大。如果一方官员不注重发展经济，只知保护碧水蓝天，其提拔和晋升必然大受影响。

最关键的是，在我国现行的行政管理体制下，上级组织和下级组织之间是一种自上而下的垂直管理机制，上级组织掌控并监督着影响下级组织发展的财政审批权和人事议定权，在这种机制下，上级组织"在乎不在乎、满意不满意、高兴不高兴"往往是下级组织思虑的重点，这便是"对上负责"而不是"对下负责"产生的体制根源，这一点与我们党始终强调的"全心全意为人民服务"的宗旨格格不入。在对上负责逻辑的催生下，名目繁多的"政绩工程""献礼工程""面子工程"的纷纷上马就显得非常合情合理，这便是错误的政绩观产生的体制性根源。于是，在体制惯性的驱使下，地方政府只能随着上级政府注意力的转移而转移，因为上级组织掌管着他们的政治前途。在此情况下，地方政府只能以一种应付性心态去认识和处理生态环境问题，我们的许多环境法律法规政策之所以不能得到持续和完整的执行都与此有关。如果不转变这种落后的政绩考核机制，生态环境问题只能是"治标不治本"。

还有一个十分矛盾的问题是，在地方一级的人事任命过程中，环保部门的主要领导由同级的党委和政府任命，在此情况下，环保部门无法切实有效的监管市委市政府的相关项目，或者说，在同级的组织部门和领导之间的监督制约机制相对缺乏，这也影响了环保部门环境监管职能的发挥。如何理顺工作机制也是一个亟待研究的问题。

（二）环境法治机制

从1979年首部《中华人民共和国环境保护法（试行）》颁布至今，我国政府先后颁布了20多部与环境和资源保护有关的法律法规。为了促使这些法律法规发挥实实在在的效力，政府和社会都付出了相当大的人力、物力和财力。环境法制运行的30多年，也是我国环境改善、能源节约、民众环保意识进步的30年。我们不能否认这些法律机制对于生态文明建设的积极意义。但是，总体而言，我国的环境法律机制依然存在两个不足：一是立法的数量多，质量低。如宪法支撑不足，环境基本法滞后，环境法体系中起支撑性作用的规模范文本缺位，环境基本法效力层级低，关键问题规定不合理（比如补办环评、处罚成本低、公益诉讼的制度障碍等），环境标准落后等。环境立法体制涉及中央立法体制和地方立法体制。二是执法的效果差，尤其是政治和经济因素对环境执法的干扰太多，权大于法和效益优先便是其突出的表现。此外，在环境法制运行中，部门之间职能模糊、层级之间推诿扯皮、执法手段粗暴单一、从业人员素质较低，都是不争的事实。

所以，从总体上说，环境治理的法治环境偏软是必须尽快解决的问题。有法不依、执法不严、违法不究是环境治理过程中经常遭遇的事实，偏软的法治环境是各类污染主体法治意识淡漠，敢于铤而走险的外部诱因。在此情况下，我们其实是在有意无意地纵容违法，这一点必须引起社会各界的重视。

（三）生态补偿机制

在某种意义上，生态文明建设是一项投资大、见效慢的工作，所以，许多人都会以为，"守住青山绿水，日子会过得清汤寡水"。为了提升经济效益，许多地方政府基本依循"靠山吃山，靠水吃水"的思路来实现发展，这为过度的开采和掘取奠定了心理基础。但是，我们也要清醒地看到，由于产业和区位的约束，资源型城市所收获的经济成果往往非常有限，并且，在一般情况下，这些城市必然要遭受环境污染、资源枯竭的危险后果。

为了平衡地区收入差别，近年国家一直在探索出台生态补偿条例。但是，从目前的情况看，这一机制的建立需要在如下问题上达成共识：顶层设计方面，国家补偿和地方补偿如何区分与对接？生态保护区和资源开发地的补偿标准如何制定？对于许多以农、林、牧、矿为产业支撑的中西部地区来说，发展的任务十分艰巨，如何使生态补偿资金用于这些地区的产业升级和结构调整上？谁来监督生态补偿资金的流向、分配和使用？如何建立海洋生态环境补偿机制？

可见，要真正建立和落实生态环境补偿机制，还有很长一段路要走。"十三五"期间，生态补偿机制必须尽快出台，它既有利于平衡地区间收入分配的不平衡，又有利于及时修复和改善资源输出地的自然环境，它是实现又好又快发展的必修课。

（四）社会监督机制

只有全社会都积极行动起来，环境的治理和改善才有可能。"十二五"时期，社会监督机制的健全依然是一个重要课题。尽管社会各界的环保意识已有相当程度的提高，但是，有两个重要方面不容忽视：一方面是社会成员的环保意识和环保积极性依然需要提高，许多"三高"项目的建成与社会成员的心理容忍度有关，在有些偏远地区，老百姓对一些极可能产生污染的化工、医药企业毫不知情，即使看到了污染，由于缺乏相应的维权意识，他们也只能睁一只眼闭一只眼，这为那些不法企业的违规生产奠定了基础。另一方面是许多污染项目从报送、审批到投产没有经过充分的社会酝酿，尤其是非常缺乏社会听证和社会公示环节，在信息不公开、不对称的情况下，老百姓往往不知道一些企业的生产内容和经营范围。此外，有些地方政府为了获取政绩，"问题企业"不仅没有得到有效治理，还是政府的座上客。在此情况下，社会的有效监督必然缺失。上述四类机制是当前影响环境治理的主要矛盾或矛盾的主要方面，其中，政绩考核机制在所有机制中占据主导地位；环境法制机制是促进环境治理法治化、规范化发展的重要保障；生态补偿机制是调节地区不平衡发展的关键手段；社会监督机制是促进环境治理常态化、持续化的外部保障。除了上面所说的四类机制之外，环境事故问责机制、环境事件应急处理机制、环境损害赔偿机制等也是影响"两型社会"建设的重要机制。只有更新或完善这些不利机制，实现经济社会又好又快的发展才不是梦。

三、对策与建议

环境意识和环境质量是衡量一个国家文明程度的重要标志。"十三五"时期，生态文明建设是贯彻落实科学发展观的重要抓手，它必须充分体现经济建设、政治建设、社会建设和文化建设等几大关键领域。在一定意义上，我们甚至可以说，能否理顺生态文明建设的体制机制，直接关乎经济发展方式转变的成败。

（一）必须更新短视的经济政绩观，代之以生态政绩观

在本质上，以经济为主导的政绩观不可持续，而以生态为主导的政绩观可以持续。为了谋求巨大的经济效益，许多自然资源（如矿产资源、海洋资源、植被资源等）已被人类过度开发，许多物种已经濒临灭绝。由于快速的工业化和过度的消费主义，自然界的自我代谢能力与人类的破坏效力之间的矛盾十分突出，自然界在短时间内已经无法修复因为人类的开采和污染。

尽管中国社会发展的任务依然艰巨，但是，手段已经影响了目的。转变经济发展方式的实质就是转变发展的手段。当务之急就是，必须增加环境治理在政绩考核机制中的权重，尤其是要将地方环境质量的趋好变化作为干部晋升的重要指标，要让广大领导干部充分意识到生态指挥棒的权威性，以此提升全社会对生态环境的保护意识。可喜的是，近几年，从虚拟社会到现实社会、从中央到地方，环境问题的关注度越来越高，各级纪委部门已经依法

处理了许多渎职官员。

（二）加大执法力度，实行奖罚并重

当前，严肃法律的权威、增强法律的威慑力，使法律由软变硬、由宽变严已是社会共识。作为维护法律关键主体的政府，必须认识到这一发展趋势，要有壮士断腕的勇气，要摆脱面子心理，强化法律的尊严，具体包括一方面，问责于污染主体。正是因为执法不严和监管不力，许多"黑作坊""地下工厂""三高企业"才能大行其道，老百姓对这一点非常不满，我们必须让这些问题企业付出沉重的代价。另一方面，问责于管理主体。党要管党，管好中国的问题关键在党。政府官员的环保意识、执法力度促进生态环境的好转具有直接影响。应该看到，十八大召开之后，中央在生态问题上的容忍度日益降低，许多官员和部门已经因为行政不力被给予通报、警告、撤职等不同程度的处理。此外，对于那些"良心企业"，政府必须给予大力支持和奖励，以此弘扬社会正气，扭转行业风气，提升发展信心。

（三）建立生态专项基金，优化生态补偿结构

生态补偿既可以是纵向的中央和地方之间的关系，又可以是横向的地区与地区、企业与企业之间的关系。"十三五"期间，新的生态补偿机制既需要扩充渠道、增加数额，体现量的优势，又需要优化结构、发挥效能，体现质的稳定性。首先，就量的方面来说，中央财政和地方财政必须充分顾及那些见效慢但是致力于清洁生产的企业，要扩大对这类企业的资金支持，从而为探索建立行之有效的生态补偿机制积累经验。其次，就质的方面来说，新建立的生态补偿机制必须兼顾稳定性和持续性，这一点必须充分体现在生态补偿机制的内在结构层面。主要的建议：一是必须考虑一级资源和整个产业链之间动态的价格补偿机制，提升费改税项目的科学性和权威性；二是必须统筹安排三大产业内部及其之间的比例和协调关系；三是受我国发展阶段和经济基础的限制，我们从系统的角度综合考虑并安排生产、流通、消费各个环节的资源供给机制，尽快探索建立既不超出能源控制总量，又能高效发挥能源对产业带动作用的能源支撑体系。

（四）鼓励社会组织参与，强化社会监督效能

坦率地说，中国 30 多年改革开放的成就主要体现在基础设施和经济成就方面，与现代化的经济相应的文化观念、服务意识、社会政策、社会组织还未得到充分培育和发展。简言之，我们的市民社会发育程度还不够高。但是，我们必须清楚，全社会的环保意识的提升是实现中华民族伟大复兴的中国梦题中应有之义，"美丽中国"目标的实现更是社会成员积极响应、共同参与的结果，鼓励社会成员的广泛参与对于贯彻我们党的群众路线、扭转政府的公信力很有必要。

当前，民间组织、社会力量对于环境治理的影响力依然需要进一步提升。主要建议：一要鼓励和保护广大社会成员参与环境治理的积极性；二要将开放式的思维贯穿到项目建设和日常管理的全过程；三要尽快探索建立媒体、公众、企业和政府之间的信息沟通机制；四要借助各类媒体加大对"问题企业"的通报力度，使其无处藏身。

受财力和职能的限制，政府可以解决一些问题，但不能解决所有问题。碧水蓝天的实现是社会各方共同努力的结果。我们相信，持续有效的社会监督既有利于产业升级，又有利于绿色发展。

第二节　推动新常态下大众创业的战略思考

一、目前推动大众创业现状及存在的问题

（一）发展基础比较薄弱

据调查发现，济宁市民营经济仍处于资本积累的初级阶段，投资规模较小，产品以初加工为主，产业结构不合理，高技术含量、高附加值、高市场占有率的产品较少，地方特色产业深加工企业少。

（二）制约发展的要素比较多

①报批手续繁琐，征地难、报批难、建厂难等问题使企业望而却步。②融资

难。③人才匮乏。由于企业发展水平有限，难以引进人才、留住人才，多数企业缺乏高素质管理人才和专业技术人才，以至于企业管理粗放，研发能力有限。

（三）发展环境有待进一步优化

①落实优惠政策力度不够。②观念上有差距。有些人认为，民营企业发的是政策财，靠的是生产经营假冒伪劣产品、哄抬物价等手段赚"黑心钱"，认为民营经济人士只顾个人发财，对国家贡献不大。③服务上有差距。政府部门对民营经济仍沿袭"依权监管"的模式，导致民营投资的关卡多、手续杂、费时长，增加了推动大众创业的交易成本。在"市场准入"上民营经济未享有公平待遇。

（四）与现代企业相比差距较大

①经营思想保守。经营者观念守旧，小富则安的思想，严重影响了企业上规模、上档次、上水平。②管理方式粗放。③管理机制不够健全。企业内部缺乏民主与约束机制，用人机制陈旧。企业领导偏重经验而缺少创新。④法律意识淡薄。部分业主法律意识淡薄，在企业生产经营过程中心存侥幸，有的甚至知法犯法。

（五）资本结构单一

民营企业过于集中和单一的资本结构，虽然能较好地体现企业产权清晰这一特点和优势，但却会给企业带来较高的经营风险，从而束缚企业的进一步发展。

（六）政策支持不到位

据调查发现，近年来各地为发展民营经济纷纷出台了各种鼓励措施和法规，不少地方尽管大量削减了地方政府自身权限范围内的政府审批，但在许多地方还存在不利于推动大众创业的相关政策，如某些产业政策、市场准入政策等。

（七）融资渠道狭窄，融资难

由于方方面面的原因，民营企业融资环境差，融资渠道狭窄。民营企业大多是中小企业，尽管我国的资本市场正在逐步发展和完善之中，但对于大多数民营企业来说直接发行股票上市融资的机会还很少，中小民营企业发行债券也很难得到批准。

二、推动大众创业的三个新理念

（一）理念也是生产力，思路也能出效益

这些年来，人人都在谈创新，但究竟什么是创新？一个地区特别是落后地区如何来创新呢？事实上，我们很多人并没有理解创新的真谛。推动大众创业的创新就是要给经济发展一种新的理念，新的思路。创新的含义很多，但是最核心的含义是解放思想，是思路的转变，如邓小平同志曾讲过，"科学技术是第一生产力"，这是一次根本的思想观念的变革。这句话本身就是生产力，或者说它解放了生产力，即解放了科技这个第一生产力。

（二）关于推动大众创业条件：没有硬约束，只有软约束

任何一个地方民营经济欠发达都首先是人的原因。也就是说，一个地方推动大众创业的真正障碍是来自这个地方的干部群众自身，包括思想观念、体制环境、工作方法等，而不是硬条件的约束，如，没有资源优势，缺乏发展资金，远离交通要道或海岸线等。

（三）关于推动大众创业道路：没有唯一的，只有最佳的

推动大众创业并不是"自古华山一条路"，有很多实现推动大众创业目标的途径，如一个地区即使存在着这样或那样的不足和劣势，但总存在着某一方面的优势，中西部地区资金缺乏、人才缺乏，但毕竟资源丰富、劳动力价格低，这是一个优势。这说明任何一个地区都存在推动大众创业的优势条件，任何地区都可能得到迅速发展，关键是看我们能否发现这种潜在的优势，能不能找到这种途径。

三、加快推动大众创业的对策及建议

（一）着力争取政策支持

①部门联动争取项目。②结合实际制定政策。应充分利用政策优势，研究制定鼓励、支持济宁市推动大众创业的特殊政策，掀起全民创业的热潮。③加大政策执行力度。各级各部门在监管中要充分考虑民营企业的发展实际，把促进企业健康发展贯穿于工作始终，不能照搬条条框框。

（二）着力优化发展环境

①准确定位服好务；充分认识民营经济对社会所做的贡献，从思想和行动上尊重他们的劳动，消除一切对民营经济不正确的认识，全心全意地为推动大众创业服好务；②明确职能服好务；③强化监管服好务。要秉持公平，依法鉴定，实事求是，客观公正地对待每一个纳税人。

（三）着力破解瓶颈问题

①破解融资瓶颈。②破解征地瓶颈。根据济宁市民营企业发展规划布局，降低土地成本，简化征地及报批手续，积极收购储备土地，可通过建标准厂房方式引商进园，满足民营经济不断发展壮大的需要。③破解人才瓶颈。劳动人事部门在人才的引进、培养、推荐就业方面，要将民营经济人士纳入重要工作范畴。

（四）着力发展特色优势产业

①立足济宁特色农产品的资源优势。②立足济宁旅游业的资源优势。激活民间资本，扶持民营企业开发旅游景区及配套产品的生产开发，旅游开发上要突出自然风光优势，形成当地特色。③立足能源的资源优势。

（五）进行产权制度创新，走向现代企业制度

民营企业单一的资本结构不利于实现向现代企业制度升级，应尽快建立科学、有效的产权制度，已成为促进民营企业健康发展的迫切要求。

（六）创造公平竞争的政策环境

①要放松对民营企业市场准入的限制。应当支持民营经济进入基础设施、垄断行业、公用事业以及法律法规未禁止的其他行业和领域。②抓紧对阻碍推动大众创业的法规、政策进行全面清理和修订，应尽快出台有利于民营企业健康发展的措施和政策。

（七）改善融资环境，拓宽融资渠道

随着各级政府对民营经济财税和金融支持力度的加大，民营经济的融资渠道将进一步拓宽。民营经济政策环境的改善和发展质量的提升，将促使银行转变观念，为民营企业开展多样化的融资服务，大大缓解民营企业间的融资问题。

第三节　实现城镇化健康发展

城镇化是未来20～30年我国经济社会发展持续不竭的巨大动力和潜力所在。但是，现实的教训和偏差也很多，对于今后的城镇化发展社会上存在不少担心。如何实现城镇化优化发展，如何念好城镇化这门"经"，成为摆在我们面前的紧迫而重大的战略课题。

一、正确认识城镇化加快发展的必要性、紧迫性和艰巨性

城镇化的前提是二元经济，城乡之间存在巨大的利益落差。我国农村人口和劳动力规模与农村、农业经济规模很不匹配。2015年，第一产业增加值占国内生产总值的比重为10.1%。但是，2015年全国仍然有64222万乡村人口，占全国总人口的47.4%，绝对数仅比1978年减少14792万人。2013年，有26594万劳动力从事第一产业，占全国就业人员总数的34.8%，绝对数只比

1978 年减少 1724 万人。由于劳动力投入太多，农业劳动生产率极为低下，加上不合理的城乡分割的基础设施和公共服务提供体制，农民收入和生活水平大大低于城镇居民。全国农村居民人均纯收入与城镇居民人均可支配收入之比为 1∶3.1。城乡差距是造成当前我国收入分配不平等问题的最大原因。

城乡之间这种巨大的利益落差，工业化对规模经济和范围经济的追求，是城镇化的根本动力。城乡差距激励着广大农村人口和劳动力不断寻找进城机会，从事非农产业。只要存在巨大的城乡差距，城镇化进程就不会停止，中国经济就仍然呈现出二元经济特征。工业化与城镇化在共同追求规模经济和范围经济中相互促进，共同发展。工业化对配套服务和基础设施的要求推动了产业集聚，产业集聚引起城镇化。城镇化能够使基础设施、公共服务和生产生活配套服务得到更为充分的利用，同时产生规模经济和范围经济，降低企业和产业发展的外部配套成本，并为工业发展提供源源不断的市场需求。城镇化能够很好地解决经济活动的外部性问题，推动企业外部经济内部化。反过来，工业化带来的技术进步和产品创新不断为城镇建设及管理提供先进手段，降低城镇运营费用，解决城镇交通、通讯、能源供应、生态环保等难题，提高城镇品质。我国是后发展国家，工业化和现代化呈现出跨越式发展特征，世界工业化、现代化的各个阶段在我国都有体现。由于市场机制的作用，我国工业化、现代化的技术特点必然更加偏重现代性，呈现出追赶发达国家先进水平的特点。因此，我国经济活动对成本节约更为敏感，从而对分工协作的要求也就更高。在巨大的城乡差距和与发达国家的差距刺激下，民众对现代化的渴求更为强烈。城镇化成为我国工业化、现代化的必然选择。

全国城镇化进程已经出现发展拐点。我们所说的城镇化发展"拐点"是指农村人口绝对减少和农业劳动力绝对减少出现的时点。改革开放以来，城镇化快速推进，农村人口和农业就业相对比重持续下降。但是，由于人口基数大，新增人口多，经济发展起点低，加上体制因素影响，我国乡村人口数量、第一产业就业人员数量长期以来都是逐年缓慢增加的，而不是减少，直到上世纪末、本世纪初才略微减少，但年度之间仍有起伏。也就是说，城镇化速度赶不上乡村人口和农业劳动力的增加速度。从 1997 年起，全国乡村人口绝对数开始逐年下降。以 2014 年起，全国乡村就业人员绝对数开始呈现下降趋势，一直持续到今天。从 2003 年起，全国第一产业就业人员绝对数开始逐年减少。应该说，1997～2003 年是我国农村劳动力转移和城镇化的时间拐点。进入 21 世纪之后，我国城镇化速度在绝对数量上终于赶超人口增长，特别是农村人口增长。这意味着我国城镇化不仅是农村人口和农业劳动力相对比重的下降，更是绝对数量的逐步减少。

城镇化及其引发的社会经济变迁，是我国国内投资和消费需求持续快速扩张、维持我国经济结构持续升级、我国和发达国家技术差距持续缩小、我国经济未来 20 年仍然可以保持较快增长速度的根本推动力量。城镇化不仅仅是人口居住地的变化，更重要的是人口素质、受教育水平、物质和精神生活水平的普遍提升。城镇化的持续大规模推进，必将持续推动我国居民消费需求、政府消费需求、基础设施和房地产等投资需求总量快速增长，以及需求结构的快速升级，并通过劳动力素质提升等途径持续改善我国经济总供给能力，进而推动技术进步和产业结构升级。2014 年，我国大陆地区城镇人口为71182 万人，城镇化率达 52.6%，实际上是有水分的，或者说是不巩固全国只有 35.29% 的人拥有非农业户籍，城镇人口中有 17 个百分点以上户籍是农民，没有全面享受城镇居民待遇。如果我国实现现代化时的城镇化率稳定在 80% 左右的水平上（那时乡村人口 3 亿人，只比 1950 年减少 1.9 亿人），依照目前每年城镇化率提高 1% 左右的速度，峰值人口 15 亿人计算，我国未来城镇化快速推进还可以维持近 30 年，城镇人口至少还要增加 5 亿人，还有将近 3 亿现有城镇人口需要通过农民工市民化等途径巩固城镇化。

城镇化带来的未来 20 年我国经济持续快速增长潜力并不会自动发挥出来，需要我们在体制改革、科技创新等方面不断做出艰苦努力，才能使增长潜力变为现实。拉丁美洲国家二战后城镇化推进很快，但是经济社会发展普遍不理想。我们需要与经济社会发展阶段和国力相称的健康的城镇化，需要在城镇化快速推进中处理好城乡关系、农业与非农业关系、城镇新老居民利益关系、经济发展和社会进步关系，坚持和完善土地公有制、农村家庭联产承包责任制等基本社会制度，确保社会公平正义，确保全体人民参与发展、分享发展成果的权利。我国经济社会发展已经进入了新的更高阶段，过去城镇化使权宜之计产生的经济社会后果越来越难以为继，矛盾和问题越来越尖锐，城镇化健康发展已经迫在眉睫。比如，城乡和地区差距问题，农村生态环境恶化问题，劳动用工和资源优化配置问题，新一代农民工诉求问题，农村留守儿童和空巢老人问题，等等，都已经无法回避和拖延。

二、正确认识和处理大中小城市、小城镇之间的结构关系

大中小城市和小城镇全面发展是我国城镇化的正确选择。我国城镇化任务艰巨，决定了需要长期坚持大中小城市和小城镇全面发展的城镇化战略和政策。无论是优先发展大城市，还是优先发展小城镇，都不能快速健康推进城镇化，实现人口和劳动力向城镇集中。大中城市发展和小城市、小城镇发展，对于我国城镇化而言，都十分珍贵，值得大力提倡和推动。目前发展阶段，我们还没有资格和实力挑三拣四，厚此薄彼，人为设定哪种类型的城镇需要得到优先发展，哪种类型的城镇需要限制发展。坚持大中小城市和小城镇全面发展的城镇化方针，目前最需要解决的是对大中城市发展在政策上重视不够和限制过多的问题。积极发展大中城市是由我国基本国情和城镇化基本规律决定的。我国人多地少，人均耕地面积只有 1.3 亩，而且质量上乘的耕地多位于人口稠密、城镇化任务艰巨的地区。经济发展和城镇化必然要占用大量耕地，用于城镇建设和交通运输、水利工程等基础设施。在同一地域不同规模的城市之间，我们可以看出，大中城市人口密度更大的特点。大中城市对人口和劳动力的承载能力要大大高于小城市和小城镇，大中城市人口密度也比后者大，更为节约宝贵的土地资源。

从城镇基础设施建设和公共服务提供成本看，如果其他条件相同，在中城市按土地或按人口或按经济规模平均成本会比小城市和小城镇低很多，规模经济比较明显。许多基础设施和公共服务都具有特别强的规模经济特征和不可分割性，以至于小城市和小城镇没有条件建设和提供。在中城市还有特别强的范围经济特点。人口和有条件建设和提供。大中城市还有特别强的范围经济特点。人口和经济活动集聚，彼此相互促进，节约交易费用，创造新的经济机会和就业机会。这就是为什么大中城市普遍比小城市和小城镇繁华的原因所在。城镇化说到底是农民的市民化，不仅是居住地市民化，更重要

的是生活方式、思维习惯市民化。城镇化模式选择的实质是如何更好地实现农民的市民化。发展大中城市能够尽可能快、尽可能多地转移、吸纳农村劳动力和人口，让他们成为非农居民和劳动力。与小城镇和小城市相比较，大中城市城市功能更为健全，经济社会发展更为先进，渗透力和融合力更强，更容易实现农民市民化。我国虽然有许多政策限制大中城市人口膨胀，大中城市自身也有意识地限制外来人口落户，但是，改革开放40多年来，大中城市发展很快，吸纳了大量农村人口和劳动力。2016年，全国地级及以上城市共287个，其中，只有3个城市市辖区总人口在20万人以下，地级及以上城市基本可以代表我国的大中城市。2017年，这些地级及以上城市人口数占全国总人口的28.2%；GDP占全国GDP总量的63.0%，其中，第二产业增加值占全国总量的65.5%，第三产业增加值占全国总量的72.6%；社会消费品零售总额占全国总量的63.3%。可见，大中城市是国民经济的中坚力量。只要管理科学、到位，积极发展在中城市并不会出现一些人担心的"大城市病"。与小城市和小城镇比较，大中城市基础设施和公共服务更为完善。现实生活中，大多数小城市和小城镇"脏、乱、差"问题更为严重。即使是大中城市中外地农民进城相对集中的部分跟小城市和小城镇相比，整体上大中城市也并不逊色。如果担心出现城市贫民窟，小城市和小城镇更容易出现，大中城市反而不太容易出现。只是因为大中城市外来人口相对聚集区与大中城市其他区域比和较，发展差距较大，对比较为鲜明、直接，加上大中城市新闻舆论较为发达，所以这方面问题更容易引起社会关注。其实，只要户籍制度改革到位，并且真正实现社会公共服务均等化，大中城市完全可以避免出现贫民窟现象。至于城市规模扩张引起的规模不经济问题，会随着科学技术进步和城市管理水平的提高而逐步解决。最优城市规模，是动态的，不是一成不变的。但是，对于一些城市不顾客观条件和城镇化发展规律，盲目提出建设或"打造"全国中心城市乃至国际化大都市的做法则应高度警惕、坚决反对。城镇化不能等同于造城运动。人们往往用百年大计来形容一件事情的重要和对未来的影响，而城市建设和区域社会经济事业布局又何止百年大计，有些大的失误甚至是无法挽回的。

现代社会区域中心城市更重要的是体现在经济实力上，特别是经济辐射力上。一座城市要成为区域经济中心，必须具备下列条件：一是要有一定的经济规模，并且在所在区域内居于前茅，具备吸引产业集聚的较大规模市场，能够为企业开展分工协作提供充分的余地。二是其制造业能够成为区域内其他城镇制造业的龙头，周边地区制造业在很大程度上存在以该城市为中心的分工协作体系。三是第三产业发达，是周边地区的服务中心，是周边地区人流、物流、信息流和资金流的汇集点，能够为周边地区经济社会发展提供良好的后勤支持，周边地区可以借助区域中心节省交易费用，提高经济效益。在这三个条件中，第一个是总量条件，第二个和第三个是结构条件。第一个是必不可少的条件，但非充分条件，一个城市只有同时具备另外两个中的一个或全部条件才能成为真正的区域中心城市，一般来说，一座城市的第二产业从所在区域采购的能源、原材料和零配件越多，第三产业为周边地区提供综合服务的能力越强，那么该城市对所在区域的辐射和带动能力就越强。从我国现代化需要和城镇化规律看，中国大陆地区不可能出现上百个国际化大都市，甚至承载不了上百个全国性中心城市。即便区域中心城市也是分层次的、彼此合理分工的城市体系。为了取得、巩固和提升区域经济中心地位，中心城市或准备成为区域中心的城市必须掌握关键和核心产业技术，增加产品附加值率，提高制造业辐射能力和产业关联度，形成以中心城市为龙头的区域产业分工协作体系。谁能在转变发展方式上率先突破，能够改变关键技术和核心零部件主要依靠从国外引进但消化吸收不够的被动局面，谁就能在中心城市竞争中胜出。如果做低端产业或高端产业中的低端加工环节，留给区域内其他企业开展分工协作的空间很有限，这样就很难对周边地区形成强大的向心力，对巩固和提升中心城市区域经济中心地位帮助有限。

三、正确认识，加快推进户籍制度改革

人口和劳动力流动及相关的户籍和社会管理制度对城镇化起着决定性作用。工业化、城镇化既是经济发展和社会进步的重要表现，又是全社会资源的重新配置、利益格局重新整合的过程，这必然引起人口和劳动力大规模流动。在我国，首要的就是农村人口和劳动力的大规模流动。我国过去因为实

行严格的人口和劳动力流动控制，对改革开放以后出现的大规模人口和劳动力流动一开始并没有反应，而是采取漠视、限制的态度，甚至称之为"盲流"。后来随着经济发展和社会进步，态度有所转变，但是仍然严格限制外来人口和劳动力就地落户生根。这一政策和制度设计严重扭曲了我国城镇化，造成了春运紧张、外来人口社会治安差、农村留守儿童和空巢老人问题、收入分配差距过大、社会阶层之间的不平等固化和代际循环等一系列社会问题。

传统户籍制度打着保障城镇化健康发展的幌子，实际效果则是限制了城镇化的健康发展。由于不能随迁户籍，而城镇公共服务和社会保障主要只面向当地的户籍人口，外来人员不能享受正常的子女受教育、医疗卫生、养老、住房等保障，大部分外来人口和劳动力最后不得不离开流入地，回到原籍。城镇化最关键的是人的城镇化，这些人本来已经熟悉和适应非农产业及城镇生活，工作、生活都在城镇化，可是，最后又不得不回到农村，使他们的城镇化半途而废。废除城乡分割的户籍制度、社会管理和公共服务制度，并不会导致大批人口和劳动力盲目涌入城镇，农民也是经济人，充满经济理性。即使城镇给予外来人员完全的"国民待遇"，在市场经济条件下，仍然是适者生存，留下来定居的绝大部分都是那些综合比较之后能够生存下来，并且比回原籍农村会生活得更好的人。社会在进步，农村在发展，农民进城务工经商或定居城镇的机会成本提高。因此，一旦政策放开，实际愿意留下来的外来人口和劳动力大多数都会是那些已经在城镇拥有稳定收入来源和可靠就业保障的人，他们留下，落户城镇，不会带来城市病。许多人担心，如果给予大量涌入城镇的农村人口市民待遇，会给城镇基础设施和公共服务造成巨大压力，增加流入地城镇负担。还有人担心，外来人口大量落户，会影响到本地市民的福利水平。这些人的思维方式仍然停留在计划经济时代，观念里仍然残存着浓厚的封建等级思想，充满得到利益集团的潜意识，出发点并非整个国家的现代化。从实际情况看，这种担心既违背市场经济规律，又不符合社会公平正义原则，与工业化、城镇化的终极目标背道而驰，并且妨碍城镇作为经济中心作用的发挥。城镇，特别是东部发达地区的城镇，经济发达，资本等经济要素集中，经济活动效率高，客观上需要农村和中西部地区劳动力转移过来，与资本等其他资源有机结合，这样才能提高全国国民的经济整体效率。这种在全国范围内优化资源配置的现象是市场经济的基本规律和功能，只要实行市场经济，就无法阻止劳动力跨区域流动，无法阻止农村劳动力进入城镇。城镇不能只享受廉价劳动力流入的好处，不承担相应的经济和社会成本。农村劳动力和异地城镇劳动力到流入地城镇就业、创业，他们既是经济活动的投入要素，同时又是人，是社会人，需要在城镇消费和生活，还会有一部分亲属跟随流入城镇。他们需要返乡探亲访友，处理家事。所以，必然会对城镇基础设施和公共服务产生额外的需求。交通紧张说明交通运输业发展滞后，不适应市场经济和经济快速发展的需要。一些城镇社会治安混乱，原因比较复杂，既有社会转型时期收入分配差距过大和社会秩序失范等因素的影响，又与公安机关服务意识、服务能力差、破案率过低有关。外来人口违法乱纪的事情比较多，与他们没有落户城镇，没有归属感也有很大关系。如果他们能够较为顺利地落户当地，成为当地居民，或者未来这种希望很大，违法乱纪的机会成本和个人代价就会增加很多。外来人员最为关心的是子女受教育的权利，之所以迟迟不能真正得到解决，主要是因为不合理的高校入学招生计划管理制度。在这种制度下，招生指标由国家计划配给，各省市自治区之间分配很不公平，一些地方录取率低，一些地方录取率高。如果流入地给予外来人员子女平等的受教育权利，就会降低当地录取率，侵害当地学生既得权益。正确的做法应该是逐步改革不合理的高考录取指标分配制度，实现全国各省区市之间公平合理的指标分配。如果处理得好，赋予外来人员子女平等的受教育权利有利于推动这一改革。

从公平正义角度看，人为排斥外来人员，增加他们的居留成本，只会降低他们的生活质量，让他们无法充分分享由他们自己创造的城市文明成果。而且，这样做会加剧城乡差距、地区差距，把城镇的繁荣和现代化建立在广大农村地区贫穷落后的基础之上，违背社会主义基本的价值取向。如果让市场机制充分发挥作用，如果我们的政策遵循全民公平正义的原则，本来就不该拔苗助长，集中社会财富把一些城镇建设得富丽堂皇，远远超越实际经济社会发展水平，让城镇中的少数人过早获得过高的收入和生活水平。当前最为迫切的是通过户籍和社会管理制度改革尽快解决农民工市民化问题。2015

年全国农民工总量为 26261 万人。如果实现了农民工市民化，加上他们的家属，将有超过 3 亿人实现真正的城镇化。届时，春运紧张问题、外来人口社会治安较差问题、农村留守儿童、留守老人问题、收入分配差距过大问题、社会阶层之间不平等及循环问题等社会顽疾都将从根本上得到缓解。户籍制度改革要与社会管理制度改革结合起来进行。社会保障、住房保障、教育、医疗卫生等都要尽快实现城乡一体化和跨区域便捷对接。

四、正确认识，科学处理政府与市场关系

市场与政府是城镇化进程中两个绕不开的基本影响因素，两者的协同配合是城镇化健康发展的基本要求。市场力量直接决定着、影响着城镇化的速度、模式和路径。但是，工业化、城镇化本身受到与政府政策和政府活动的重要影响，这一点在我国尤为明显。废除不合理的户籍和社会管理制度，建立与市场经济相适应的、便利的、鼓励劳动力跨区域流动的、全国统一的劳动力市场，是政府不可推卸的政治和经济责任。城镇化的基本动力来自经济发展造成的城乡之间收入和生活水平差距及工业化。城乡差距产生和演化的基本推动力量是市场，但是政府政策也起着重要作用。国民收入分配中的一次分配、二次分配都受到市场和政府的双重影响。政府直接、间接的收入分配调节政策，政府的大多数经济和社会政策，以及政府自身的活动，都会对城乡居民之间的收入和生活水平的差距产生影响。这些都会对城镇化的基本动力产生重要影响，并进而影响到城镇化进程。比如"城中村"问题、郊区农民不愿意变成市民问题，都反映了政府政策和制度安排对城镇化的强大影响力。

从工业化所需体制环境看，我国市场经济体制仍然有许多重要的方面需要政府努力完善。经济活动和社会生活法治化、民主化任重道远。市场经济秩序还很不完善，离公平有序的要求尚有很大差距。另外，还有一些市场机制不能正常发挥作用的领域。行政垄断、投资环境不佳、政府公共服务不到位和成本过高等现象较为普遍。解决这些阻碍工业化和经济发展的深层次体制问题需要进一步深化经济政治体制改革，这些都是政府应该努力完成的任

务。为了保障城镇化有序进行，政府需要统筹城乡发展。一方面，政府需要不断完善城镇基础设施，提高城镇公共服务水平。当前最迫切的是提高城镇管理和服务水平。特别是中小城市和小城镇，要从软硬件两个方面不断增强城市功能，缩小社会保障和公共服务方面与大城市的差距，这是形成科学合理的城市结构体系的基本条件。努力实现全国范围内基本公共服务均等化。从目前实际看，城乡之间、地区之间短时间很难实现，比较现实的是首先在大中小城市、小城镇之间尤其是同一区域的大中小城市、小城镇之间实现基本公共服务均等化。另一方面，政府需要下大力气推进农村发展进步。这是城镇化健康有序推进的重要保障。我国是人口大国，城镇化任务极端繁重，不可能在短时间内完成。这就注定了大批人口和劳动力还要长期滞留农村，从事农业。无论是以人为本的发展要求还是为了城镇化有序推进，都必须下大力气加快农村发展进步。农村发展进步能够增加农民收入，提高农民生活水平，缓解城乡差距快速扩大趋势，扩大国内需求。这些都能够直接、间接促进城镇化的有序推进。农民收入和生活水平提高，增加了农民进城的机会成本，可以有效避免农民进城就业和长期居留的盲目性。内需扩大有利于非农产业发展，增加非农就业岗位。农村发展了，还能为城镇化提供源源不断的资源支持。为了保障农村发展进步，政府必须努力增加对农村的各项公共投入，尤其是道路、自来水、电力、通讯、水利等基础设施和教育、医疗卫生、社会救济等公共服务方面的投入，并形成科学有效的运行管理机制。必须毫不动摇地长期坚持家庭联产承包责任制，大力发展家庭农场，而不是受农业龙头企业和乡村干部等利益集团的干扰，盲目地推行农地集中和规模化经营，更不能实行农地私有化。在这方面，拉丁美洲国家城镇化的经验教训尤为深刻，值得我们重视。拉丁美洲长期实行大庄园、大农场制度。二战结束以后，土地集中趋势有增无减，造成大量的失地农民。由于农业生产机械化、化学化不断发展，大农场、大庄园需要的劳动力并不多。大批失地农民不得不流入城市。而城市短时间又提供不了充足的、合适的就业岗位，于是这些人就成为城市贫民，或者城市失业者，贫民窟、"城市病"等问题十分严重。由于大量农民被迫离开土地，农业无法做到精耕细作。而且，这种城镇化模式导致城镇结构失衡，大城市畸形发展，中小城市和小城镇稀少。农村人口稀少，市场规模不大，大农场、大庄园不需要那么多中小城市和小城镇为其服务，失地农民在大城市更容易凭着非正规就业养家糊口、生存，大城市贫民窟、"城市病"问题更为严重。

第四节　做好三农生态发展的"重头戏"

党的十八届四中全会强调，在新阶段，必须始终不渝地高度重视并认真解决好"三农"问题，着力推进社会主义新农村建设，促进形成新型工农城乡关系，不断开创"三农"工作新局面。

一、突破"三大误区"

误区一："农民就是粮民"。传统观念认为，农民变成市民、变成工人、变成商人，脱离农业生产，会影响粮食生产和粮食安全。在这种观念的影响下，农民被束缚在土地上，限制了增收的空间。促进农民向非农产业转移，是农村经济结构调整中不可逾越的阶段，大量农村劳动力转移出去，可使留在农村的劳动力有更多的耕地和经营空间，扩大农产品的商品化比例；转移出来的劳动力不仅能够获得较高的收入，还从农产品的供给者变成农产品的需求者，增加对农产品的市场需求，从而推动农民收入获得持续、较快的增长。因此，要破除"农民就是粮民"的观念，按照中央提出的"多予、少取、放活"的方针，在放活上做文章，给予农民充分的自主权，突破一切妨碍农民增收的思想观念，取消一切限制农民创业的政策规定，放开一切束缚农民增收的方式方法和管理方式，进一步解放和发展农村生产力，激发农民群众自主创业增收的潜能。

误区二："农田就是粮田"。我国是世界上人口最多的国家，粮食生产具有特殊的重要性，必须保护和提高粮食综合生产能力，保证粮食安全。习近平总书记在济宁视察时特别嘱托济宁，手中有粮，心中不慌，保障粮食安全对中国来说是永恒的课题，任何时候都不能放松。历史经验告诉我们，一旦发生大饥荒，有钱也没用。解决13亿人吃饭问题，要坚持立足国内。中央在上个世纪末制定了基本农田保护政策以保证粮食安全，其重大意义是不容置疑的。但一些地方简单地把农田与粮田画等号，过分强调粮食"县域自给""市域自给"，迈不开步子，放不开手脚，使得农业结构调整在低层次上徘徊。

从效益上看，抓好蔬菜、水果等生产，通过贸易适量换取低附加值、土地密集型的粮食产品，这样更有利于改进资源配置，提高土地资源利用率。因此，必须转变"农田就是粮田"的观念，树立正确的粮食安全观，进一步拓宽种植业内部结构调整的领域，在稳定粮食生产的前提下，大力发展林木、蔬菜、畜牧等特色产业，提高土地产出效益，实现粮食稳产、农民增收。

误区三："农业就是粮业"。简单地认为农业就是解决农民群众的吃饭问题，抓农村工作就是抓农业，抓农业就是抓粮棉，表现为"冬小麦、老玉米、棉花地里抓经济"的单一种植模式，导致了粮食种植比例偏大，农产品优质率低，特色产业不明显，农民增收缓慢。多年来的实践证明，解决"三农"问题仅限于粮食领域或就农业抓农业，路子会越走越窄，必须放开眼界，拓宽思路，摒弃"农业就是粮业"的思想，树立"大农业""现代农业"观念，破除单一的"粮棉"种植模式，围绕市场需求抓调整、围绕国家大的产业政策抓调整、围绕与大工业"联姻"和龙头企业"配套"抓调整、围绕当地资源优势抓调整、围绕农民群众的经营习惯抓调整，把农、林、牧、副、渔及农产品加工、运输、销售等相关行业作为一个产品链来看待，大力发展农村的二、三产业，特别是大力发展农产品深细加工业，实现农产品的多次加工增值，多渠道增加农民收入。要克服以上"三大误区"，关键是克服"以粮为纲"的思想束缚，把重点转移到以促进农民增收的核心上来，大力推进农业结构战略性调整，充分发挥资源优势，宜粮则粮，宜林则林，宜牧则牧，宜商则商，把农村经济发展、农村结构调整、粮食安全、生态安全有机结合起来，实现农业的可持续发展，促进农民持续快速增收。

二、处理好"五大关系"

（一）要处理好抓紧当前工作和着眼长远发展的关系

从农民群众最关心、要求最迫切、最容易见效的事情抓起，不断让农民群众得到实实在在的好处，同时注意解决农业和农村长远发展中的根本性问题，为农村全面协调可持续发展打下良好基础。

（二）要处理好调动干部积极性和调动群众积极性的关系

引导农村基层干部提高认识、坚定信心、明确方向、增强本领，带领农民群众埋头苦干，同时充分尊重农民群众的意愿，有效发挥农民群众的主体作用。

（三）要处理好加大外部支持和挖掘农村内部潜力的关系

不断增加对农业和农村发展的投入，加快建立以工促农、以城带乡的长效机制，同时积极推进农村改革，激发农民自主创业的潜能。

（四）要处理好推动经济发展和促进社会进步的关系

坚持以经济建设为中心，同时加快农村社会事业发展，不断提高农民享受公共服务的水平。

（五）要处理好发展农村生产力和促进农民增收的关系

推动农村产业全面协调发展，不断增强农业和农村经济实力，同时把促进农民持续增收作为农业和农村工作的中心任务，进一步加大对农民增收的支持力度。

第五章　促进农村城镇化发展战略

第一节　农业发展在爬坡中步幅加大

我国农业发展进入了新的发展阶段，农业和农村经济发展速度大大低于国民经济其他行业发展速度，增幅明显减小，农业发展面临着一系列艰难险阻。近年来，党中央、国务院加大了解决"三农"问题的力度，在全国人民的共同努力下，克服了突如其来"非典"疫情的冲击和自然灾害的影响，农业发展在爬坡中步幅加大。我国农业发展处于爬坡阶段，这是党中央、国务院对我国农业发展新阶段的基本判断。农业发展面临着一系列艰难险阻，陡坡、怪坡、险坡层出不穷，跌宕起伏。虽然农业条件遇到了比预想多的困难，但是取得了比预想好的成绩。在新一届中央领导集体领导下，全国上下对农业给予了史无前例的重视、投入和改革。我国农业发展机遇与挑战同在，希望与压力共存。据有关材料显示：农业在国民经济中的份额下降到20%以下之后，我国农业和农村经济发展陷入了徘徊状态，当前农业发展中面临不少矛盾和问题，其突出表现在农业基础设施仍然比较薄弱，农产品整体竞争力不够强，农业综合效益偏低，农民就业门路不多，增收困难，等等。此外，从全局和长期发展来看，粮食问题、土地问题、农民素质问题等值得特别关注。陡坡，指的是今后一个历史阶段，我国的农业发展的难度将越来越大。市场对农产品的品质要求越来越高。在农产品总量过剩的同时，结构性矛盾十分突出，不能满足城乡居民对农产品优质化、专用化的消费需求。无公害农产品、绿色食品和有机食品得到了较快发展。但是，从总体上看，农产品结构还表现为"四多""四少"，即大路产品多、低档产品多、普通产品多、原料型产品多，优质产品少、高档产品少、专用品种少、深加工产品少。总之品质差，质量低，是目前我国农产品生产和供给中存在的主要问题，由于这一原因降低了产品的竞争力和市场占有率。以马铃薯为例，我国是马铃薯生产大国，年产量 6000 万吨左右，居世界首位，但是生产的基本上都是大路货，品质与国外品种差距较大。从外观看，国产品种表皮不光滑、芽眼深、圆形为主、易龟裂、黄皮黄肉；从内质看，国产品种还原含糖量高、干物质含量低、薯心肉与表层肉不一致、油炸品为褐色，国外品种还原含糖量低、干物质比率高、薯肉质地均匀、油炸品呈金黄色或白色。由于品质低，国产马铃薯在百余个品种中能够加工法式薯条的几乎没有，致使在我国的肯德基店、麦当劳店等薯条消费从国外大量进口。农业对科学技术的依赖越来越大。我国农产品的科技含量低，技术进步对农业增长的贡献率还不及发达国家的一半。由于我国长期处于产品短缺，农业科研主要以研究大宗粮棉油产品并以提高产量为主攻方向。应当说，我国水稻、玉米、小麦等大宗农产品的科技水平是比较高的，耕作栽培技术也不落后，与国外相比，主要差距是优质经济作物、优良畜禽、新型农药、兽药等高新技术的研究开发方面。我国果品大都是 20 世纪 80 年代由日本引进的，蔬菜品种多是从以色列等国家引进的，牛羊多是从南非、荷兰、澳大利亚等国引进的。有些果蔬种子比黄金还要贵，不仅花费了国家大量的外汇，而且增加了生产成本。农民收入的增速越来越小。农民增收的高难度，"三农"问题的核心是农民问题，农民问题的核心是收入问题。从改革开放至今，农民收入增长经历了四个不同的阶段，与此相适应，国民经济也完成了从增长到衰退的两次经济周期。

第一阶段：1978～1985 年，为农民收入快速增长的阶段。农村居民人均纯收入从 133.57 元增加到 397.6 元，平均每年增长 16.8%。扣除物价因素，年均增长 15.2%。这一阶段，是我国农村全面实行家庭联产承包责任制时期，此间，农民收入大幅增加。农民收入的快速增长有力地提高了农民的消费水平，同期农村社会商品零售总额增加 1188.9 亿元，占全国商品零售总额的 65.4%。

第二阶段：1986～1991 年，为农民收入增长缓慢阶段。农村居民人均纯收入从 423.76 元增加到 708.55 元，平均每年增长 10.8%。扣除物价因素，年均增长 2.7%。农民收入增长缓慢的直接后果就是大幅度减低当期消费。农民消费增长速度由第一阶段的 8.91%下降到这一阶段的 3.6%，1989～1990 年，由于农民有效需求不足，两年少购工业品为 700 亿～800 亿元。

第三阶段：1992～1996 年，为收入增长较快的阶段。农村居民纯收入从 783.99 元增加到 1926.07 元，平均每年增长 25.1%。扣除物价上涨的因素，年均增长 5.6%。这一阶段是我国正式确立社会主义市场经济体制改革目标的时期。价格管理体制的市场化改革，使得农产品价格对价值的长期偏离得到一定程度的矫正。在农产品大幅提价的效应下，农业实现了增产增收。

另外，乡镇企业在这一时期逐渐进入发展的高峰期，乡镇企业在承接大量农村剩余劳动力的同时，也大大提高了农民的非农收入。第四阶段：1997 年至今，为收入增长持续下降阶段。农村居民人均纯收入从 2090.13 元增加到 2366.4 元。我国农村居民人均纯收入实际增幅分别为 4.6%、4.3%、3.8%、2.1%，农民收入连续四年下滑。近年来，农民收入增幅在多种因素的作用下出现了恢复性上涨，达到 4.2%，但上升的基础仍不牢靠。这一阶段农民收入增长缓慢的直接原因是农产品供求形势发生了根本变化，即出现了阶段性供过于求的态势，大量农副产品出现"卖难"，农产品价格不断走低。以 1996 年农产品收购价格总水平为 100，2000 年则只有 74.4，下降了 25.6%。由于农产品价格下降，农民从农业生产中得到的收入减少。据测算，到 2020 年要实现全面小康，农民的人均纯收入每年必须增长 5%以上，但是近年来一直未达到这一水平。由于受非典疫情等灾害的影响，预计今年农民收入增长 4%。这是来之不易的。所谓怪坡，就是一些地方政府越"重农"，往往越伤农，农民越吃亏。农业结构调而不顺。农业结构调整作为农村经济发展过程中的主线，从中央到地方，从干部到群众，人们可以说是绞尽脑汁，费尽心思，可是从实践来看，仍旧是越调越难。由于信息不灵，流通不畅，"一贵就种、一种就多，一多就贱，一贱就烂（砍）"，始终走不出经济学上称为"市场同步性震荡"的误区。2002 年荔枝运到北京，只卖 2 元一斤，西瓜上市不久只卖 0.2～0.25 元一斤。个别地方甚至出现了政府越"重农"，越"伤农"的现象。干了一些"毁粮种果""毁粮种菜""毁粮种林"之类的蠢事。今日头脑发热，搞"白菜大县"；明日心血来潮，搞"萝卜大县"；后日眉头一皱，搞"西瓜大县"……粮食购销越补越亏。1998 年，党中央、国务院确定的以"三项政策、一项改革"为主要内容的粮食流通体制改革，有效地保护了农民利益，调动了农民种粮积极性，促进了粮食生产和流通的发展。但是粮食流通中也存在一些需要通过深化改革进一步研究解决的问题，主要是一些地方没有完全做到按保护价敞开收购农民余粮，部分粮食品种顺价销售困难；粮食省长负责制没有完全落实，有些产区的粮食风险基金不能及时足额到位，国有粮食购销企业改革滞后；国家储备粮规模、结构和管理方式还不完全适应国家宏观调控的需要。长期以来国家对粮食流通环节，每年都补贴大量的资金，可是粮食流通企业却越补越亏。安徽省通过对农民直补，探索主产区粮食体制改革的新路子。一年来的改革实践证明，直补对保护农民利益、促进粮食生产、推进粮食购销企业改革和粮食流通市场化、逐步摆脱沉重的粮食包袱，彻底走出粮食购销越补越亏的怪圈产生了重要的推动作用。但愿安徽的做法或许对其他地方能提供很好的借鉴。根据现行规定，可以要求每个农村劳动力每年承担5～10个农村义务工和10～20个劳动积累工，有条件的地方，经县政府批准还可适当增加。该项政策在具体执行中，几乎都变成固定要求农民无偿出工，有的地方甚至不让农民出工，而强行要求农民以资代劳。不切实际的达标升级活动屡禁不止，往往是上面布置任务，基层出钱出物，这些负担最后都摊派到农民身上。农民负担减而不轻。农村"三乱"普遍存在，高估虚报农民人均纯收入，多提村提留和乡统筹费时有发生，摊派问题依然严重。一些地方不按税法规定依法征税，采取高估平摊办法，按人头、田亩数向农民征牧农业特产税、屠宰税。有的地方为了增加农业特产税税源，甚至强迫农民种烟、种果等。报刊征订中来自上级部门的强制摊派比较普遍。一般的村每年订阅报刊的支出少者上千元，多者上万元。"两工"政策弹性大，强行以资代劳现象较为严重。据商务部介绍，当前我国外贸出口面临更加严峻的外部环境，特别需要引起重视的是，进口国以提高检疫标准、增加检测项目为手段，用技术贸易壁垒限制我国产品出口、保护本国产业的趋势越来越明显。分析农产品出口受阻的原因，除一些国家肆意提高国际贸易技术壁垒外，我国现行的农产品生产标准与国际不接轨，生产过程监控不严，产品质量安全水平低也是一个重要原因。因食用高残留农药的农产品中毒事件时有发生。广东省江门市连续发生两期食物急性中毒事件，39人中毒，经当地农业和卫生部门调查确认，均为食用甲胺磷污染通心菜所致，防不胜防的自然灾害。我国有71%的出口企业、39%的出口产品受到此类限制，造成损失170多亿美元，分别高于2000年的66%、25%和110亿美元。受国外对我国肉鸡实施技术壁垒的影响，2012年我国冻肉鸡出口量减少8万多吨，出口额减少2亿美元，鸡农损失2亿多元，影响了105万人的就业。由于世贸组织对实施动植物检验检疫的规定过于笼统，缺乏具体量化标准，当前国际贸易中，滥用技术性贸易措施的趋势不断强化，且质量标准越来越高，市场准入条件也越来越苛刻。据商务部抽样调查，国外技术性贸易壁垒给我国出口企业带来的成本和风险损失，呈逐年递增之势。2003年，由于"非典"影响，许多国家对我国农产品出口提出了更为苛刻的要求，农产品"技术壁垒"防不胜防，检疫监测内容不断增加，检测指标要求越来越严，农产品出口形势十分严峻。技术壁垒作为一种外源性贸易限制措施，对我国外贸发展的约束性正日趋严重。出口企业和政府有关部门必须正视现实，增强紧迫感，苦练内功，积极应对，应建立起一整套技术性贸易措施体系，千方百计突破和跨越这些壁垒。近年来，我国各种农业自然灾害连发并发，北方地区的春旱、南方地区的低温冷害和阴雨渍涝、夏季淮河流域的洪涝、江南华南江淮西南大面积的夏伏旱，以及渭河流域的洪涝灾害，给农作物播种、生长发育等造成严重影响。今年的农业自然灾害主要呈现以下4个特点：一是灾害损失重。据农业部门初步统计，2013年上半年全国因灾损失粮食比上年同期增加400多万吨；7～8月，江淮、江南、华南等地，因洪涝农作物受灾1.14亿亩，其中成灾6700万亩，绝收近2100万亩；因干旱农作物受灾9700多万亩，其中成灾5200万亩，绝收近1200万亩。二是粮食主产区普遍受灾。今年，发生严重春旱的东北和内蒙古地区，较重低温冷害的河南、湖北、安徽等省，春季持续阴雨渍涝和夏季严重洪涝的江苏、安徽，严重高温夏伏旱的江苏、安徽、湖南、湖北、江西等省，都是我国的粮食主产区。三是灾害发生异于常年。7～8月，北方大部地区出现阶段性低温，且多阴雨寡照，部分稻区出现障碍型冷害，一季稻等农作物生长发育受到影响。长江以南地区盛夏出现了历史同期罕见的大范围高温、干旱。往年夏季，南方多雨，洪涝严重，各地抗灾准备和措施都是针对洪涝抢险排涝的。而今年雨水偏少，高温持续时间长，旱情严重，抗旱的准备和措施却很少，针对性不强。四是关键农时季节受灾。严重春旱发生在农作物春播期间，对农作物播种、出苗十分不利。据不完全统计，全国因早春播转夏播 1400 万亩左右，比上年同期增加 640 万亩；因旱改种补种 3600 多万亩，同比增 2200 万亩。但是不能陷入"泛政治化"的认识误区。事实上要看粮食需求的现有满足水平。在粮食消费水平很低，温饱尚未满足的形势下，粮食消费弹性很小，这是粮食供求粮价变化，就不仅仅是经济问题，而是具有某种政治性。随着我国农业和整个国民经济的发展进入一个新的历史阶段，粮食供求已由长期短缺变为相对过剩。这个根本性转变，给粮食生产、销售和储备带来较大影响，使粮食安全面临许多新情况，特别是面对加入 WTO 对粮食生产、流通的冲击和压力，必须全面、深入理解"粮食安全"内涵，正确把握"粮食安全"是新形势下提出的新思路，及时提出应对之策。粮食安全存在隐患，粮食问题一直是高悬在国人头上的达摩克利斯之剑。粮食是最基本的消费品，一定数量的粮食消费是维持人类生理意义上存在和活动能力的必要条件，不能保证基本粮食供给，不仅是经济问题，还可能危及社会正常秩序并导致政治后果，因而粮食商品的特殊经济属性决定了粮食问题在一定条件下具有政治性。何为"粮食安全"？这是一个不断丰富、充实和深化的概念。"粮食安全"的概念最早是由联合国粮农组织(FAO)于 1974 年在世界粮食大会上确定的，即"保证任何人在任何地方都能得到为了生存和健康所需要的足够食品"。联合国粮农组织又对粮食安全的概念进行了修改，提出粮食安全的目标是"确保所有的人在任何时候都能买得到又能买得起他们需要的基本食品"。改革开放以来，这一概念一直处于演变之中，但其最基本的内容仍然是保证全世界的人都有权利得到最起码的营养。按粮农组织的定义，这一概念包括三项具体要求，确保粮食生产总量；通过进出口调剂、库存吞吐，最大限度地保证粮食市场供求平衡；保障低收入贫困人口的食品安全。我国粮食产量从 1996 年突破 5 亿吨之后，出现了徘徊和减产的趋势。尤其是近几年来减幅加大，引起了高层领导人的极大关注。他们担心粮仓里的储备粮是否确有其物，外出视察时要亲自查验，足见其在粮食安全问题上如履薄冰之心境。

据有关材料显示，美国世界观察研究所所长莱斯特·布朗发表了著名的

《谁来养活我国》一文，引起了轩然大波和诸多学者正要参与的论战。人们有理由不同意布朗的结论，因为我国人还是有能力解决自己的吃饭问题的。但是，我们也必须谨慎的告诫自己，我国的粮食安全问题始终不能忽略。我国是一个人口大国，而且每年仍以1000余万的速度递增，预计2030年将达到16亿。我们不能陶醉于用世界上7%的土地养活了世界上22%的人口这一辉煌业绩。因为我国有限的耕地所承受的压力实在太大，人多地少的矛盾越来越尖锐。自1998年，我国粮食总产创历史新高51229.5万吨之后，由于供求关系的变化，粮食价格一直趋于低迷状态。进入10月以来，我国粮价六年来首次全面上扬，部分地区粮食和农副产品价格持续上涨，小麦、玉米、水稻等主要粮食品种价格都在短期内猛然走高。我国主产区小麦价格平均每吨涨幅40～80元。与此同时，玉米价格出现反季节性上调，华北地区同比价格每吨上涨80～120元，而在安徽省水稻收购价格也比上年上涨了10%。同期，世界粮食价格也不约而同地呈现涨势。在巴黎金融期货交易市场(MATIF)上市的小麦和玉米的期货价格，从6月份以来急剧上涨，特别是小麦已超过2000年的最高值，到9月底每吨价格已上升到137.5欧元，玉米价格也逼近2000年的最高值，达到每吨161欧元，而且存在着继续上涨的可能性。我国粮食生产进一步减产既成定局，粮食问题再次引起了举国上下的关注。国家食物与营养咨询委员会主任卢良恕说，二三十年后，我国人口的持续增长将达到最高峰，预计达到16亿人。耕地的减少、水资源的紧缺和非耕地资源开发需投入巨大资金，人民生活水平的提高和食物需求的不断增长，都成为我国食物安全的巨大压力。"我国从1999年起已连续4年粮食减产，靠挖库存来平衡需求。而库存粮食很有限，去掉陈粮最多还能挖抵两年。如果我国粮食不足，靠进口不仅运输难以解决，国际粮价也必然上涨。"全国人大农业与农村委员会副主任委员万宝瑞日前在北京说。近年来，我国粮食消费需求大致在4.8亿～4.9亿吨，一般当年产需缺口在0.25亿～0.35亿吨，尽管当年生产不能满足，但是库存充足，粮食供应仍可满足。但我国库存粮食毕竟有限，去掉陈粮最多还能挖抵两年，而目前世界粮食贸易额年均只有2亿吨左右，这决定了我国的粮食供给必须坚持自力更生。这位同时担任我国农业专家咨询团主任和我国农科院学术委员会名誉主任的院士说，1995年以后，我国连续 4 年粮食生产总量在 5 亿吨左右，人均占有量达到 400 千克，使我国农业进入新的发展阶段。但这个量仅仅是初步小康型标准。到 2020 年，我国要实现全面小康社会。全面小康社会的一个重要指标，是人均 GDP 超过 3000 美元，农民人均纯收入达到 6860 元，年递增速度须达到 6.6% 以上。统计资料显示，1997~2002 年，农民人均纯收入同比增长率，分别为 4.6%、3.8%、2%、4.2%、4.8%。"东边日出西边雨"，收入苦乐不均的现象越来越突出。从省市自治区来看，2002 年农民人均纯收入超过 3000 元的有上海 6212 元，北京 5880 元、天津 5315 元、浙江 4940 元、江苏 3996 元、广东 3912 元、福建 3530 元；不足 2000 元的有宁夏 1917 元、新疆 1861 元、青海 1710 元、陕西 1600 元、云南 1600 元、西藏 1570 元。考虑到这一因素，再考虑农村的文化教育、医疗卫生、社会保障等多方面的发展与进步，农业与农村经济发展的路，确实任重而道远。

一、农村资金匮乏

据有关材料显示，我国农村每年流失资金高达 2400 亿元。北京师范大学钟伟博士分析其原因：一是目前我国的农业税累计 2100 亿，政府支农的各项财政性资金累计大约为 800 亿，结果农村每年向政府净输出 1300 亿。二是农村金融的空洞化，四大国有银行县以下金融机构撤并，以及邮政储蓄等，使得我国农村每年有 800 亿元左右的资金由农村流向城市。三是过去 5 年农产品价格持续下跌，农民因价格下跌年损失 300 亿元左右。目前我国 13 亿人口有 9 亿农民。我国扶贫基金会会长王郁昭 2003 年 3 月指出，当前我国农村人均年收入在 500 元人民币以下的绝对贫困人口有 1459 万人；人均年收入在 1000 元人民币以下的贫困人口有 9033 万人；人均年收入在 1000 至 2000 元的人口有 3 亿 1079 万人。全国有近 3000 万人没有解决温饱问题，6000 万人徘徊在温饱线上。这个标准是低水平的，人均 625 元／年。如果标准再增加 200 元，我国的贫困人口就是 9000 万，农业基础设施落后。我国现有的农业水利工程设施大多是 20 世纪五六十年代修建的，其中，大部分已年久失修，功能老化，配套不全，保障能力大大下降。全国水库有 1/3 带病运行，60% 的排灌设施需要维修，许多河道淤积，防洪排涝能力减弱。据调查，20 世纪 90 年代以来，因水利设施老化等，全国农田灌溉面积每年减少 33 万公顷。且受灾面积、成灾面积和成灾率都呈明显增大态势。抵御自然灾害的能力有所下降。农业基础设施不仅在存量上与新阶段农业发展不相适应，而且在增量上也不能满足农业发展的要求。据有关资料，我国农业的固定资产交付使用率"六五"时期达 81.3%，"七五"时期为 69.2%，"八五"时期降到 59.7%。可以看出，"八五"与"六五"相比，农业基建固定投资交付使用率下降了近 21 个百分点，下降幅度接近 30%。农业基本建设速度的明显减慢，对爬坡中的我国农业带来了极大制约。农业产业结构调整的充要举措：帮农民准确预测市场，求生产之"准"。市场报 2002 年 10 月 15 日的文章《鹅产品市场需求潜力巨大》，就引用吉林农业大学教授吴伟的分析，通过各种统计数据，不仅对各种鹅的产品的潜在市场需求做出预测，而且明确地指出国际市场上鹅肥肝的缺口量为 4500 吨，从而使农民能有的放矢地发展鹅肥肝等鹅产品的生产加工业。针对农民缺乏市场预测能力的弱点，要积极为农民预测市场。不仅预测市场需要什么、种养什么好，而且预测市场需要多少，确定规模，让农民按照预测安排生产，既满足市场需要，又自觉把生产数量控制在合理范围。即使调整趋同，也不足以发生震荡。以生产之"准"，预防市场同步性震荡。但市场预测绝非易事，为了预测准确，必须依靠专家和专业机构。引导开拓多元市场，求空间之"异"。据有关材料显示，高密市实施市场多元化战略，巩固亚洲，开拓欧美，开发新兴市场。尽管日本限制进口我国的大葱、鲜香菇、蔺草三种农产品，但高密农业生产和农民收入所受的损失并不大。产品销售集中于本地的狭窄市场，是市场同步性震荡的原因之一，因此，要引导农民开拓多元市场，生产、销售目标要跳出本地市场，瞄准国内外大市场的广泛需求，以市场空间之"异"，避开市场同步性震荡。山东省高密市的蔬菜出口市场，原来 80% 集中在日本、韩国等国家。引导发展反季节产品，求时间之"差"。据有关材料显示，浙江省兰溪市的香溪、官塘、马达等乡镇农民，改变豌豆春季播种的传统，发展反季节的秋豌豆，巧打"时间差"，至今已扩大到 3 万亩，一年可收入 3000 多万元。既然农产品上市时间过于集中，也是造成市场同步性震荡的原因，那么政府就要引导农民发展反季节产品，以产销时间之"差"，错开与他人的市场同步。引导进行深度开发，求产品之"变"。据有关材料显示：浙江省遂昌县农民，把原先最多3角钱一公斤，当地经常没人要的鲜薯，加工成标准化的烤薯后，提升了产品的类型、档次，卖到每公斤14元以上，还畅销上海、杭州等大中城市及日本、欧美等国家和地区。引导农民对初级农产品进行深度开发，将单一的农产品加工为多种农产品，不仅能转化产品类型和提升产品档次，还可推迟、延长产品销售期，做到以产品类型、档次和销售时间之"变"，化解市场同步性震荡。引导实施差别发展，求产品之"特"。如果农民都做到了差别发展，"市场同步性震荡"就根本无从发生。各地的资源、区位、交通、气候、劳力、技术、资金、产品、土壤、水质、品种、时差、知名度等的比较优势，本来就不可能完全相同，引导农民把特有的比较优势与市场需要结合起来，发展特色产品，避免结构趋同，以产品之"特"，冲破市场同步性震荡。对条件相同的地方，更要引导农民同中求异，发展不同的优势产品。要重点引导农民发展特色产业，调出与众不同的生产结构，自己不"克隆"别人，别人也无法"克隆"自己。引导壮大市场的主体，求产品之"新"。据有关材料显示，浙江省平阳县寻找把握好市场新机会，发展瓣的农产品，成为以产品之"新"阻止市场同步性震荡的典型，创办了各种农业龙头企业35家、各类合作组织30家，引导4.2万户农户调整结构，发展农业新产品，带动农民年增收3000多万元。既然农民这个市场主体因弱小而调整选择少，是导致市场同步性震荡的一个原因，那么媒体应注重引导农民壮大自身。但让几亿农民一下子都做大做强不可能，可行的办法是引导他们创办各种类型的农业"龙头"组织，联结分散的农户，以整体的力量，壮大自己的市场竞争力。引导发展非农产品农业，求产业之"转"。鉴于农产品供过于求的现实，要引导农民把结构调整延伸到农业以外，生产适合观光旅游的品种、项目，提供体验农业和了解农村的休闲景观和娱乐场所，发展"休闲农业"，将农业引向第三产业；或者生产工业原料，发展"原料农业"，将农业融入工商业；或者转向二、三产业，绕开农产品生产，以产业之"转"，规避市场同步性震荡。

农业产业化经营不仅是当代我国农村发展的重要突破，而且是我国特色的农业现代化道路的创新。农业产业化经营是在稳定农民家庭经营的基础上，以市场为导向，在龙头企业等有效载体的带动下，组织引导小农户联合进入大市场，依托农业一体化经营方式，用现代工业技术装备武装农业，用现代生物科学技术改造农业，用现代经营理念和组织方式管理农业，将农产品加工业和部分种养业集约化、企业化、规模化，实施全程标准化运营，创造较高的综合生产力，促进农村全面发展，逐步实现农业现代化。新阶段，农业结构调整的战略思路是对农业结构进行调整，是在农产品相对过剩、市场约束增大的条件下提出的，不是简单地多种点什么、少种点什么的问题，而是要全面提高农产品质量，优化农村区域布局，实现农业的可持续发展，实现城乡经济的协调发展。农业部提出今后一个时期农业结构调整的总体思路是：以提高质量和效益为中心，以增加农民收入为基本目标，以增强农产品市场竞争力和促进农业产业升级为重点，面向国内外市场，依靠科技进步，进一步优化品种结构，优化产业结构，促进小城镇建设和劳动力转移，全面提高农业和农村经济的整体素质和效益。

二、农业结构的四次调整

改革开放以来，我国共进行了四次规模较大的调整。第一次是1978～1984年，目标是全面增加农产品产量，解决温饱问题。推行联产承包责任制，对粮棉等主要农产品实行统购制度。调整后，谷物、棉花、蔬菜大幅度增产，基本解决了温饱问题。第二次是1985～1992年，目标是加速粮食转化，鼓励发展畜牧业和就地发展食品加工。国家鼓励支持粮棉产区发展农产品加工业，部分有计划有步骤的退耕还林还牧。粮棉统购改为合同定购，取消了价外补贴。调整使畜牧业和食品加工业得到了一定发展。第三次是1993～1997年，目标是在增加总量的同时，加速市场化进程，提高农业效益。要构筑社会主义市场经济的要求，积极引导农业走向市场。大搞多种经营，开发名优新稀，突破加工流通，发展创汇农业。但增产仍然是调整的主要目标。第四次也就是目前正在进行的农业结构调整。1996年以后，农产品收购价格逐年下降，农产品地区性、结构性、阶段性供大于求的局面形成，直至农产品常年有余。结构调整也进入新的阶段。中央在科学分析我国农业和农村经济发展阶段性变化的基础上，面向国民经济发展全局，提出对农业和农村经济结构进行战略性调整。这次调整不是一般意义上的调整，明确提出以提高农产品的品质和效益为中心的调整方向，增强农产品的竞争力和产出效益，全面提高农业经济的整体素质和效益。在这个新阶段，农业出现了两个很大的变化，第一个就是过去长期的农产品供求中的数量矛盾基本缓解，但是品种和质量的矛盾比过去更加突出；第二个就是尽管制约我国农业发展的资源不足的矛盾还会长期存在，但是从当前来看，市场需求不足的矛盾显得更加突出。因此，这次结构调整总的目标有 3 个方面：①优化农产品的品种，提高农产品的质量，增加农业的效益，提高我国农业的竞争力。②扩大农民的就业空间，增加农民的收入来源。③实现我国农业和整个经济社会的可持续发展的目标。农业问题专家陈锡文同志在十届人大一次会议上回答记者提问时指出，之所以它被叫做"战略性结构调整"，是因为它提出的背景是我国农业农村经济的发展在 20 世纪 90 年代后半期已经进入了一个新的发展阶段。

据有关农户调查分析显示，我国农业和农村经济出现了令人欣慰的变化。种植业经济结构调整显见成效。农作物总播种面积下降的幅度全国每年平均虽然仅为 1.1%，但种植业内部结构性变化表现明显。粮食作物播种面积，在不同地区之间差异较大，东部地区调减幅度为 17.7%，西部地区调减了 5.8%，而中部粮食主产区的减幅为 0.7%。大宗农作物品种结构趋于优化。其中，稻谷、玉米、大豆播种面积在全国的比重分别为 45%、51%和 79%，均比 1998 年提高了 4 个百分点；棉花的播种面积比重为 41%，提高了 9 个百分点；油料的播种面积比重为 57%，提高了 7 个百分点；糖料的播种面积比重为 40%，提高了 17 个百分点；蔬菜的播种面积比重为 76%，提高了 55 个百分点。遵循价值规律和自然法则，农民自主调整农作物品种结构。全国小麦、稻谷和棉花播种面积调减幅度，分别达到了 21.4%、15.7%、20.1%。其中，作为小麦主产区的中部地区，下降幅度达到 34.0%；稻谷播种面积的下降，主要是由于东部地区大幅度调减的结果；由于棉花价格持续下跌，作为棉花主产区的西部地区棉花播种面积下降了 58.6%。玉米、大豆、油料、糖料和烟草播种面积适应市场需求，朝着有利于增加收入的方向发展，分别增长 10.4%、3.7%、23.6%、17.4%和 101.1%。种植业生产区域化布局逐渐形成。种植业生产正逐

渐向中部地区集中，中部地区无论作为粮食作物还是经济作物的主产区地位
更加突出。4 年来，除小麦的生产份额下降了 5 个百分点以外，其他品种的生
产份额均有较大幅度的提高。大农业产业结构调优趋势明显，就全国而言，
水产品、奶类、禽、蛋、牛羊肉产量大幅度增长，猪肉产量基本持平，林产
品产量略有增加，禽肉产量有所下降。东部地区水产品、奶类、禽蛋、牛羊
肉产量明显增长，猪肉、林产品、禽肉产量呈下降趋势；中部地区禽蛋、牛
羊肉产量大幅度增长，水产品、奶类、禽肉产量略有增加，猪肉、林产品产
量有所下降；西部地区持续全面发展。伴随农村市场经济的发展，农户家庭
收入稳步增长，人均总收入由 1998 年的 3849 元增加到 2002 年的 4568 元，
增长 18.7%。人均家庭经营收入增长了 189 元，但其占人均家庭总收入的份额
由 71.6%下降到 65.7%，下降了 5.9 个百分点。其中，种植业收入占家庭经营
收入的比重由 42.4%下降到 34.5%，畜牧业收入比重由 16.2%下降为 15.9%。
外出就业和经营企业收入增势强劲。农村劳动力离土又离乡，外出就业势不
可挡。2012 年，外出劳动力占农村全部劳动力的比重达到 19.4%，比 1998 年
提高 8.6 个百分点；家庭人均外出就业劳务收入 780 元，其占家庭总收入的比
重由 12.0%增加到 17.1%。4 年中外出劳务收入增长 68.4%，为家庭人均增收
贡献 317 元。农户更多投工于农外产业和外出就业。广大农民积极开拓就业
门路，家庭经营投工量全面下降，农外经营投工和外出就业投工稳步提升，
农村经济渐趋多元化。4 年之中，家庭经营投工总量由人均 99.6 个下降到 93.1
个，下降了 6.5%，但中部地区投工量由人均 66.3 个上升到 86.0 个，增长了
29.6%。其中，种养业人均投工下降 23.9%（其中粮食作物的投工下降了
15.7%），工业、运输业和商饮服务业投工略有上升，上升幅度分别为 3.0%、
2.5%和 8.2%。家庭经营外投工和劳务投工逐年上升，增长幅度为 70%。农户
家庭经营收入比重持续下降。农业结构调整的问题何在，在这个新阶段，农
业出现了两个很大的变化，第一个就是过去长期的农产品供求中的数量矛盾
基本缓解，但是品种和质量的矛盾比过去更加突出；第二个就是尽管制约我
国农业发展的资源不足的矛盾还会长期存在，但是从当前来看，市场需求不
足的矛盾显得更加突出。我国农业农村经济的发展在 20 世纪 90 年代后半期
已经进入了一个新的发展阶段。一是农产品品种结构尚不优化，农产品优质

率比较低。但目前我国苹果年出口量仅占总量的 1% 左右。出口量小的主要原因是质量差，大小不均，含糖量低，虫果率高，采后保质能力差，药残超标等。从比较优势分析，我国应该重点发展的农产品是牛、羊等肉类产品；苹果、梨等水果产品；蔬菜、花卉产品；水产品等。这些产品在国际市场上具有明显的价格优势，但面临着品种不优、质量不高的困扰，以苹果为例，我国是苹果生产大国，产量居世界第一位，占世界苹果总产量的 37.1%。二是农产品区域布局不合理，地方特色不明显。结构调整只限于在狭小的区域内，而在较大范围内产业间、产品间表现出雷同性。各地至今未能充分发挥自身的地区优势，未能形成有鲜明特色的农产品区域布局结构。三是原料产品与加工品比例不协调，农产品加工、保鲜、包装、贮运体系发展滞后。出口产品初级农产品占 80%，深加工的产品仅占 20%。而荷兰其初级农产品与深加工产品的出口比例为 1∶3。发达国家的农产品加工业产值与农业产值之比大都在 3∶1 以上，而我国只有 0.43∶10，目前世界水产品加工比例达 75% 以上，我国仅为 30% 左右。美国、日本的苹果加工量分别占总产量的 45% 和 30%，我国水果加工仅占 10% 左右。同时，我国水果的储藏能力较低，不足总量的 15%，烂果率高达 25% 以上，高档果率不足 5%。各类肉制品仍以初级加工品或基本以原料进入市场，因此质量不稳定，包装不标准，国际竞争能力差。四是农村干部群众认识上不到位。有的人因循守旧，心甘情愿的沿着老的套路走，不想调；有的人心存疑虑，害怕上当吃亏，不敢调；有的人市场信息不灵，缺乏科学知识，不会调；还有的人想调，但是由于缺乏必要的资金支持，不能调。"不想调、不敢调、不会调、无钱调"的现象比较普遍。农业产业化的主要组织形式：农业产业化经营组织数量不断增加，带动作用逐步增强。据调查，在 20 世纪 90 年代后 5 年，农业产业化经营组织不断发展壮大，带动作用逐渐增强。2013 年末，农业产业化组织总数比 1996 年增加 4.6 倍，加盟农户增加近 2 倍，加盟农户占全国农户总数的份额相应的从 1/10 增加到 1/4，平均每户从产业化经营中增收 900 元。农业产业化组织形式多种多样，带动形式不断创新。其中，居于首位的是龙头企业带动型，不论是从经济实力、经营规模、技术和管理水平，还是从组织带动作用方面看，龙头企业带动型都是最强的，所占比例也最大，五年间其组织个数增加 4 倍。

从我国产生农业产业化经营方式起，龙头企业带动型就一直是最主要的组织形式。2000 年，全国各类龙头企业固定资产达 3072 亿元，销售收入达 5900 亿元，利税总额达 709 亿元。销售收入 1 亿元以上的龙头企业达到 1186 个，省级以上重点龙头企业已达 1043 家。以农民专业合作经济组织为代表的中介组织带动型有了较快发展。如，山东省莱阳市已经注册各类合作社 218 个，入社农户达 9 万多户，占全市农户总数的 40%，对于当地农业产业化经营的健康发展起了决定性作用，尽年来，北京市新发展农民专业合作经济组织 1700 多个，入社农户达 22.3 万户，占全市农户总数的 1/3。全市 80% 的上市鲜奶，50% 的蔬菜，47% 的果品，30% 的水产品，都是通过农民专业合作社生产的。据有关材料显示：吉林省德惠市是个农业大县。2002 年，在全国十大产粮县的排名中位居第九。但是一个"德大肉鸡"加工项目使之走到了农业产业化改革的前头。德大公司是东南亚最大的肉鸡加工企业，每年要生产 1 亿只肉鸡，产值 60 亿元，出口创汇 11 亿，利润 2 个亿，用工 1 万人，为之配套的各类饲料加工企业每年要消耗数以亿斤的粮食。德大采用的是"公司+农户""母公司+子公司"的发展形势，带动 1 万多农户养鸡，发展畜牧业，而每个农户每年可以人均收入增加 1400 多元。2012 年，德大公司投资 1.4 亿建立了 16 个现代化的养鸡场，堪称世界一流的养鸡场，生产的产品能够达到欧洲食品卫生标准。在吉林省，像德惠这样的农业县不在少数。全国十大产量县中，长春市就占了 3 个。德惠产业化发展的经验无疑为其他县树立了典型，被誉为"新东北现象"。专业市场带动型当以寿光产地蔬菜批发市场为代表。2000 年，寿光蔬菜批发市场开始实行集团化经营，蔬菜市场年交易量达 20 亿公斤，交易额达 30 多亿元，带动全市蔬菜基地 70 多万亩，全市农民人均纯收入的 60% 来自蔬菜及相关产业。农业产业化为何成效不大，自 1996 年以来，全国各地农业产业化组织数量都有较大幅度增加，2000 年，东、中部地区产业化组织是 1996 年的 4.9 倍，西部地区增幅达 14%。东、中、西部组织个数分别为 48.5%、31.8%、19.7%。农业产业化经营组织地区分布不平衡的状况明显；农业产业化经营的龙头企业和组织规模小，竞争力不强。现有龙头企业中，年销售收入过亿元的企业仅占龙头企业总数的 4.3%，中小企业和组织居多。我国最大的重点龙头企业年销售收入仅 120 亿元人民币，与世界食品加工业 50 强的几百亿美元相差很远。一些地方龙头企业过多过滥过小，过于分散。部分不适应市场需求而濒临倒闭的乡村企业、乱铺摊子建起来的追风赶浪项目、长期晾在路边晒太阳的淘汰设备，都摇身一变，成了"龙头"企业。"龙头"企业星罗棋布，呈"村村点火、处处冒烟"的"一盘散沙"之状。有的地方县县抓"龙头"，乡乡建"龙头"，村村有"龙头"，"龙头"企业产品大同小异，别无特色。农产品生产、加工、流通的产业链短。从事农产品初级加工者较多，从事深加工者较少。从总体看，我国农产品加工程度只有 45%，而发达国家高达 80%。利益分配机制不合理。农业产业化经营企业与农户的利益连接机制还不完善、不稳固。目前，在企业与农户的购销关系中，不少"合同"是口头约定或"君子协议"，真正签订订单的仅有 43%，而且违约现象屡有发生。有的企业在农产品"卖难"时忽视农民利益，有农户在产品"买难"时不按合同约定把农产品卖给企业。据调查，各地违约事件中，商家约占 7 成，农户约占 3 成。企业与加盟农户主体地位不对称，农户处于弱势被动地位，也与履约率低有很大关系。推进农业产业化的三个途径：一是大力发展农村合作经济组织。但从总体上来看，专业合作经济组织的发展仍处于起步阶段，发展中还存在许多问题和不足。主要是发展层次不高，内部管理制度不健全，运行不够规范缺乏明确的法律地位，登记管理不规范，造成许多合作经济组织无法进行登记注册，难以以合法身份对外开展经营服务活动，合作经济组织和农民的合法权益不能得到切实有效的保护；发展缺乏规划，在农业农村经济发展规划中没有明确的安排，相关的政策扶持措施得不到有效落实，组织指导工作不统一，管理机构设置不够明确，缺少权威性，有些工作关系不好协调。发展农民专业合作经济组织，对解决小生产与大市场的矛盾，优化配置农村生产要素，加快农业产业化经营步伐，改善和加强农村经济管理与调控，推动农业专业化、规模化、国际化发展，都将发挥积极而重要的作用。二是大力加强龙头企业建设。开放引进一批，制定优惠政策，营造宽松的发展环境，选择优势项目，引进一批农业产业化经营的龙头企业；大力发展一批，吸引有较雄厚资金的城市民营企业进入农业产业化经营领域，为农业产业化经营增添新活力。扶持壮大一批，首先要把国家和省（市）级龙头企业作为重点，然后根据本地实际，选择一批投入

产出比大、发展势头好、具有一定知名度的企业加以扶持，进一步增强其核心竞争能力。通过这些企业，打造本地区农产品加工企业的名牌产品，使之成为农业产业化的脊梁；嫁接改造一批，对现有经营状况一般但有一定资产的企业，应加大资本运作力度，引进有资金实力、较好品牌的企业进行嫁接改造，通过注入资金，引进机制，使之尽快壮大起来。三是正确选择主导产业。应按照"充分发挥资源优势、突出本地特色、符合市场需求、形成生产规模"的原则，合理选择和确定主导产业。发展特色农产品，注重开发名优新产品。根据生产要素组合形式和合作方式的不同，按照"自愿、民主、互利、服务"的原则，主要发展专业合作社型、专业协会型、股份合作型等合作经济组织。通过发展农村经济合作组织，完善农业产业化组织内部的利益机制，提高合同履约率，促进订单农业的发展。同时要鼓励以龙头企业牵头成立行业协会，加强行业自律，提升与国外竞争对等谈判的筹码。农业科学与技术：科技是第一生产力，是爬坡的根本动力。必须把科技进步放到农业发展的首位，走科技密集型与劳动密集型相结合的路子。农业科技的差距有多大，从总体上讲，改革开放以来，我国的农业科技水平有了较大提高，农业科技对农业的贡献率达到了40%左右，但与发达国家70%～80%相比，还有较大差距。从农业技术水平比较来看，进行了8个方面的比较：①在农业信息技术方面，计算机进入我国农业领域仅有10多年的历史，计算机应用水平相当于发达国家21世纪80年代的水平。②在栽培技术方面，我国的耕作栽培技术体系仍停留在常规耕作技术与经验上，同国外开展的以计算机为主的规范化、定量化栽培比较，还有相当差距。③在防止作物减产科技方面，据专家估计，我国植病生物技术研究，与发达国家相比较，至少相差15年以上。在农产品产后运输、贮藏、保鲜、加工设施和技术上也有很大差距。蔬菜、水果产业是我国加入世贸组织后比较具有竞争优势的产业之一。据统计，2002年，蔬菜水果断口额占农产品出口总额的近五分之一。但是，由于受产后加工处理水平和能力的限制，我国水果产后损失为20%～25%，蔬菜产后损失则高达30%，果蔬产品损失总额高达750亿元，按主营果菜的农民2亿人估算，平均每个农民年均减少收入375元。④在植物生物技术方面，国外农业生物技术的产业化程度相当高，而我国的技术水平仍然较低，研究设备和手段，工业化生产还相当落后，产品商业化生产、产业化发展还不够。⑤在畜牧业科技方面，我国畜牧业科技水平只相当于发达国家 21 世纪 80 年代的水平，总体落后 10～15 年。畜禽遗传育种和产品加工研究起步较晚，畜产品营养与卫生标准研究几乎处于空白状态。⑥在农田灌溉技术方面，我国地面灌溉配套设施不够完善，无论在材质、性能、自动化程度等方面与世界先进水平仍存在较大差距，尤其是自动控制设备方面差距更大，灌溉水的利用率只有 30%～40%，比先进国家低 15～20 个百分点。⑦在农业机械化技术方面，机具性能质量技术水平只相当于 21 世纪 60 年代国际上的一般水平，落后 30～40 年。在应用方面，农业机械化程度，机耕率为 80%，机播率为 77%，机收率为 70%，而发达国家则全面实现了机械化。⑧在农作物品种方面，我国拥有丰富的品种资源，但在种质资源研究利用的深度，如抗性基因的发掘利用，野生种、边缘种优良特性的利用，利用生物技术保存种植资源和人工创造新种质等方面与先进国家相比还比较落后。

三、从农业科技投入比较

据国外有关研究，科技储备量每增加一个百分点，粮食生产可增加 0.4～0.5 个百分点，经济作物产量增长 24%。长期以来，我国的农业科研投入在来源和规模上都明显不足。我国农业科研投资占农业生产总值的比重为 0.17%～0.2%，仅为世界平均水平的 1/4 左右，为发展国家的一半左右。从农民素质比较看，世界银行研究证实，教育对国民经济增长贡献是巨大的。劳动力受教育的平均时间每增加一年，GDP 就会增加 9%。日本单位面积产量远远高于世界平均水平，除物质投入差异外，更重要的是日本农民受教育年限长，农业技术素质高。目前我国农民中具有初中文化程度的仅占 30% 左右，小学文化程度的占 40% 多。从农业科技成果的推广应用转化情况看，据不完全统计，平均每年有 7000 多项农业科技成果，有 2500 项成果获得省部级以上奖励。但据估计，农业科技成果的转化率仅 30%～40%，真正能够形成产业化规模的甚至不到 20%，许多的技术研究出来后，被束之高阁不能发挥作用。而美国科技成果转化率达 80%～85%，其他的发达国家如英国、法国、德国等也在

50%~60%。究其原因，一方面是由于我国农业技术推广机构存在推广手段落后、工作生活条件差等问题，严重制约了推广工作的开展。另一方面，也与我国农业技术可物化成果少有关。近年来，共培育农作物新品种600多个，开发新产品近1000项，为农民增收和农业增效做出了重要贡献。超级杂交水稻、转基因抗虫棉等，都标志着我国科技创新能力显著提高，对我国解决粮食安全提供了科技支撑。特别是今年以来我国科技事业取得了辉煌的成就。农业科技的重大进步，毋庸置疑，我国农业科技在党中央、国务院实施科教兴国战略和可持续发展战略的影响下，取得了显著的成效。科技进步推动农业增产增收、工业技术升级和社会的可持续发展。我国在产业技术研究方面取得了一系列重大的突破，在农业领域制定了《农业科技发展纲要》，通过农产品深加工业等重大专项，促进农业产业结构的调整。

据有关材料显示，世界首例冷冻克隆牛胚胎移植犊牛出生——克隆牛"蓓蓓"在山东省莱阳农学院诞生。这是我国体细胞克隆技术取得的又一个突破性进展。据我国农科院科技文献信息中心和山东省学技术情报所科技查询报告结果表明，国际上玻璃化胚胎超快速雾翁方法，虽然有产犊报告，但是尚未得到广泛的推广应用。我国体细胞克隆牛通过超数排卵技术获得的胚胎，经过玻璃化超快速冷冻处理唐囊移植到其他母牛子宫内获得妊娠并产犊，在国际上尚属首例。这项技术的成功使用，为我国今后胚胎移植技术产业化发展提供了技术支撑条件。农业部组织专家组对设在湖南湘潭县泉塘子乡的一个超级杂交稻研究示范基地进行验收，经过专家组现场严格实收测产，102亩示范田平均亩产达到807.46公斤，顺利通过专家组验收。我国工程院院士、"杂交水稻之父"袁隆平在验收现场表示，我国超级杂交稻研究已经取得突破，为大面积种植超级杂交稻奠定了坚实的基础，湖南省农业厅组织省内专家在另一个超级杂交示范基地——龙山县华塘乡螺蛳滩村的127亩示范田进行验收，结果袁隆平院士指导下育成的超级杂交稻新组合88S/0293平均亩产达817.37公斤，最高亩产835.2公斤。龙山县的示范田已经连续两年测产超过800公斤/亩，这一水平达到了我国超级杂交稻二期研究连续两年亩产超过800公斤的目标。我国每年因稻谷储藏过程中陈化变质、仓储害虫以及霉变影响造成的损失约占总储存量的5%，数量达到百亿斤，由种子储藏造成的发芽下降带来的直接经济损失更是不可估量。全国国有粮食企业、农户每年因储藏粮变质造成的商品粮质量下降，损失不低于 200 亿元，而长寿基因新稻种可推迟稻谷陈化变质期一至两年。袁隆平院士对记者说："我们现在还处于研究示范阶段，示范达到亩产 800 公斤的水平，就可以为大面积推广打好基础。现在全国的水稻平均亩产是 420 公斤左右，而超级杂交稻如果大面积推广，平均亩产可达 650 公斤，单季就可以实现过去两季的产量，而农民相应的生产成本不会增加很多。"我国专家破译了水稻"长寿基因"，安徽省农业科学院水稻研究所等日前完成一项基因育种技术，破译了水稻的"长寿基因"，延缓了稻谷储藏的霉化变质期限，对粮食储藏具有极大的应用价值。据介绍，稻谷中所含的三种脂肪氧化酶 Lox 是影响稻谷陈化变质、虫蚀率等耐储藏特性的主要因素，其中，脂肪氧化酶 Lox2 和 Lox1 的缺失能延长稻谷陈化变质时间，脂肪氧化酶 Lox3 的缺失能降低稻谷的虫蚀率。通过离子束诱变育种等高科技手段，安徽省已成功培育出"皖鉴 2090"新稻种。一般稻种在储藏 24 个月后发芽率均降到 50% 以下，储藏 42 个月后，发芽率则为零。而"皖鉴 2090"在已储藏 42 个月时，发芽率仍高达 98.5%，丝毫没有霉变痕迹。普通稻种储存 42 个月时虫蚀率在 13%～33%，而新稻种虫蚀率可降至 5% 以下。

四、农业的根本出路在于科技

加大农业科技特别是良种的研究开发力度。产品短缺年代，农业主要研究大宗粮棉油产品并以提高产量为主攻方向。随着我国传统农业向现代农业转变，农业科研的方向也应重点向优质高效经济作物、优良畜禽等新兴领域转变，突出加强农产品加工及转化、生态农业、节水技术等关键技术的研究，加强生物技术、信息技术和新蚕型农药、兽药、废料等农业高新技术的研究开发。特别是要加强拥有自主知识产权品种的研究开发。科技推动农业发展的潜力巨大，适应新阶段农业发展的需要，必须把推进农业科技进步作为加快我国农业发展的战略措施来抓。目前，我国水稻、玉米、小麦等大宗农产品的科技水平是比较高的，耕作栽培技术水平也不落后，与国外的差距主要在拥有自主知识产权的蔬菜杂交品种、果品品种和优良畜禽品种方面。因此，在加强新技术、新成果引进的同时，必须整合农业科研力量，实行联合攻关，重点搞好蔬菜、果品、畜牧、水产等优良品种的研究开发，争取尽快培育出一批拥有自主知识产权的优良品种。进一步创新农技推广体制。随着市场经济的发展，农技推广体制不适应的问题愈来愈突出。一方面是大批农业科技人员苦于找饭吃、找活干；另一方面，农民、农业龙头企业缺技术、缺人才。因此，要不断研究探索新形式、新机制，鼓励有条件的农业龙头企业建立自己的研发机构和科研基地，鼓励引导农业院校、科研院所与企业、农技推广部门联合，组建科研、生产，推广于一体的联合体，逐步形成适应市场经济发展的新型农业科研推广体系。农业保险和服务：我国人民保险公司自开办农业保险业务以来，21年累计报费83亿元，赔款支出70.4亿元。与其他险种相比，农业险种发展慢，且近几年出现逐年萎缩的趋势。业内人士告诉我们：80年代农业保险占公司业务的半壁江山，90年代农业保险占公司业务的30%，2000年只剩下1%。但由于涉足农业保险风险大、赔付率高，造成了保险部门严重亏损。仅1985～1989年的5年间，山东省保险公司每年农业保险的赔款金达6000万元以上，出现了大干大赔、小干小赔的经营状况。随着改革开放的不断深入，农业生产不断发展，广大农民非常需要保险公司为他们提供保险保障，以解决他们在致富道路上的后顾之忧。从全国来看，目前有十几家保险公司，经营农业保险业务的只有我国人民保险公司和新疆建设兵团保险公司两家公司。农业保险走过几十年的曲折之路，经历了大起大落的考验，到目前业务严重萎缩，原因是多方面的。一是农业保险属高风险业务。相对二、三产业来说，农业生产周期长、经济效益显露慢，受自然因素的制约及市场变化的影响较大，不确定因素多。而随着农业向高投入、高产出方向的发展，也同样伴随着高风险。一旦遭到天灾人祸，农民往往是血本无归，甚至几年不能翻身。农业保险一般承担暴风、暴雨、冰雹、洪涝自然灾害责任，我国自然灾害频发，灾情涉及的范围比较大，有的赔付率达到100%还要多，因此，保险公司对涉农保险仍心有余悸。二是农业保险经营主体定位不准确。农业保险的政策性、非盈利性与商业保险经营者的经营目标在某种程度上是不一致的，甚至是相反的。保险公司是商业性保险，追求的是利润的最大化。而把非营利的农业保险交给以营利为目的的保险公司去经营，必然要出现这样或那样的问题。农业保险当属非商业性保险范畴，在外国也没有把农业保险交给商业性保险公司经营的例子。美国、菲律宾等国早已把农业保险从商业保险中分离出来，成立了专门的农作物保险公司。我国人民保险公司也是商业性保险公司，其目前的核算体制对农业保险并无多少惠及之处，有的只是对涉农保险业务减免营业税，基本上是亏损自负，盈余上交，所得税照拿。致使农险资金不能形成有效积累，支撑不住大的农险赔付。这也是其他保险公司至今不敢开办农业保险业务的主要原因。加快农业保险发展的对策措施。用市场的观点看，灾害与商机就是一枚硬币的两面，灾害面积多大，保险行业的服务范围也就有多广，商业潜力就有多大。我国今年发生的旱灾、雹灾以及洪涝灾害，造成直接的经济损失高达几百甚至上千亿元，可见农业保险的市场潜力有多大。过去一旦发生灾情，繁重庞杂的救灾与重建事物维系于政府于一身，社会力量非常欠缺，本就捉襟见肘的灾区财政要投入巨额资金救灾，灾后的发展无疑将背上沉重的包袱。要尽快将农业保险恢复，必须注意从政策上突破。政策性农业保险涉及面广、工作量大、困难多。困难之一，广大农村经营方式分散，农业保险在承保、定损、理赔过程中需投入大量的人力物力，且在工作中存在着开展业务难、收缴保费难、确定损失难、赔款兑现等困难环节。而保险公司机构只延伸到县、区，人员少，年人均保费任务都在百万元以上，压力之大，根本无暇顾及农业保险。困难之二，农村地域辽阔，自然条件不均衡。农业保险开办范围窄，对农业保险损失情况缺乏统计数据，保险费率缺乏精算数据基础。困难之三，存在着道德风险隐患。困难之四，农业再保体系不健全，以及农民收入相对较低，交纳保险费能力有限，也是制约农业保险发展的重要原因。对农业保险业务及其经营主体减免税赋，对农业龙头企业和关系国计民生的主要种养品种保险业务给予补贴。建立国家农业保险风险基金，增加社会投入。风险基金的筹集可通过四条途径：①从国家和地方政府已设定的"农业风险基金"中列支一部分。②从民政和水利部门每年安排救灾防洪费用划归一部分。③从社会各界捐赠中拿出一部分。④从农产品流通渠道中征收一部分。根据保险大多数法则原理，保险参与率越高、稳定系数越大、越趋于合理。而目前农村由于社会环境、自然环境、经济环境、支付能力的影响，各地农民参保能力差距较大，大部分地区参保率低。根据地区差异，设置部分法定农业保险，既有助于提高农民的保险意识，又有助于增强保险公司的资金积累，稳定农业保险的经营。法定保险的保费初期可由财政解决，也可通过其他方式解决。因为农民投保能力低，在低收入水平下推行农业保险必须要借助政府力量的推动，争取各方面的支持。如，财政、税收、法制建设等方面的支持。同时要加强宣传，增强广大农民参保的意识。可以说，目前发展农业保险事业的时机已经成熟，政府应借助一切可利用的力量，将农业保险推到一个健康的发展轨道上来。

在农业保险设立和实施之前，应必须尽快搞好的是农业社会化服务。随着《中华人民共和国行政许可法》的实施，政府应树立为市场主体服务的观念，破除行业壁垒和条块分割，改进服务，提高效率，真正把政府职能转到创造发展环境和提供优质服务上来。①科技服务体系。深化农业科研和推广体制改革，确立企业技术创新的主体地位，推进产学研和农科教企结合，突出蔬菜、果品、花卉、畜禽等拥有自主知识产权农畜品种的联合研究攻关。按照公益性与经营性服务分离的原则，在巩固国家现有的农技推广体系的前提下，逐步形成国家农技推广机构与其他社会力量相互补充和衔接的农技推广体系，加快农业新技术、新成果的推广应用。及时组织好种子、种禽、种苗、农药、兽药、化肥、饲料等生产资料供应。②信息服务体系。加快实施农业部《农村市场信息服务行动计划》，构建农业信息应用系统，开发与整合农业信息资源，加强农业信息基础设施和服务网络建设，建设好信息网络延伸和农村信息队伍，健全县级信息服务平台，完成乡镇信息服务全面建设，力争在信息服务深度、广度上有所突破。注重搞好国内外农产品市场信息的采集整理加工，及时反映产品的季节特点与市场优势，为农民和龙头企业服务。③政策法规服务体系。加强对耕地保护及土地流转、农业保险、农村最低生活保障等政策的研究，进一步建立健全农业执法队伍，加快推进以县级为重点的农业综合执法体制改革，提高依法行政效能。继续抓好农资市场监管，依法打击各种坑农、害农等不法行为，维持农村市场良好秩序。④质量监管服务体系。加强农业标准的修订工作，尽快形成科学、统一、配套的农业标准体系，健全完善监测网络，搞好农产品质量认证，强化农产品质量监管，确保农产品质量安全。⑤动植物疫病防治服务体系。按照国家要求，以省和无疫区为单位，实行重大动物疫情发布制度。这是国务院为适应入世要求，履行政府承诺，尊重消费者知情权而采取的重大决策。这就要求必须突出加强动植物防疫队伍建设，完善动植物疫病预防、控制和扑灭机制，切实做好疫情追踪检测、疫区封锁工作，减少疫病损失。近几年来的自然灾害频繁发生，农业和农村经济发展经受了严峻考验。在党中央、国务院的正确领导下，各级政府特别是农业部门积极主动，沉着应对，全面落实促进农业和农村经济发展的政策措施，紧紧围绕农产品竞争力增强农业增效和农民增收的目标，努力克服非典疫情和自然灾害的影响，保持了农业和农村经济持续发展的良好势头，取得了可喜成绩。⑥农民收入保持了恢复性增长。农民收入增长有起有伏，呈现前期高、中期低、后期高的走势。据有关材料显示，一季度开局良好，现金收入增幅高达7.5%，是多年所没有的。二季度受非典疫情影响，农民收入出现负增长。三季度农民现金收入增长6.5%，扭转了农民收入增速一度回落的局面。农民外出务工人数达到9820万，比去年增加390万；农民人均纯收入预计增长4%以上，继续保持恢复性增长势头。⑦农业结构调整步伐加快。种植业结构继续优化，主要农产品向优势区域集中步伐加快，农产品优质化水平提高。通过重点组织实施了高油大豆和优质专用小麦等优势农产品区域布局规划，落实了3亿元的高油大豆、优质专用小麦示范区良种补贴。17个省（区、市）农业部门也发布了本地优势农产品区域布局规划。大力发展无公害、绿色、有机食品和品牌产品，对农产品实行全过程质量管理。推进农产品的集中连片标准化生产，组织和推进农机跨区作业，在更大范围内形成了规模化经营。优质专用小麦占小麦总面积的38%，比去年提高了7个百分点；优质水稻、优质专用玉米和"双低"油菜子分别占55.6%、28%和70%，均提高4个百分点。市场需求量较大的工业原料作物布局优化，饲料、饲草作物增势明显。养殖业结构继续改善，畜牧生产中生猪比重下降，牛羊比重上升；渔业生产中名特优水产养殖、深水网箱和工厂化养殖发展迅速，其中深水网箱养殖比去年增长52%，渔民转产转业工作有新的进展。乡镇企业的结构和布局进一步优化。农产品精深加工、贮藏保鲜、

订单农业发展加快，产业化经营水平不断提高，预计全年各类订单农业面积
达 3.69 亿亩，增长 12.8%。⑧农产品质量安全水平稳步提高。加快了农业标
准化进程，组织清理和修订 140 项现行农业国家标准，发布 119 项农业行业标
准，下达了第五批 356 项农业行业标准修订计划，新建 60 个全国农产品标准
化生产综合示范区。开展农产品药物残留超标、畜产品违禁药物滥用专项整
治活动，严厉打击制售"毒鼠强"等违法行为。无公害食品行动计划全面实
施，京、津、沪和深圳四城市农产品农药残留超标率比 2011 年下降 21.4 个百分
点，瘦肉精检出率下降 31 个百分点。37 个大中城市农药残留超标率一年之内下降
3.5 个百分点，16 个大中城市的瘦肉精检出率下降 6 个百分点。农产品进出口继续
保持双增长，今年前 11 个月，我国农产品进出口贸易额达到 354.9 亿美元，同比
增长 30.3%。成功举办的首届我国国际农产品交易会，总成交额突破 170 亿元。⑨
农业产业化经营不断深化。以扶持农业产业化为重要举措，不断增强农民的获得能
力。完成了第一批国家重点龙头企业的监测和第二批国家重点龙头企业的认定工
作，国家级农业产业化重点龙头企业达到 372 家。落实和完善了扶持龙头企业的
各项政策，将 846 个国家级和省级龙头企业列入贴息技改项目，安排专项资
金 13.5 亿元，比上年增长 35%。开展了农民专业合作组织试点工作，积极探
索对农民专业合作组织的宏观管理和指导方式。目前全国农民专业合作组织
总数已超过 15 万个，农业产业化组织总数达 9.4 万个，各类产业化组织带动
的农户数占农户总数的 30.5%，预计每户农民从农业产业化获得收入达 1000
元左右。⑩农业农村政策得到较好落实。以深化农村改革为动力，认真落实
党在农村的各项政策。宣传贯彻《中华人民共和国农业法》《中华人民共和
国农村土地承包法》和《中华人民共和国草原法》，深入开展送法下乡活动。
针对一些地方强迫农民流转承包地、强征强占农民土地问题突出的状况，对
12 个省（区、市）进行了重点抽查。建立了领导接待农民群众来访日制度。
积极配合有关部门认真落实农村税费改革的各项措施，认真清理了涉及农民
负担的收费项目。主动参与研究和制定粮食流通体制改革，对农民直接补贴
和扶持农村劳动力转移就业等政策，推动农村医疗卫生制度和农村金融体制
等相关领域的改革，营造农业和农村经济持续稳定健康发展的良好环境。⑪农
村经济持续健康发展。除粮食、油料和糖料主动调减外，棉花产量基本持平，

蔬菜、水果等农产品普遍增产；粮食总产量为8613亿斤，比上年减5.8%；油料减3.2%。畜牧业和渔业生产稳步发展，预计肉类和水产品产量均增长4%左右，禽蛋产量增长3%，奶类产量增幅达25%。乡镇企业持续快速发展，预计增加值比上年增长13%，出口交货值增长20%，新吸纳农村劳动力200万人。农机装备水平进一步提高，总动力预计增长5.2%。

第二节　农村城镇化发展方向调整

美国著名经济学家斯蒂格里茨预言未来影响世界的两件大事：一是美国的高科技。二是我国的农村城镇化。我国城市化滞后于工业化，发达国家和发展中国家城市化道路我们不能走，也走不通。坚持大、中、小城市和小城镇协调发展是我国城市化最主要的现实选择。

党的十六大报告提出，要加快农村城镇化进程，坚持大、中、小城市和小城镇协调发展，走我国特色的农村城镇化道路。这为我国的农村城镇化确定了战略方针、目标和重点，由遍地开花转向以县城和中心镇为重点，调整发展策略，由单纯建设转向建设与管理调整发展重点并举。我国农村城镇化发展的方向正在调整，调整发展目的，由解决城市转向解决农村问题；调整发展思路，由先造"城"转为先造"市"；新世纪是城市的世纪。城市发展标志着社会的文明与进步，城市化与工业化发展互为条件、相互促进，是现代化的必由之路。目前，发达国家的城市化水平一般都在70%以上，而发展中国家的城市化水平一般也在38%左右，我国也是如此。国外的城市化与我国的农村城镇化，工业化是世界城市化进程中的巨大原动力，城市化是工业化的载体，他们相互影响、相互促进、协调发展。发达国家的工业化和城市化密切相关，特别到了城市化发展的初期和中期，两者的相关性更趋明显。据测算，在发达国家，工业化与城市化的相关系数高达+0.997；发展中国家的城市化超过了工业化，增长过快。如拉丁美洲一些国家的城市化，虽起步于19世纪末20世纪初，但发展速度惊人。1920年，拉丁美洲人口城市化率仅为 22%，到了 1950 年则达到 41%，20 世纪以来达到 36% 以上。由于城市人口过于集中于中心城市，就造成这些中心城市政治、经济、文化和社会要素分布的严重失衡。例如，1940~1970 年，墨西哥第一、二大城市墨西哥城和瓜达拉哈拉市的人口增长了 5 倍，而北部和南部地区多数城镇人口却只增长了 2 倍左右。各种社会要素过度集中于一座城市，它的弊端是显而易见的。一方面是特大城市过分膨胀所导致的畸形发展；另一方面是其他地区政治、经济、文化和社会发展的严重滞后，进而使城与城之间、城与乡之间、地区与地区之间的差距越拉越大，最终阻碍整个国家的政治、经济、文化和社会事业的全面、协调发展。由于城市本身的聚集功能，这些城市又把全国的城市联结起来，形成了一个统一的城市体系。这些都大大促进了美国城市化的发展，其中铁路对美国西部的城市化发展起到了至关重要的作用。1860~1910 年，美国西部地区的城市化人口由 600 万增至 4200 万，人口城市化率从 20% 上升至 46%。国外的城市化：发达国家的城市化与工业化是同步发展的。如美、英、日等一些国家均属此类。美国在 19 世纪中期至 20 世纪初曾出现过二次工业发展的高潮，与此同时，美国的城镇人口也从 1870 年的 26% 上升到 1920 年的 51%。交通运输业是美国农村城镇化发展的重要条件。运河网的建立使美国成为当时世界上运河最发达的国家。由于水上运输成本较低，同时又开辟了新的移民区，从而促使了布法罗、罗切斯特、芝加哥等城市的繁荣。1828 年，美国又开始修建铁路，到 1914 年它的铁路里程已超过了欧洲各国铁路里程的总和，约为当时世界铁路总长度的三分之一。随着运河、铁路的发展，这些地区又出现了许多港口城市和铁路枢纽城市。在 1790 年到 1890 年的 100 年间，美国的城市数量由 24 座增加到 1348 座，人口城市化率从 11% 上升到 35.1%。城市规模也不断扩大，1840 年纽约人口已达 70 万。由于城市的迅猛发展，现如今世界上巨型城市越来越多。最新出版的《泰晤士世界地图集》就预测，到 2005 年一些巨型城市的人口将超过 1000 万，其中东京（日本）近 2700 万；圣保罗（巴西）近 2000 万；墨西哥城（墨西哥）1900 万；孟买（印度）1800 万；达卡（孟加拉国）1500 万。城市化在给人类带来物质文明和精神文明的同时，也给人类带来了许多始料未及的消极影响。如城市交通拥塞、水资源的严重污染、就业率低和犯罪率高，等等。二战后的一些亚非国家人口的城市化率每年也以 3%～4%的进度增长。如非洲的乍得、扎伊尔、加纳等国，从 1960 年到 1982 年的国民经济几乎没有增长，而城市人口却增长了 52%。据统计，发展中国家农业用地人口城市化率增长速度与发达国家人口城市化率增长速度之比是：1970～1980 年为 3：1、1980～1990 年为 3.33：1、1990～2000 年为 4：1。这说明发展中国家人口的城市化增长速度比发达国家人口城市化增长速度要高得多。

一、我国的农村城镇化

地理环境和自然资源也是城镇产生的区位条件，因此，在我国历史上城市的选择至少要考虑三种因素：一是建立在经济发达、富饶的地区，以维持统治集团的物质需要。二是选择居中的地理位置或有便利的交通运输条件，以利政令四达，制内御外。三是选择凭险可守的自然条件，以使其不为外力所摧，国家长治久安。我国古代城镇的产生是生产力发展及商品交换的必然结果。原始的手工业和商业的发展则是城镇产生的经济基础，私有制、阶级和国家的形成是城镇产生的社会条件。如奴隶主阶级为了镇压奴隶的反抗，在统治的中心地区构筑城池，屯兵防御，从而促进了原始城镇的形成。据考古发现，我国在春秋战国时期，齐国的都城临淄就住有 7 万户居民约 30 万人口。历史走到了今天，我国的农村城镇化已取得了总体上的成绩，但总的来说，农村城镇化仍滞后于工业化的发展。

从当时情况来看，这一时期是国民经济恢复时期和工业化的起步阶段。它的突出特征就是加强了 156 个项目的建设，结果不仅使老城市得到了扩张，而且还新增城市 11 座。中华人民共和国成立以来，我国的农村城镇化经历了一个曲折的发展历程。建国初期我国的城市人口有 5765 万，城市化率为 10.6%，到 1957 年市镇人口达到了 9949 万，年平均增长为 7.5%。大跃进时期我国提出"以钢为纲、全民办工业"的口号，使工业化、城市化在脱离农业的基础上超高速发展。在城市中建成和部分建成的大型企业就有一千多个、中小企业十几万个。1957～1959 年的三年之内，又有 3000 万农村青壮年劳动力进入城市就业。当时城市人口年增长率为 10.4%，到 1960 年底城镇人口比重达到

19.7%，全国设市城市增加了 33 个，新建建制镇 175 个。在 1961 年到 1965
年，由于工业调整和大力精减城市人口，1960～1964 年净减少城市人口 3788
万，城市数量由 1961 年的 208 座压缩至 1965 年的 171 座，1965 年底城市化
率下降到 18%。这种逆城市化现象可以说是对前一时期超高速农村城镇化的
调整。到 1978 年年底，全国总人口中居住在城市的为 1.72 亿人，农村城镇化
率为 17.9%，比 1949 年仅提高 7.3%。党的十一届三中全会后，随着市场经济
体制的不断完善，我国农村城镇化进入了"快车道"。据统计，20 年前我国
城市化水平已达 36.09%，城市数量达 643 座，其中直辖市 4 个，副省级市 15
个，地级市 224 个，县级市 400 个。200 万以上的超大城市 13 座，占 2%；100～
200 万人口的特大城市 27 座，占 4%；50～100 万人口的大城市 53 座，占 8%；
20～50 万的中等城市 218 座，占 33%。全国建制镇已达 20600 个，其中县城
1660 个，非农业人口约 1.5 亿人。全国镇区人口在 3 万人以上的小城有 800
个，小城镇集中了具有一定规模的乡镇企业 100 多万家，共吸纳农村剩余劳
动力 6000 多万人，过度城市化道路我们不能走。工业化、农村城镇化的发展，
必然伴随着人口的迁移和资金的积累。由于历史条件的不同，迁入人口的来
源和积累资金的方式也不相同。开始英国是以牺牲农业为代价（圈地运动）
来换取城市化的发展，从而造成了农业的停滞不前，导致国内所消费的粮食、
肉类和农业原料不得不依赖进口。与欧洲不同的是，美国城市化所需要的外
来人口，不少是通过买卖黑人强行迁入的。其城市化资金来源中相当大的一
部分是来自对殖民地的剥削和剥夺战争赔款获得。农村城镇化发展过度的国
家又较普遍地存在大城市、特大城市畸形发展的现象。同时，发展中国家"城
市指数"偏高，城市规模结构也不均衡。其主要问题就是人口过于集中，社
会要素分布严重失衡，"大城市病"严重。如美国人口仅占全球人口的 3%，
却消耗了全球 40%以上的资源，由此产生的大量污染，对世界人民的人身安
全已构成严重威胁。一百多个国家为控制温室气体的排放而签署的《京都议
定书》竟也被美国等一些西方大国所拒绝。另外，由于大城市、特大城市人
口过于集中，劳动就业已成为难题。美、英、日等发达国家的城市失业率一
般在 5%～10%左右，不能完全就业的也不在少数。如一些大学生或硕士、博
士一周也只能工作十几个小时，且所从事的还是一些不适合他们的服务性工

作。由于没有固定收入，他们的基本生活得不到保障，一些城市居民生活贫困，住房条件极差，卫生防疫更是无从谈起。据对美国的芝加哥、底特律、休斯敦、洛杉矶、纽约和费城6座城市的调查，城市居民的死亡病因中，常见的恶性肿瘤、心脏病和肺炎等都与环境污染和心理压力过大有关。另外，大城市的犯罪率一般也高于农村。据统计，1987~1988年，美国凶杀犯罪案件增长了约3%，其中，华盛顿65%，休斯敦38%，迈阿密29%，费城19%，纽约12%。英国的伦敦1988年9月~1989年9月，共发生多类犯罪案件73.8万起，其中仅暴力案件就达3.7万件。随着经济发展所带来的人流、物流的加快和汽车数量的增加，城市交通状况也不容乐观，交通事故不断增多。目前世界每年因交通死亡的人数就超过了50万人，伤残人数更是高达1300万人，这背后的直接和间接经济损失可想而知。随着制造业技术的不断成熟和基础设施的渐趋完善，一些具备区位优势的大城市和超大城市与周边地区的发展已走向融合，进而形成了规模巨大的城市。大都市带和世界城市已经成为全球经济、技术和信息创新活动的源泉，这些城市已成为左右全球经济走势的中枢，发达国家对世界市场的主导力量也主要体现在这些大都市带和"世界城市"上。发展大城市的道路我们也走不通。二战后，在发展中国家城市人口规模迅速膨胀的同时，发达国家的城市发展则在科技革命的带动下成为调节人口、经济活动和合理分配资源要素的重要手段。作为一个发展中的农业大国，目前我国农村城镇化处于加速阶段。据有关材料显示，我国城市基础设施建设共需投资预计将超过1.5万亿~2万亿元人民币,年需投资3000亿~4000亿元人民币，而且基础设施还只是城市建设的一部分。到2010年，我国城市化率将达到45%，全国城市人口将达到6.3亿左右，这意味着，今后每年将有几千万人口进入城市。按一个农民变成城市居民需要个人支付成本1.45万元、公共支付成本1.05万元计算，平均需要社会总成本2.5万元，全国平均每天需要支付的城市化成本就相当于2000年全年GDP总量的4%左右。这一巨大的城市化成本对于我们这样一个财力有限的国家，无疑是一道太高的门槛。就我国农村经济可持续发展所面临的问题而言，我国的城市化建设应以小城镇建设为主。考虑到发达国家和发展中国家城市化进程所导致的农业、农村衰败和农民破产的教训，我国提出"小城镇、大战略"的发展方针，其目的就是为了逐步调整产业结构、就业结构和城乡关系，最终力求合理地解决农业、农村、农民问题。我国应根据地区发展不平衡的实际，在经济比较发达的地区大力推进城市化进程，使其成为当地，甚至全国性某种商品的集散地。利用其不断增强的集聚和辐射效应，发展城镇经济，扩展城镇功能，协调区域经济的可持续发展。在经济基础薄弱的地方，不要不讲经济效益地人为造城，要坚持大中小城市、小城镇协调发展的方针，要从吸纳农村剩余劳动力和实际社会经济效果来权衡小城镇的发展，可以说这是区别于发达国家和发展中国家城市化的根本点。在 20 世纪 70 年代，我国工业增加值占国内生产总值的比重就达 50%以上，但城市化率却长期停留在 30%以下。第二产业占国内生产值的比重为 51.8%，而城镇人口的比重仅仅达到 39.1%，非农业人口比重只有 27.4%，城市化水平滞后于工业化水平 10 个百分点。我国是一个城市化水平滞后于工业化发展的发展中国家。由于历史原因，长期以来我国实行着城乡分离的户籍管理制度，因此严重地限制了城市人口的增长，最终造成了我国城市化水平严重滞后于工业化水平。城市化水平明显偏低的后果，一是使大批农民无法享受到工业化带来的成果，使城乡居民收入差距加大。二是限制了第三产业的发展，限制了就业规模的扩大。我国第三产业的就业人员仅占全社会就业人员的 28.6%，这不仅远远低于发达国家的水平，而且低于发展中国家 38%的水平。三是导致供需矛盾更加突出，供大于求。在国际上，一般人均国内生产总值达到 3000 美元时，才会出现供大于求的现象，而在我国人均国内生产总值不足 1000 美元就出现需求不足，其主要原因在于农村。我国农村市场商品零售额占全国市场商品零售总额的比例不断下降，仅为 36.7%，也就是说，三分之二的人口仅购买了三分之一的商品。有的专家根据现代国家经济发展水平标准推算，我国城市人口占全国总人口的比重应该达到 50%以上，才能适应我国经济社会的协调发展。目前大家公认的城市发展目标是，2014 年城市化水平应当达到 55%；2020 年城市化水平应当达到 50%；2050 年城市化水平应达到 60%～70%。我国西部有 12 个省、市、自治区，这里既有发达的特大城市：重庆、成都、西安等，又有发展程度低下的广大农村。这里的农村科技文化落后、文盲半文盲多、与外界联系少、产业结构单一、生产方式陈旧、生产水平低下、经济发展动力不足。我国地域广阔，东西部发达地区和欠发达地区同时存在，农村城镇化的深度和广度也各不相同。以东部地区的长江三角洲为例，这个地区仅占全国 1%的面积和 6%的人口，产出的 GDP 却占全国的 20%。其中，苏浙沪等 15 座城市覆盖的区域，包括上海、苏锡常镇、杭嘉湖及所辖县（市）面积为 3.69 万平方公里，占全国 0.4%的面积，人口近 3700 万，占全国的 2.8%，2011 年 GDP 达 10 万亿元，占全国 29%。在这个区域内，各中心城市分布合理，中心城市各具特色，经济发达、科技进步、产业结构优化、社会分工合理，"三小时经济圈"已渐渐形成。由于历史、地理、人文、资源等原因形成的东西部差别，我国实施工业化、农村城镇化只能是客观地选择与国外不同的发展模式，制定有针对性的战略措施，因地制宜地推进我国的农村城镇化进程。我国东部有些地区"大城市病"严重，且已出现发达国家才有的"逆城市化"趋势，而中西部大多数地区则显然与之相反，但我国的农村城镇化毕竟已不是初级工业化阶段的农村城镇化，现实的国情迫使我们不能照搬别国的农村城镇化发展模式，必须与新型工业化道路相结合，走一条健康的、结构多元的、可持续发展的新型工业化道路，这也就是我国特色的农村城镇化道路：大、中、小城市协调发展，重点发展小城镇。改革开放以来，我国农村城镇化取得了一些成效，获得了一些经验，但城市化水平滞后的问题还没有从根本上解决。而且，由于地域的差别显著，不同的地方城市化水平也有很大差异。农村城镇化应实现三个转变：

第一，从"城乡二元结构"向"城乡一体化"的转变。在"十五"纲要之前，与我国城乡二元社会结构相适应，城镇建设工作也是"二元"的，即"城市"与"镇"是分属不同领域的，其中城市发展属于"城"的领域，城市基本方针只管"城市"而不管"镇"；"镇"则属于"乡"的领域，有关"镇"的发展问题，一般都在农村工作文件或有关文件的农业部分中论述。"十五"纲要则不同，它第一次明确地把"大、中、小城市和小城镇"统一在同一个"农村城镇化战略"中，应该说，既是认识上的一个巨大飞跃，又是工作指导方针上的一个巨大飞跃。

第二，从"城市化"到"农村城镇化"的转变。党和政府的重要文献中基本上没有涉及"农村城镇化"问题。仅涉及"有计划地推进我国城市化进程"问题，但也只提"城市化"而不提"农村城镇化"。"城市化"与"农村城镇化"，虽只一字之差，但其内涵和外延却有明显差异。"城市化"只讲"城市"，而不讲"镇"；最多只包括"建制镇"，不包括"非建制镇"。"农村城镇化"则不同，它不仅讲"城市"，而且讲"镇"；不仅包括"建制镇"，而且包括"非建制镇"。用"农村城镇化"代替"城市化"，更加符合我国农村城镇化的实际，其意义非常清楚。

第三，从"城市化发展方针"向"农村城镇化发展战略"的转变。只有关于"城市化基本方针"的规定，而没有关于"农村城镇化发展战略"的提法。"城市化发展基本方针"只涉及城市发展问题，而未涉及农村和农民问题；"农村城镇化发展战略"则不同，它不仅涉及城市发展问题，也涉及城市和镇的发展问题，而且还涉及农村如何转变成为城镇、农民如何转变成为城镇居民的问题。在党的十九大报告第一次明确提出"乡村振兴战略"，实施农村城镇化战略，促进城乡共同进步；应该说，这是我国在农村城镇化问题上的一个划时代的进步，它必将对我国的城、镇、乡的共同发展和整个农村城镇化的历史进程产生巨大的推动作用。就更难区分农业人口和非农业人口了。更重要的是，在现行户籍制度下"非农业人口"即使统计出来，也往往与真实情况相距甚远。在实际工作中，公安、统计等部门调查统计出来的"非农业人口"数往往相差甚远，就是一个最好的证明。审批过程中主观随意性大。由于现行设置市、镇的程序最后都由主管部门领导人审批，这就很难避免领导者的个人好恶和主观武断，同时也为"开后门""送人情"留下空间，这正是那些不符合标准的市、镇能够得到批准的原因。小城镇建设找不着"北"了。小城镇建设是经济和社会发展的需要，也是全面建设小康社会的必由之路。它作为我国特殊的城市化阶段，其主要目标是要解决农村剩余劳动力的转移、就业、社会保障和产业发展等方面的问题，而不是单纯地解决城市建设水平问题。随着各地农村城镇化步伐的明显加快，将城市化异化为城镇建设超速发展的现象已愈演愈烈。许多地方不顾经济、社会发展的实际状况，勉强凑镇、凑市，甚至不惜以做假为手段争取升为更高级别的市。这是因为，我国现行的许多政策，在市与县之间向市倾斜，在镇与乡之间向镇倾斜。因此，争取设镇、设市，争取成为更高行政级别的市，就成为许多地方政府的不懈追求。为了能够实现这一目标，有的地方人口、经济等指标达不到设市、设镇标准，就把几个相距甚远的居民点，或几个相距十多公里、几十公里的建制镇凑在一起申请设镇、设市，还美其名为"组团式结构"或"多中心组合模式"。有的县级市为了能升为地级市，不惜说假话、做假账。据有关材料统计，在全国 211 个地级市中，市区非农业人口 20 万以下的有 29 个，占 13.7%；206 个地级市中，国内生产总值 50 亿元以下的有 70 个，占 34%；434 个县级市中，5 万人以下的有 24 个，占 5.5%；194 个县级市中，国内生产总值 20 亿元以下的有 15 个，占 7.7%。1997 年，我国建制镇中 2000 人以下的有 5363 个，占建制镇总数的 33.3%。这些小市、小镇的存在，在很大程度上就是这种弊端的产物。

在现行市、镇设置标准和审批程序上，也存在一些缺陷，城乡界限不清，主要是市、镇行政区划内包含过多的农村地区和农业人口，不利于按照城乡分制原则进行规划、建设和管理。设市标准与设镇标准的指标互相脱节。如设市标准包括人口、经济、城镇基础设施三类指标；设镇标准主要只有非农业人口数量或比重指标；设市标准按人口密度分类，设镇标准按人口规模分类。设市标准的指标过于繁杂，共包括三大类 15 个指标，其中人口类 4 个指标，经济类 7 个指标，城镇基础设施类 4 个指标；设镇标准的指标又过于简单，主要是镇区非农业人口数量或比重这一个指标。某些指标的数量要求或比重要求不合理、不科学。如设施标准中城区非农业人口不低于 8 万，其中有非农业户口的不低于 6 万，全县非农业人口数量不少于 10 万等。这些要求对于人口密度每平方公里小于 100 人的地区来说明显偏高。因为在这样的地区，许多县的总人口还不到 10 万，怎么可能达到上述数量要求呢？又如全县乡镇以上工业产值占工农业总产值的比重要求在 60%、70%、80%以上就不一定合理。因为对那些以第三产业为主要经济支柱的地方来说，其工业产值的比重就不可能达到这样的比例。有些指标操作性差，如设市、设镇标准中都强调的"非农业人口"这个指标就很难操作。因为，在市场经济条件下劳动者的职业经常变动，很难肯定某个劳动者是农业人口还是非农业人口；据某地介绍，不久前，某县一位领导找到他，希望他帮助到同济大学找老师为该县做整体规划。一问才知道，这个不足 50 万人口的小县竟然准备把县城建城面积搞到 126 平方公里。建设厅的负责人问：这么大的规模是根据什么确定的？这位县领导却说不出个所以然来。城市每万人占地为 1～1.2 平方公里，这是国家强制执行的标准。按这个标准，126 平方公里的县城应当有 100 万人口。据了解，类似的情况在个别地方不同程度地存在。专家介绍，一个城市应当怎么规划，规模应当有多大，要经过科学分析、测算才能定下来。一般来说，城市规模大小首要先看该城市未来的经济社会发展在某一区域中的地位、产业分工、经济特点以及过去人口增长幅度等情况来确定。如果这个城市在区域经济中处于龙头地位，经济基础好，对外资有着较大的吸引力，并且未来发展有着良好的机遇，这样的城市规模就应当做大，规划上就应当有一个大的提前量。那些在区域经济发展中处于配角地位，在未来的区域经济发展中仍然不能成为主角的城市，其规模的扩张就不能过分求大。实际上，把城市规模建设好的本义，不是单纯的一个"大"字就可以说明的，最重要的是能创造出一个适合人类居住、适合投资、能促进经济良好运行的环境。我们所说的高起点规划、高标准建设、高水平管理，其中最重要的含义也是为了创造出一个适合人类居住、适合投资、能促进经济良好运转的优良环境。

对一个城市未来经济社会发展的预测总是有限的，我们能估计未来 10 年、20 年的发展趋势，但我们对 50 年、上百年的发展就很难把握。因此，城市具体规模一般都是按 20 年的期限来做，未来的规划还要根据城市的发展变化进行不断调整，当然这种调整或新的规划还必须与过去的规划相衔接。在西方发达国家，一个城市规划的确定，一般需要进行少则几个月、多则几年甚至是十几年的时间来完成。在这期间，专家要对城市的历史、未来的发展进行详细的考察和科学的预测，这也是一些城市能够持续优质发展的重要原因。由此可见，把一个县城规划为 100 多平方公里的做法是不切实际的，是缺少科学精神的表现，城市规划盲目贪大的做法应立即刹车。据报载，国内某中型城市曾聘国外某世界级的设计师为新区开发编制规划，但方案一出来，一些国内设计师都纷纷摇头。放开方案的设计水准不说，单就对规划设计大体空间的把握就不准确，在实际工作中将难以实施。更有甚者，现在有个别国内设计人员通过向国外某些"著名"设计事务所交上一定的管理费用，便可打着其招牌在国内招揽业务。在近几年的"假洋鬼子"的作品至使不少地方的老百姓上当受骗、劳民伤财的事例多属此类做法。时下，在新一轮城市开发建设热潮中，一些地方盲目追求"高起点、大手笔"，不惜以重金聘请国外设计师编制城市设计方案，甚至还将此作为自己招商引资、对外开放的招牌。一般而言，城市规划工作在国外兴起较早，发展也较快，且已形成了一套比较完整的理论体系和成熟的工作经验，特别是一些城市规划和经营的新理念很值得我们学习。但城市作为一门科学，又有其自身的要求和发展规律。因此，我国的城市规划还应从本国的实际情况出发，因地制宜地制定规划，盲目的城市"洋化"一旦成为一种互相追捧、追逐的不良风气，就应引起决策者们的注意了。其实国外的城市化与我国的农村城镇化实际上走的是不同的道路，国外发达国家也已由工业化、城市化同步发展，转向了向郊区和卫星城方向发展，对大城市的开发已极为少见。而我国坚持的是"大、中、小城镇协调发展，重点发展小城镇"战略，旨在解决农村富余劳动力的转移就业和增加农民收入为主要目的的农村城镇化发展方向。所以，我国的城镇发展规划国外的设计师是做不好的。因为他们不了解我国的国情和现状，那种不切实际的"洋"规划，还是搞不好。因为"洋"规划最终危害的是城市自身的健康发展，影响的是整个社会经济的发展和全面小康社会的建设。人们在简单的赶超心理的驱使下，你建最高楼，我便建最大机场；你建最大桥梁，我便建最大广场；你搞全市最高，我建全省最大；你追求全国第一，我便追求世界第一。号称"中华果都"的江苏省丰县大沙河镇，前些年镇领导也强迫国有农场的部分职工到城里建别墅。别墅倒是建起来了，可又没钱装修，有人甚至连门窗都没钱安装。由于没住人，这些别墅成了过往行人的"公厕"，结果屋里院外杂草丛生，粪便满地，臭气冲天。据了解，这个镇还将农村合作基金会现有款中的大量资金，投入到不切实际的小城镇建设上，结果投资数万元安装的路灯，却因没钱买电，路灯无法正常使用。而投资数十万元的大观园，更是门可罗雀。"登高眼前无黑点，放眼远眺无盲区，人行店堂满街亮，车行沿路一望明"。这是华东地区一座古城在进行亮化工程时提出的要求，这并非是个特例。华夏经纬网的记者最近在苏、皖、冀、豫等省一些城镇进行实地采访时，首先映入眼帘的，到处是大广场、宽街道、高标准的绿化带与装饰城镇的标志性建筑，而且一个比一个气派，一个比一个豪华。真是求洋不分大小、求洋不分贫富。陕西省长安县某城镇建城区规模仅 3 平方公里，就已建成两个广场，又计划 2015 年之前投资 1400 万元，建成面积 1 万平方米的街心广场和 7 座街心花园，栽植 2700 平方米草坪，修建 4 处音乐喷泉和 1 处大型城市雕塑。在年降水量仅 100 多毫米，蒸发量 2000 多毫米的兰州市的一个镇，其城镇规划中居然也有 500 亩水面的人工湖。据测算，建成后仅每年补贴蒸发水分的维持费就高达数十万元。由先造"城"转向先造"市"：在我国的古代，"城"是指都邑四周作防御用的墙垣；"市"是指集中做买卖的场所，"城"与"市"聚集在一起就称为城市。现如今，城市已是一定区域内的政治、经济、文化中心，是人口、产业、资金、生产、生产资料和科学技术高度集中的地域。马克思和恩格斯说："城市本身表明了人口、生产工具、资本、享乐和需求的集中，而在乡村里所看到的却是完全相反的情况：孤立和分散。"城市的集聚并不是人口或其他要素的简单、松散的堆积和集合，而是有机的系统结合，并且能因此产生巨大的凝聚力和辐射力。恩格斯也指出："像伦敦这样的城市……这种大规模的集中，250 万人聚集在一个地方使 250 万人的力量增加了 100 倍"。实践证明，只有将人流和物流的集聚形成一种资本和技术的高度集中，城市才具有规模经济效益，自身才能增长迅速，并对邻近地区产生强大的辐射带动作用。不可否认，城市的硬环境建设必不可少，也十分重要。但是必须清楚的是，城镇只是实现农村劳动力转移的一种载体和"平台"。衡量，城镇建设水平和成效，应该以为农民提供了多少就业机会，以吸纳了多少农村劳动力，以增加了农民多少非农收入为重要"内核"，没有产业支撑的"空心村""空壳镇"是没有生命力的。现代的城市化要求决策者必须把主要精力放在城市的"造血"功能上，也就是要把城市的产业链培育和建设好，如果只重视城市的规模和硬件建设，而忽视了城市的经济聚集和辐射作用，那么这样的城市也只能是无水之源、无本之木。可喜的是，随着市场经济的发展，更多的人们对什么是一座城市内在的活力有了更加清醒的认识。

二、农村城镇化发展方向调整

在加强农村城镇化进程的旗号下，借修改城镇建设规划之机，一些地方提出了类似"50年规划不落后"的口号，大面积的批地占地，盲目超前。20世纪90年代，在广东珠江三角洲掀起了"高尔夫球"热，全区已建成的就有几十个。北京大学教授董黎明说：目前高尔夫球场已遍及包括新疆、西藏在内的22个省、直辖市、自治区。仅北京、上海、深圳、广州四个城市就有高尔夫球场41个。这些高档体育设施不仅占用了大片耕地，而且还对环境造成了不同程度的污染。从根本上讲，城镇建设主要解决的不是城市建设水平和质量提高问题，而是要解决农民增收问题。可河南省长垣县一个年财政收入仅有600万元左右的镇，却规划要建造万人体育场。据有关材料显示，山东省临沂市也建了一个占地24公顷的广场，这相当于北京天安门广场的一半。有些地方"卖地"风也很盛行，把土地当成特殊商品来经营，用地量达到惊人程度。一位农民诗人在目睹了以上情景后发出这样的感慨："为筑洋房，抠破钱囊，忍看农民拉饥荒；层楼起，债台长，束紧裤带奔小康；旧郭新城凭臆构，朝、建煌煌，暮、拆光光。"走我国特色的农村城镇化道路，是中央依据国情做出的全面建设小康社会，实现社会主义现代化的战略决策。改革开放以来，我国农村城镇化迅速发展，有力地推动了经济发展和社会进步。但是在前进的道路上，农村城镇化尤其是小城镇建设出现了一些不良倾向。只有对农村城镇化的发展做出适当调整，农村城镇化才能呈现良性循环和协调发展的局面。

三、由解决城镇问题转向解决农村问题

我国是一个农业大国，大多数人口在农村，我国的发展问题很大程度上是农村如何发展的问题。全面建设小康社会，难点就是农民如何实现小康的问题，是农业增效、农民增收的问题。现在，占人口总数近70%的农民只有不到35%的市场购买力；农民纯收入只相当于城镇居民可支配收入的1/3。20年改革贡献最大的是农民，但目前最困难的也是农民。全面建设小康社会，

农民平均收入水平要达到 6860 元，而现在农民收入平均只有 2440 元。目前农村的食品、衣着和居住这三项消费只达到城镇居民消费水平的一半。如果农民收入增加，农村潜在的消费市场是巨大的。也就是说，农民收入上去了，购买力提高了，消费能力增强了，才能拉动工业品的生产，从而带动整个国民经济的持续发展。据专家研究表明：在 20 世纪最后的 20 年间，9%以上的经济贡献率中，劳动力流动的贡献在 16%左右，也就是 1.5 个百分点。如果人口迁移障碍拆除，今后二三十年，劳动力转移对经济增长率的贡献可达到 2 个百分点。由于大量的农民工提供的廉价劳动力，从某种意义上讲也增强了我国工业产品的国际竞争能力，同时也推动了城市的大规模扩展。我们要抓住这个难得的机遇，积极促进农村劳动力转移，加快城市化进程，为经济持续快速增长提供一个重要的着力点。据有关专家预测，2000～2020 年产业结构的变化趋势是，第一产业增值在 GDP 中的比重由 15.9%下降到 10%左右，第二产业由 50.9%下降到 30%～40%，第三产业由 33.2%上升到 50%～60%。农业劳动力在全部就业人口中的比重由 50%下降到 35%～30%，每年下降 0.75 到 1 个百分点。农村城镇化水平达到 55%左右，每年提高 1 个百分点，这相当于过去 10 年的进度。从我国的实际情况看，增加农民收入，通过农业增产来解决问题，已无多大潜力可挖，要从根本上解决这个问题，要在围绕"农"字做文章的同时，更要注意在"农"字以外下功夫。从工业化、城市化和市场化中找出路。不仅需要经济资源的投入和开发，而且需要体制的改革和政策的调整，而就其根本来看，体制的改革显得更为重要。我国将国外通行的城市化改为农村城镇化提出，其目的就是在于重视小城镇的建设，在巩固提高农牧业的基础上积极发展乡镇企业，加快农村劳动力的转移和拉长农产品的产业链，推进农村城镇化，实现农村城镇化和农业现代化的互动，从而使我国农民走上富裕的道路。目前这一点也已为许多地区，特别是东部发达地区的实践所证实。

从我国现实出发，当前应依托乡镇企业来推动农村城镇化的发展（由于乡镇企业即有的包容性和特殊性，它是农民理想的就业场所和投资场所）。实践也证明，乡镇企业在建设小康社会和农业现代化过程中曾发挥了不可替代的作用。1990～1994 年乡镇企业用于补农建农资金达 564 亿元，这相当于国家同期对农业投入的 90% 以上。乡镇经济共吸纳农村剩余劳动力 2736 万人，农民人均纯收入的 60% 也来自乡镇企业。乡镇企业农副产品加工和贸易的发展，也为农副产品提供了广阔的市场，这些都有力地推动了农村工业化和城市化进程。从而，促进了农业生产的专业化、产业化、商品化和现代化。到 1994 年，乡镇企业实现总产值 32336 亿元，占全国工业总产值的 47%。另外，一大批新型农村小城镇伴随着乡镇企业的发展迅速崛起，在当时乡镇企业产值超亿元的小城镇就达 5467 个。历史发展到今天，乡镇企业虽然也遇到了一些发展中的问题，如资金的投入少、科技的进步慢、管理水平和人员素质低，等等，但乡镇企业仍是转移农村劳动力、增加农民收入、发展小城镇的重要渠道。以河南驻马店为例，截至 2012 年，民营企业已达 3246 家；转移农村劳动力 90 万人；税收总额占全市的 60% 以上，民营经济名副其实地撑起了驻马店的半壁江山。据统计资料表明，2015 年我国小城镇总数达 80023 个，其中乡集镇 79118 个。这些小城镇在人口、面积、规模效益、集聚效益、城市设施等方面差别很大。在实施农村城镇化时应有重点的、集中财力物力，加强县城关镇、中心镇建设。这是由于它们所处的政治、经济、文化地位和作用决定的。普通集镇规模小、投资大、见效慢，没有条件吸纳更多的农村人口。所以建设小城镇要因地制宜，区分层次，重点应建设县城和中心镇。还加大了招商引资力度，在集镇新办了台板厂、文具厂、电器厂等 5 家有一定规模的企业，年增产值近 3000 万元，增加财政收入近 100 万元，增加就业岗位 1000 个。为了促进集镇的商贸流通，对集镇上的个体工商户，除国家法律规定的税费外，株潭镇工商局取消了一切不合理费用，努力营造"进了株潭门，就是株潭人"的气氛，从而吸引了四面八方的经营人才到株潭镇经商。在有了这些良好的经济环境之后，株潭镇又开始改造人的居住环境。一年多来，镇里先后投资近千万元对老城区进行了全面改造，并投资 100 万元新建了一个日供水 10000 吨的自来水厂，彻底解决了生产与居民用水之间的矛盾，同时又投资 40 万元将原来又陡又窄的"土路"改造成为 10 米宽的"水泥路"。株潭镇委书记深有感触地说："加快小城镇建设并不等同于简单的'圈地造城'，而是要增强小城镇吸纳农民就业的内功，营造良好的人居经济环境和生活环境。"据《农民日报》报道：江西省万载县株潭镇在增强小城镇"吸纳"功能方面就做了一些有益的尝试。株潭镇位于赣西北，地处湘赣边界，是两省四县（市）八个乡镇交通的枢纽，土地面积88.62平方公里。目前集镇面积达3平方公里，集镇人口2万人，占全镇人口的30%。为了达到人流、物流的良性互动，让更多的农民进得来、留得住，使市场真正繁荣，集镇真正发展。株潭镇党委、政府积极引导和鼓励农民发展个体私营经济、扩大经济总量，增加集镇居民的就业门路。他们特别抓住前两年规范鞭炮企业的有利时机，激活民间资金7000多万元，新建私营企业130多家，新增就业人口近万人。在这些私营企业的建设过程中，镇党委、政府引导并扶持私营企业主把企业建在集镇旁边的株山工业区和株黄工业走廊，就地增加了约3000集镇居民的就业岗位。

四、由遍地开花转向以县城和中心镇为重点

党的十六大报告提出，"坚持大、中、小城市和小城镇协调发展"，并以县城和中心镇为重点，是历史经验的总结，也是现实的需要。这是我国特色农村城镇化内在规律的要求，是符合我国现阶段国情的良策。在一些人口密度大、经济势力强的县城之外，还有一些处在交通要道、市场条件好、有产业发展前途的中心镇。中心镇一般在县域内的重要部位，或县与县的交界处，对促进县域经济交流，打破块块分割、统一市场的形成有很大作用。对农村剩余劳动力就业、职业转换、生活方式改变、思想观念更新、城乡融合都起到了推进作用。①"城之尾、乡之首"的县城和中心镇。从人口规模、经济实力等方面看，县城和中心镇已基本具备了城市功能。我国已设立的县人民政府驻地镇2109个，县级市市区427个。这些县市区大多有数万人，有的甚至超过万人。县城一般是具有一定的工业基础，区位优势明显，在带动当地农村经济和社会发展中具有重要作用。而目前多数县城和中心镇人口规模都偏小，基础设施不完备，区域性经济、文化中心作用发挥的不充分，这就为重点发展提供了广阔空间。因此，县城和中心镇也是农村工业聚集的首选区位。县城是乡村的交通中心和转换点，一般与各村、镇有公路相通，与大、中城市有高等级道路相连。城市化是大趋势，农村居民向城镇迁居不可避免，而县城又是农民的首选，县城比普通小城镇有更大的吸引力。②起"连接链"作用的县城和中心镇。县城人口所从事的职业一般都与

农业有直接联系。农民日常购物、交换农产品、农机具的主要场所也都在这里。县城又是县级行政机关的驻地，是党的政策由城市向农村传播的中介，更是向广大农村推广新技术的中介，也是先进科学、社会文明向农村扩散的中转站。县城和中心镇是政治、经济、文化中心，聚集力强。由于在这个区域内的乡、镇、村都在行政上隶属它管辖，是城乡市场交流中心，文化教育设施比较完善，一般都设有高中、中专学校，个别的还有大专学校，因此，它也是人才聚集之地。③自古以来县制就是行政单位最稳定的层次。由于农民家乡观念较强，一般不愿远走，他们所追求的最向往的理想之地就是县城。通过发展也可改变其单一的行政职能，使之成为农村地域的经济、文化中心和全国城镇体系的重要组成部分。

适应我国城市基础设施管理发展要求，借鉴国际经济中心城市管理领域推进市场化改革的经验（如建设项目的公开招投标制度和建设监理中的企业运转方式等），我国目前应积极推进城市公共事业管理公开的体制改革，按照依法授权，养护放开，引进竞争，培育市场的思路。实施的重点及措施包括进一步理顺政府管理职能，建立并完善市、区（县）依法授权分层管理的体制。城市公共事业管理部门要进一步走信息化、专业化、市场化之路，广泛运用现代科学技术，实现从静态管理向动态管理的转变，要研究如何运用现代高科技、新材料提高市政产品的科技含量，以进一步提高经济效益和社会效益。实践证明，改革开放以来，城乡之间形成的具有我国特色的双轨制格局，如同鸟之双翼摊动着农村城镇化快速发展这一伟大创举。广东省东莞市委书记佟心说东莞走的是就地市民化的路子，形成了以市区为中心，28 个建制镇为卫星城的城市组团，非农业人口占从业人员比例，已从 1978 年的 16% 提高到 76.5%，农村城镇化的任务基本完成。重点发展县城和中心镇是半个多世纪以来，我国经历的农村城镇化探索、挫折和发展正反经验的总结，理性认识的升华。处在工业化阶段的农村城镇化选择，既体现了落实"大、中、小城市和小城镇协调发展"的战略决策，又符合我国国情和发展阶段的需要。小城镇有区位优势，适应力强、发展潜力大，可以为进城农民提供发展二、三产业的广阔空间和创造多样化的就业机会。它不仅是发展区域化、知识化、信息化经济的重要组成部分，而且具有节约资源，保护生态，实现可持续发展灵活多变的优势。苏南、温州、珠江三角洲的经验告诉我们，只有发展各种不同模式的农村城镇化，才能更好地、更快地促进城乡一体化的进程。"政府建设、政府管理"，一直是城市建设管理的运行模式。随着我国经济社会的巨大变革和城市化进程的加快，人们对城市建设和城市管理的要求也越来越高。政府要管好城市必须适当调整职能，在宏观调控的基础上，改革过去那种大包大揽的办法，树立有所为、有所不为的新理念，使政府有更多的精力和财力，来加强社会事务和公共管理，把政府管理城市的重点转移到经济调节、市场监管、社会管理和公共服务上来。城市建设是一项关系到国计民生的大问题，城市管理又是一项极为复杂的系统工程，涉及的范围之广，可以说是无所不包。随着经济社会的发展，城市水平的不断提高，发展小城镇应以现有的县城和少数在建制的中心镇为重点，科学规划，合理布局，防止盲目铺摊子，"摊大饼"。因为归根到底建设城市的数量与管理城市的质量还是要将重点转移到经济建设这个中心上来，着力打造为生产和生活服务的软、硬环境上来，向建设城市要效益，向管理城市要效益，以发展经济为基础，以全面建设小康社会为目的。

五、由单纯建设转向建管并举

城市是一定区域的政治、经济、文化、科技、交通和信息中心，在国民经济和社会发展中居于主导地位。城市管理作为城市政府的首要职能，城市管理在城市建设工作中占有重要的地位，如何有效管理，提高城市的效率已成为城市政府的重要议题。城市建设是一项关系到国计民生的大问题，城市管理又是一项极为复杂的系统工程。随着经济社会的发展，城市水平的不断提高，现代城市公共事业管理水平要更上一个台阶，必须进一步理顺政府管理职能，建立并完善市、区（县）依法授权、分层管理的体制，全面贯彻"建管并举、重在管理"的方针，充分体现"以人为本"和"可持续发展"的原则。一个城市的基础设施好不好，市容环境美不美，养护水平高不高，可以说在相当大的程度上决定了它的投资环境、自上而下的环境和发展环境的好坏。

六、农村城镇化发展方略

目前，我国正处在一个非常重要而特殊的社会转型期，面对新时期农村城镇化动力机制的变化，我们规划城市、建设城市、管理城市的方针、政策、措施都要与市场经济条件下新的要求相适应。要深化改革、转变职能、创新制度，为农民转移、创业、富裕创造条件。科学规划，城镇建设是一项系统工程，应当也必须进行科学规划。规划出形象、出效益、出生产力已成为人们的共识，没有一套科学、合理的规划，城镇建设就会受到严重制约。鉴于目前我国仍处在城市化的初级阶段，我们必须要以物质空间的规划作为主要任务和内容。如果城市规划脱离了现实的需要，把居民的切身利益排除在外，那所编制的城市规划肯定行不通。

改革开放以来，根据城市规划法的要求，地方政府将组织、领导的城市规划编制工作作为自己的重要职责。有些领导甚至代替了规划师的职能，过多地介入到城市规划的具体内容中，许多规划指导思想和具体方案，实际上过多反映的是领导者的意图。例如，在编制城镇总体规划中，要求编制单位要"高起点""大手笔"地进行规划，要超常规的加速度发展，提出了一些高得出奇的指标，要求中、小城镇人口快速增长，一些中、小城市一跃规划为百万人的大都市，扩建新区、造新城、大广场、大马路仍在持续升温。不少地方在开发和建设过程中无视自然规律，将人的主观意志强加给自然界，导致生态环境恶化，最终遭到自然界的"报复"。如广西柳州市1996年遭遇的水灾，城区98%的面积被淹，最大水深10多米，造成的损失巨大。另外，城市开发的一个怪圈是为了降低土地开发成本而不断提高建筑的容积率。建高层、缩小楼与楼的间距，在居民小区建设中，"遗忘"了教育设施和公共服务设施，不建幼儿园和小学校，不建休闲、康乐场所，对这些情况政府部门不但不制止，反而怕投资项目"飞掉"，而被迫修改原规划方案，这类例子并非个别现象。从实践来看一个好的、科学的城镇规划应做好以下几个结合：合理性与配套性相结合。城市功能的有效发挥，需要布局科学，配套齐全的功能区，城市基础设施、服务设施与功能区规划配套，有利于基础设施资源的有效利用。合理安排行政、工业、商贸、文化、教育、医疗等小区发展框架，要依据人口、环境等因素合理规划，决不能随意扩大规模，搞些不成套的"半拉子"工程。①科学性与长期性相结合。一些地区城镇规划中普遍存在着随意性、临时性现象，主要是因为缺乏规划意识和规划知识，在急功近利、贪大求快、贪多求全的思想指导下，带来许多重复建设和无效投资，影响了城市形象和投资环境，制约了经济功能的发挥。为了节约建设成本，要保持规划的连续性，防止资源浪费，必须由专业设计机构编制小城镇总体规划和详细规划，并在群众评议、专家论证的基础上，最后由上级机关进行审批。②现实性与可操作性相结合。规划要着眼于长远，实施必须立足当前。要注意高起息规划和分步骤开发相结合。既要讲美观大方、风格各异，又要讲实用价值；既要高起点，又要考虑经济承受能力，不能脱离实际、劳民伤财、盲目开发。要针对不受规划制约，四面开花乱铺摊子，打乱整体布局的做法，研究城市与区域的发展，研究经济发展、产业发展的基础条件，搞好资源的有效利用，降低城市的运行成本。要以所处地理位置、资源条件、乡情民俗等决定各自的发展规划，以适应自身经济发展的客观要求。③严肃性与稳定性相结合。规划在建设中是否起到龙头作用，关键在于严格执行。一个不能得到贯彻实施的规划等于没有规划。规划的难点在实施，实施的责任在政府。实施更多地涉及利益问题，涉及现实利益中全局与部门、长远与现实的关系问题。对新建区规划执行容易，对旧镇重新规划执行难。要突出规划执行的权威性，防止"拆了建、建了拆"朝令夕改的"瞎"折腾。执行得如何应由镇人大监督，防止行政过多干预，加大执法力度。不符合规划要求的建筑要坚决拆除，不留后患。④系统性与层次性相结合。现代经济实际上表现为区域经济，小城镇只有在区域规划下进行布局，才能形成区域内协调发展的局面，才能形成最佳效果，因为真正成功的规划必须是区域规划。小城镇要根据县域规划并结合村庄规划来确定其规划，才能有效地防止小城镇规划小、布局散、自成体系、自我循环、争相攀高、华而不实、盲目发展的现象，才能真正做到"先规划后建设，没有规划不得建设"。目前东莞市农村城镇化水平达到60%以上，农村城镇化人口占全市总人口的比例从1978年的16%提高到63.6%。"新城依山、旧城傍水、千年莞邑、IT新都、山水嘉园"的城市形象日益清晰。

七、产业支撑

今后 20 年，我国将进入农村城镇化快速发展期，每年进城的人将达到总人口的百分之一。农村城镇化水平反映了一个国家或一个地区经济发展的水平，加快农村城镇化进程，可以为经济发展提供广阔的市场和持久的发展动力。农村城镇化发展的真正可持续繁荣，必须以产业为支撑，如果没有产业支撑，片面追求规模和气派，这实际上是一种合本逐末的行为。我国的东莞市就是以制造业为产业支撑，打造现代制造名城的。根据广东省委、省政府"把东莞建成现代制造业名城"的发展目标，东莞市将进一步提升东莞的工业化、国际化，城市化、信息化水平，努力把东莞建成国内外有影响的现代制造业名城。以实现经济、社会持续健康发展。东莞市制造业规模庞大，种类繁多，涉及 33 个行业、近 2 万家企业、6 万多种产品。目前，东莞的制造业和整个国民经济已初步参与了国际经济分工和竞争。基本形成了覆盖全球的市场网络，是电子、电脑、服装、鞋类、家具、灯饰等产品的国际性采购中心。东莞还是全球重要的电脑及周边产品生产基地，在国际市场也占有一定份额。目前，东莞已形成了一个以电子信息产品制造业为支柱的工业体系，全市工业门类齐全，涉及行业近 30%、2 万多家企业、6 万多种产品，形成了各具特色的产业群落和较为完善的产业链。比如，虎门服装、大朗毛织、厚街家具、石碣电子等产业，其中，电脑整机的零部件配套率高达 95% 以上。东莞全市工业总产值达 1694 亿元，同比增长 26.8%。其中，IT 企业 3000 多家，工业总产值占全市的 50%，产品出口总额占全市的 48%；高新技术企业 152 家，工业总产值占全市的 1/4 以上。搞好小城镇的产业发展，壮大经济实力，就是要抓好"四个结合"：一是与农村产业结构调整相结合。明确了小城镇建设的目标和意义，大力发展适应本地资源条件的城镇功能，以发展第三产业为起点，制定优惠政策强化服务，吸引不同所有制的投资者来创业开发。二是与发展农业产业化相结合。在小城镇发展农村产品加工业，特别要培育产业化的龙头企业，把小城镇建设成农村产品加工、销售的中心，为吸纳农村富余劳动力就业创造条件。三是与乡镇企业二次创业相结合。引导乡镇企业和农村新办企业向小城镇集中、利用小城镇相对的环境优势和基础设施，增强发展活力。四是与大力发展个体民营经济相结合。个体民营经济资金来源广、投资成本低，这是发展小城镇经济最富活力、最有潜力的增长点。

八、人才聚焦集

得人才者得天下，城镇建设也离不开对人才的争夺。人口素质是我国现代化建设的决定性因素。发展农村城镇化，人才须先行。随着经济的发展，尤其是加入 WTO 的情况显示，我国人才总量相对不足。据最新人口普查资料，我国具有大专以上文化程度的人员占人口总量的 3.6%，而日本、韩国却占到 30% 以上，美国更高达 60%。我国不仅高学历人才短缺，而且富有实践经验的实用人才同样奇缺，许多地区和企业普遍出现了"技工荒"。在我国城镇企业 1.4 亿职工中，技术工人只占职工总数的 50%，这不仅低于发达国家的水平，同时也低于印度、埃及、墨西哥等发展中国家的水平。可见我国只是一个人力资源大国，并不是人力资本大国。人才总量相对不足，"技工荒"，尤其是高素质人才奇缺，已成为制约我国农村城镇化发展以及经济协调发展的关键性因素之一。采取措施，切实加强以提高、培养高素质专门人才为重点的我国人才队伍建设已迫在眉睫。首先，政府要加大投入力度，切实加强人才培养基地建设，同时建立和完善对民间资本投入教育的激励机制，鼓励和支持全社会进行智力投资；建立教育发展基金，广泛吸纳海内外教育捐赠，切实落实教育优先发展的战略地位。其次，人才战略还应重视职业教育，因为城镇建设在某种意义上是以农民为主体的，如果我们能够先行构建高水平的职业教育体系，培养出大批品德、知识、技能一流的职业劳动者，那么我国的一、二、三产业的高速度、高质量的持续发展将有所保障。实际上，任何一个发达国家都是通过不断发展中、高等职业教育的院校群体，提高职业教育的质量和水准，强化职业"专才"的培养，从而把研究型大学、科研机构或是企业研发的创新技术成果，经由众多工作在制造业和服务业第一线的职业"蓝领"，进行社会化生产的规模和质量的放大和提升，进而实现可持续经济的发展。最后，完善拴心留人的机制。通过创造环境，精神激励，使人才心情舒畅地全身心地投身到经济建设、小城镇建设中十分重要。对人才特别是高素质人才应实施倾斜政策，对于做出突出贡献的人才要给予重奖；搞好创业园区建设，以良好的科研条件吸引人才；要树立"人才至上"的理念，克服重管理、轻服务和"以事为中心"的思想，采取有效措施帮助各类人才解决工作和生活中的各种实际问题，为发挥各类人才的最大作用和最大价值创造良好的环境和氛围。

九、经营城镇

中华人民共和国成立后，由于较长时期实行计划经济体制，城市建设基本上是以政府投入为主，从而形成了巨大的国有资本。随着社会主义市场经济体制的建立和完善，城市成为市场经济的重要载体。人流、物流、资金流、信息流等都成为城市之间争夺的对象，城市的土地、公共设施等资源，开始从非经营性资产逐步转化为经营性资产。按照市场化要求，引入竞争机制，对部分资源实行市场经营，是市场经济发展的必然趋势。目前在我国城市建设中资金不足已成为长期以来城市建设的制约因素。由于资金不足一方面导致了城市建设滞后，基础设施落后，严重影响了城市的社会经济运行效率，成为城市进一步发展的瓶颈；另一方面又造成了住房、社区、绿地、交通等要素供给的严重不足，城市环境不尽如人意，可居住程度降低。为了解决诸多矛盾和问题，必须用现代的、发展的眼光重新审视城市建设发展问题，树立新的城市发展理念，彻底改变传统的城市建设和城市管理的旧观念，把城镇当作资源和产业来经营，实行市场化和社会化运作，使城镇建设从"负债经营"走向"以城养城"。山东省齐河县孙耿镇的做法就是先培育市场。镇里投资 300 多万元，拓宽了长 2500 米，宽 50 米的中心大街，把街道两侧规划为商业区，并完善了公用设施，使进城农民出资建设搞经营，吸引了 300 多家业户出资 6000 多万元，建起了"上宅下店"式的设施 2 万多平方米，商业街布满了旅馆、商店、饭店、家电维修、农用物资店等。仅黄家村农民张平就投资十多万元，在商业街建起了面积 100 多平方米的超市，年收入 2 万多元。伴随着城镇服务功能的增强，提升了城镇的承载能力，大开发的格局逐渐形成。镇区的基础设施不断完善。镇政府投资 100 多万元建起 3 个广场、人工喷泉，实施了绿化、美化工程，栽植了 2 万平方米草坪，以及塔松、冬青、法桐等树种。还专门组建了 20 多人的环卫所负责城镇的美化、绿化管护工作。现在镇区微机联网，有线电视全面覆盖，成为人流、物流、信息流的集聚地。著名经济学家饶会林指出："城市治理和企业治理是有很大不同的，治理一个企业，从目标来讲，很简单，就是利益最大化，收益最大化……而城市经营不仅要讲经济效益，还要讲社会效益、环境效益，这就和简单的企业经营不一样了。城市经营比企业经营复杂得多。""以城养城""以城建城"只是经营城市的一条路子，没有这条路不行。但是也不能把"经营城市"当作商品来操作，只讲利润、卖高价，从而偏离了经营城市的方向，特别是小城镇的经营，必须把促进城乡结合，城乡互补，城乡融合一体作为出发点，解决城乡差别，为农民进城发展创造物质基础。土地是城镇的最大资产，应充分发挥土地的效益，城市经营的核心和关键也在于此。我国人多地少，耕地资源十分宝贵，处理好小城镇建设用地问题至关重要。一方面必须建立土地储备制度，成立国土储备中心，以确保政府高度垄断土地的一级市场。另一方面，要把握土地的供应总量，注意营造卖方市场，注重"卖""养"并举，优化土地开发环境，注意合理配置土地资源，搞好土地综合开发，提高经济效益，因为小城镇建设资金主要来自于土地的有偿使用。另外，在城市可经营的资产中，除有土地、道路、桥梁等有形资产外，也有从有形资产中衍生出来的无形资产，无形资产包括户外广告标牌经营权、公路汽车线路经营权以及公路、桥梁、公园、广场等冠名权。在经营城市无形资产时应注意的问题有：一要加大管理力度，像管好有形资产那样是搞好无形资产的管理，以利于城市总体形象的塑造。二要认清城市是城市无形资产增值的重要基础。城市形象是城市外观特质形象和内在的精神文化现象的有机结合，是物质文明和精神文明的统一。从某种意义上讲，城市形象就是生产力，为了提高这种生产力的水平，就必须重视抓好城市形象。三要注意无形资产涉及的传统文化、民族习惯和环境的保护与美化等问题，一定要区分好可经营性无形资产与不可经营性无形资产，并根据其不同的特性、功能和目的区别对待，否则就达不到城镇建设的预期效果。

第三节 农村全面建成小康社会开局的顺与逆

从小康水平到小康社会，党中央对新世纪头 20 年我国经济社会发展战略目标的伟大构想。全面小康社会建设的重点在农业，难点在农村，焦点在农民。农业、农村、农民问题缓解之日，就是中国全面小康实现之时。小康，对中国人来说，既是一个古老梦想，又是一个现代理念。在中国共产党领导下，我国人民经过半个世纪尤其是近 20 年的不懈奋斗，终于在上个世纪末从总体上达到了小康水平。

小康，在古代思想家的眼中，是大同之前的社会状态。在老百姓心中，是"三十亩地一头牛，老婆孩子热炕头"的殷实情况。在邓小平的设计中，是物质生活比较富裕，精神生活比较充实，生活环境改善，人口素质提高，公益事业发展，社会治安良好的历史时期。全面建设小康社会，是党的十六大提出的新世纪头 20 年我国经济社会发展战略的目标。从总体小康水平到全面小康社会，不仅蕴含着量的增加，而且昭示着质的升华。没有农村的小康就没有全国的小康。农村全面小康建设是我国全面小康建设的重点、难点和焦点。①农村全面小康建设的开局年。在新一届中央领导集体的正确谋划和指引下，各级党委、政府和广大农村干部群众敢于拼搏，善于创造，抓住了少有的机遇，经受了严峻的挑战，既夺取了辉煌的成就，又积累了初步经验。为了实现这一目标，多少志士仁人上下求索，多少劳苦大众艰苦奋斗。但是，小康对绝大多数中国人来说，只是悬崖上的梅子，可望而不可即。古代许多思想家曾经赋予小康以丰富的内涵，并对小康社会做过一系列设计和构想，其中包含着一些封建主义的糟粕。古代思想家所说的小康社会，实际上是一种建立在落后生产力和生产关系基础上自给自足的小农社会，反映了长期处于贫困状态的老百姓对丰衣足食、安居乐业生活的向往和追求。因此，数千年来，"小康""小康生活""小康人家"等词汇，为广大老百姓所津津乐道。在老百姓的心目中，小康的意思渐渐地向基本生活状态转移，越来越多地被理解为略有资产、比较宽裕、生活自足、不愁温饱。"三十亩地一头牛，老婆孩子热炕头"，就是这种生活状态的生动写照。②时代变迁，风丽沧桑。

当中华民族的历史车轮进入 20 世纪 70 年末，小康这个古老概念被邓小平同志重新提及，为小康赋予了新的时代内涵。

一、千年梦想始成真

小康，是一个中国式的概念，作为一种殷实的社会状况，几千年来一直是中国人的梦想。20 多年前邓小平同志重新提及小康，从此，小康不仅成了人们耳熟能详的词汇，而且作为我国经济社会发展战略的目标，激发和鼓励着亿万人民积极进取和努力创造，逐步将千年梦想变成现实。可见，在古代思想家的眼中，大同和小康是两种不同的社会状态。大同是财产公有，政治民主、社会文明、保障健全、秩序稳定的理想社会状态。而小康比大同要低一个层次，是财产私有、生活宽裕、上下有序、讲究礼仪、家庭和睦的殷实社会状态。小康是走向大同不可逾越的历史阶段。

二、一个中国式的概念

小康，一个蕴含着实惠的词汇，读起来是那么的赏心，看起来是那么的悦目。小康一个中国式的概念，虽然我们今天是在现代意义上使用它，但是在中国传统文化中，它却是源远流长的。小康，这个词在春秋战国时代就出现了。据考证，它最早出于《诗经》。《诗经·大雅·民劳》写道："民劳亦止，汔可小康"，对此有两种辞释，一种是人民有劳有逸，日子就能好过；另一种是老百姓太辛苦了，让他们休养生息吧。而将小康描述为一种社会状态，则成书于西汉《礼记》。《礼记·礼运》称："大道之行也，天下为公，选贤与能，讲信修睦。故人不独亲其亲，不独子其子，使老有所终，壮有所用，幼有所长，鳏寡孤独废疾者皆有所养。男有分，女有归，货恶其弃于地也，不必藏于己，力恶其不出于身也，不必为己，是故谋闭而不兴，盗窃乱贼而不作，故外户而不闭，是谓大同。"又说："今大道既隐，天下为家，各亲其亲，各子其子，货力为己。大人世及以为礼，城郭沟池以为国，礼义以为纪，以正君臣，以笃父子，以睦兄弟，以和夫妇，以设制度，以立田里，以贤勇知，以功为己。故谋用是作，而兵由此起，禹汤文武成王周公，由此其选也。此六君子者，未有不谨于礼者也，以著其义，以考其信，著有过，刑仁讲让，示民有常。如有不由此者，在势者去，众以为殃，是谓小康。"邓小平同志会见来访的日本首相大平正芳时说："我们要实现四个现代化，是中国式的现代化。我们四个现代化的概念，不像你们那样的现代化的概念，而是小康之家。到本世纪末，中国的四个现代化即使达到了某种目标，我们的国民生产总值人均收入也是很低的。要达到第三世界中比较富裕一点国家的水平，比如国民生产总值人均 1000 美元，也还得付出很大的努力。中国到那时也还是一个小康的状态。"后来，他又进一步补充："所谓小康，就是到本世纪末，国民生产总值人均 800 美元……虽不富裕，但日子好过。"就这样，"小康"为邓小平古为今用，标新立异，成为建设有中国特色的社会主义理论的一个重要概念。邓小平所设计的小康社会即不同于古代思想家眼中的小康社会，又有别于老百姓心目中的小康社会。它是建立在以公有制为主体，多种所有制经济共同发展的基本经济制度之上，以广大人民共同富裕为目标，上承温饱阶段，下启基本现代化社会，使人民生活进一步提高的阶段性标志，逐步实现物质生活比较富裕，精神生活比较充实，生活环境改善，人口素质提高，公益事业发展，社会治安良好的历史时期。由此，"小康"成为邓小平理论中一个非常重要的概念。在《邓小平文选》中，共有 40 多处的地方使用了"小康"的概念，并且邓小平将理想化的小康概念演化成为我国经济社会发展战略"三步走"的实际构想。国民生产总值翻一番，解决温饱问题；到 20 世纪末，国民生产总值再翻一番，达到小康水平；再过 50 年，到 21 世纪中叶，人均国民收入达到中等发达国家水平，基本实现现代化。邓小平的构想，得到了党的十三大和十四大的充分肯定，并在党的文件中正式表达出来。"东风吹来满眼春"，党的十一届三中全会正本清源，拨乱反正，把全党工作中心转移到了经济建设的轨道，开始了以农村改革为突破口的经济体制改革。会议通过的《中共中央关于加快农业发展若干问题的决定（草案）》，充分肯定了农村家庭联产承包制，调整了农业政策。生产关系的改革极大地解放了生产力。随着包产到户、包干到户的全面推广，亿万农民在生产经营中迸出了前所未有的积极性、主动性、创造性，加之连续的风调雨顺,在此后的五、六年间农业生产高速增长,全国农业总产值年平均增长 7.6%,粮食、棉花、畜牧业的年平均增长率分别达到 5%、19%和 10.7%,从而带来了农民的收入大幅提高,生活水平显著改善。到 1990 年,农民人均收入达到 686.31 元,恩格尔系数达到 59%,大多数农民基本摆脱了贫困,解决了温饱。

三、一个明确的指标体系

小康,是衡量国民生活水平状况时使用的概念。国民生活水平的状况,一般分为贫困、温饱、小康、富裕。目前,对国民生活水平的衡量,主要有两种参照标准:①以人均国民生产总值为参照标准,称之为人均 GDP。按照人均 GDP 的标准,在 400 美元以下为贫困,够 400 美元是解决了温饱,达到 800 美元为小康,超过 4000 美元才是富裕。②以消费结构为参考标准,即国民用于食物性支出在整个消费支出中的比重,称为“恩格尔系数”。按照恩格尔系数的标准,大于 60%属于贫困,60%~50%是温饱,50%~40%为小康,30%~20%才算富裕。小康社会指标不仅是经济指标,还包括经济、政治、社会、文化、教育等多方面内容,是一个完整的社会全面进步的目标体系。中华人民共和国成立后的 30 多年间,我国进行了大规模的经济建设,取得了举世瞩目的辉煌成就。但是由于基础差、人口多、资源匮乏,加之我们照搬苏联那套体制,长期拘泥于计划经济,接二连三地开展政治运动,没有专心致志地搞建设和谋发展,所以,到 1978 年人均 GDP 只有 376.5 元（按当时汇率计算折合为 242.9 美元）,恩格尔系数在 60%以上,总体上处于贫困状态。当时,占总人口 70%以上的农村的情况就更为糟糕。1979 年,农民人均纯收入只有 134 元,恩格尔系数为 67.7%。全国 7.9 亿多农村人口中有 2.5 亿多的贫困人口。至于说农村的政治、社会、文化、教育等方面就更为落后了。在此基础上,党中央、国务院将农村小康建设提到了重要议程。为了使农村小康具有明确的、可量化的、能评价的指标体系,1991 年国家有关部门组织专家学者进行了广泛深入的研究和设定,在提出全国人民生活小康水平指标体系和城市小康生活水平指标体系之后,又确定了农村小康生活水平指标体系。该指标体系包括反映收入分配、物质生活、精神生活、人口素质、生活环境、保障安全六大方面的 16 个指标。从总体上看，1990 年我国农村小康综合评分为 53 分，也就是说我国农民解决温饱之后，在小康的道路上走过了 53%的里程，还有 47%的路程需要在 2000 年之前来完成。

四、一个伟大的历史进程

1990 年之后，中央对农业、农村、农民问题日渐重视，对发展农业经济、增加农民收入、促进农村稳定做出了一系列重大决策，从而推动了农民生活稳步向小康目标迈进。到 2000 年，全国农村的小康实现程度达到 91%。从全国农村小康的进程看，1990～2000 年，农村小康水平平均每年推进 5.53 个百分点，其中，前五年发展比较快，平均每年推进 6.46 个百分点，后五年由于受农民收入增长减缓的影响，后来发展有所放慢，平均每年推进 4.60 个百分点。从《全国农村小康生活水平基本标准》的六大方面看，精神生活和保障安全两项指标已经达到，而收入分配、物质生活、人口素质和生活环境指标的实现程度分别为 87.2%、94.8%、90.8%和 82.8%，其中，生活环境方面的安全卫生水的普及率差距比较明显，仅为 64.7%。尽管农村小康的进程还存在许多不尽如人意的地方，但是农民整体生活还是迈入了小康的门槛，大约有 3/4 的农民过上了初步小康生活，基本实现了从温饱型向小康型的历史性跨越，这是中华民族史上的一个伟大的里程碑。

农村现在的小康是不全面的，存在很大偏差。大多数农民只是解决了生存问题，而保障和发展问题还微不足道。农民与失业、医疗、养老等社会保障基本无缘，农民学文化学技术也往往力不从心，至于农村的民主与法治那就更差一大截子了。

五、一个崭新的发展境界

党的十六大报告指出，目前我国人民生活总体上达到了小康水平，这个判断是十分科学的。所谓"总体上达到了"，就是笼统计算起来达到了，但它却是低水平的、不全面的、发展不平衡的。农村现在的小康是低水平的，属于初级阶段。从逻辑上讲，在未达到富裕之前都属于小康阶段。而在以人均GDP为参照的衡量标准中，从小康到富裕的指标跨度非常之大，如果把人均GDP达到4000美元时才视为富裕，那么从800~4000美元都属于小康区段，也就是我们刚刚与小康生活贴上边，至于离农村全面小康社会的"目标"就相差甚远了。《全面建设小康社会2020年主要指标的发展目标》预计，届时农民人均纯收入要达到6860元，而2000年只有2253元（按1990年不变价计算仅为1066元），只是2020年目标值的1/3。农村现在的小康是很不平衡的，地区之间的距离很大。2000年，我国东部地区12个省（市、区）农民小康水平的实现程度为97%，基本达到了小康水平；中部地区9个省（区）农村小康水平的实现程度只有1个达到90%以上，整体上还处于从温饱到小康的转变之中；西部地区10个省（市、区）农民的小康水平的实现程度仅为68%，距离小康的目标还有近1/3的路程。可见，从"总体小康"到"全面小康"，必须争取量的大幅增加，而从"小康水平"到"小康社会"，更应当从量变实现质变。"小康水平"与"小康社会"是既有联系，又有区别的两个概念。"小康水平"指的是人民的生活水平状态，主要偏重于物质生活方面的指标；"小康社会"则涵盖了经济社会的各个方面，不仅有物质生活的提高，还包括精神生活、政治生活、社会保障和发展条件等方面的改善。另外，"小康水平"更多着眼于人均和户均等个体水平的进步，带有明显的"小康之家"的色彩；"小康社会"则将视野扩展到整个社会群体指标的优化，实现城乡之间、地区之间、经济与社会、人与自然、改革与开放的良性循环和协调发展。正如党的十六大报告中描述的那样，"经济更加发展，民主更加健全，科技更加进步，文化更加繁荣，社会更加和谐，人民生活更加殷实"。目前，业内专家学者已经对全面建设小康社会2020年主要指标的发展目标做出了预测。据有关材料显示，加紧对农村全面小康社会基本标准进行研究和设定，不久即可出台。全面小康社会与总体小康水平的标准相比，一是档次提高，与中等收入国家的水平看齐。二是范围扩大，涉及社会生活的各个方面，讲求社会全面进步。三是总体进步，缩小城乡、地区差别，向共同富裕的目标迈进。虽然，"小康"还是"小康"，但是从"小康水平"到"小康社会"，从物质生活的提高到社会生活的改善，从个体水平的进步到社会群体水平的优化，我国农村的小康必将跃上一个崭新的境界。

六、在泥淖之中跋涉

尽管农民生活总体上达到了小康水平，然而与全国小康的平均水平相比，它的实现程度低5个百分点。在我国长期的二元经济社会结构中，农民太多，农村太穷，农业太脆弱，是农村发展的瓶颈。而这一状况的基本成因，是我们过去对农业、农村和农民予之过少，取之过多，管理过死。要使农村全面小康建设良好开局，多予、少取、放活是当务之急。只有在这三个方面进行创新，才能为解决农民的经济性、知识性和保障性贫困，提供充分的政策安排和制度保证，促进亿万农民的致富奔康。

七、农村发展的三个瓶颈

（一）农业生产方式落后

我国的农业生产方式与数百年前相比并没有显著的变化。其特征是，以家庭为单位，小地块分散生产；经营水平低下；市场化程度低；初级机械化，耕作方式粗放落后；运输、仓储手段落后，损失率高；深加工简单粗放，附加值甚微等。在美国，一个农业劳动力可以养活98个本国人和34个外国人，在我国，一个农业劳动力连自己在内大致养活7个人。第一，农民太多。目前，我国农村约有7亿多劳动力，其中70%多为农业劳动力，约为5亿人。农业耕地约19亿亩，按照现在的生产力条件大致只需要1亿劳动力。乡镇企业和农村工商户约能容纳0.5亿劳动力。这样算来，我国农村还有3.5亿剩余劳动力。3.5亿的剩余劳动力是什么概念？与国内比，是国有企业和集体企业职工总数9000万人的3.88倍；与国外比，分别相当于1.24个美国、2.4个俄罗斯、4.27个德国、5.73个英国、19.44个澳大利亚的人口数！这3.5亿农村剩余劳动力中，有1.2亿是常年外出打工；余下的2.3亿，则滞留在土地上，半年耕作半年闲，一人的活三人干，紧巴巴将就过日子。过去我们经常以"世界耕地的7%，养活了世界人口的21%"而自豪，却很少提及它的另一面——

以世界上 40% 的农民仅仅养活了世界上 7% 的非农民。目前农业就业比重在英国为 2%，美国和德国为 3%，日本为 7%，韩国也只有 17%。据测算，到 2020 年我国实现全面小康之时总人口为 14.8 亿人，其中，农业人口的比重不能超过 25%，也就是 3.7 亿人，这样今后每年至少要有 2500 万左右的农民从第一产业转移出来，走向二、三产业。虽然在短时间内将我国农业人口的比重降下来是不现实的，但是如果不减少农民，把农民从土地、农业和农村转移出来，实现农村全面小康的目标则是不可能的。第二，农村太穷。2011 年，我国城镇居民人均收入为 7860 元，农民人均收入为 4366 元，二者的差距，但是如果扣除 40% 的实物性收入，农民可供支配的现金就剩下 1800 元了，而其中 20% 还要留做维持和扩大再生产的经费，也就是说农民与城镇居民实际收入的差距是 5∶1，甚至 6∶1。从农民人均消费现金支出情况看，问题就更为突出。1999 年，我国农民人均消费现金为 1144 元，每月不足 100 元。其中近 40% 用于食物性消费。农民人均消费在 2000 元以上的只有上海市、北京市、浙江省和广东省。其中，上海市最高，为 3486 元，然而上海市的农民数量很少，又基本市区化了，很难谈其代表性。北京市为 2977 元，浙江省为 2429 元，广东省为 2139 元，要比人们想象中的富裕程度低得多。农民人均消费现金在 1000～2000 元之间的有 11 个省（市、区），从高到低分别是江苏（1814 元），福建（1678 元），天津（1634 元），湖南（1295 元），山东（1286 元），辽宁（1208 元），江西（1093 元），河北（1078 元），广西（1012 元），内蒙古（1011 元），吉林（1004 元）。农民人均消费现金在 1000 元以下的省（市、区）有 16 个，其中最高的是湖北省，仅为 998 元；最低的是甘肃省，只有 510 元，用于家庭设备的现金消费平均为 39 元，低的连 10 元都不到，一年 10 元钱的花费，除了买几个盆盆碗碗之外，还能办什么事情呢？国际劳工组织对 36 个国家的统计资料表明，绝大多数国家农民与城镇居民的收入差距小于 1.6 倍，超过 2 倍的只有三个国家，中国是其中之一，并且是最高的。据预测，今后 20 年，即使农民人均收入每年增长 5.5%～6%，但是与城镇居民的差距还是 3 倍以上。如果在社会保障等方面不对农村采取特殊的倾斜，农民与城镇居民实际收入的差距仍将居高不下，我国全面小康的目标也会落空。第三，农业太脆弱。农业自然资源条件有限。目前我国人均耕地面积、人均淡水和矿产资源分别仅为世界平均水平的 1/3、1/4 和 1/2。我国还被列为全球公认的 14 个水资源危机国家之一。全国有 666 个县（区）人均耕地面积低于联合国粮农组织确定的 0.8 亩的警戒线，其中，有 463 个县（区）人均耕地面积不到 0.5 亩。人多地少水不足，是中国的重要国情。农业基础设施落后。农业水利工程年久失修，配套不全，功能老化，其中不少水库为带病运行，60% 的排灌工程亟待维修，大量河道淤积，防洪排涝能力大为减弱。农业生态环境恶化。全国森林覆盖率为 13.9%，人均仅为 0.11 公顷，居世界 119 位；人均草原面积仅为 0.33 公顷，90% 的草地已经或者正在退化，植被破坏严重，自然灾害频繁发生。同时，由于城镇的"废气、废水、废渣"排放的企业向农村扩散，有 1/5 的耕地被污染，酸雨覆盖了 30% 的国土面积，废水侵袭了七大水系近一半河段，有些河道和湖泊由过去的"淘米洗菜"变成了现在的"鱼虾绝代"。

（二）农村差距的三种成因

首先，国家对农业的投入过少。农业是一个弱质产业，自积累、自增值和自发展的功能低，效果差。只有国家给予充分和必要的扶持，农业才能良性循环，协调发展。目前，世界上一些发达国家都对农业采取了保护措施，如美国国民收入中来自农业仅占 4%，而给予农业的财政补贴却是 9%；德国农业税收占财政收入的 1.7%，而对农业的投资高达 7%。长期以来，我国对农业的投入说得多，做得少，农业成了地道的"口号农业"。国家用于农业的投资本来就很低，而且在财政总支出的比例还在逐年下降，1978 年为 151 亿元，占 13.5%；1995 年为 575 亿元，占 8.4%；2000 年为 1232 亿元，占 7.8%。国家基本建设投资中，用于农林牧渔项目的比例也是一再降低，由 1978 年的 3.6% 降至 1995 年的 1%，2001 年的 2.9%。而且，由于我国国家财政支持农业的投入，是采取转移支付方式进行的，财政预算支持农业的数额，是由中央财政和地方财政两家出，中央占 20%，地方占 80%。有人戏称"中央请客，地方买单"。问题是地方特别是中西部落后地区往往买不了这个单。有关资料表明，2000～2010 年，地方财政总支出由 4295.81 亿元增长到 90866.65 亿元，而其中的农业支出由 220.74 亿元增长到 689.47 亿元。地方财政农业支出比重呈逐年下降趋势，由于地方财政支付不够，国家财政农业投入有 30%～50% 的资金到不了位。其次，国家对农村的索取过多。中华人民共和国成立之后，为了实现国家工业化，我国主要通过工农产品价格"剪刀差"，低价收购农产品，把农业剩余转化为工业利润，再通过严格控制工业部门的工资水平转化为财政收入，同时，国家又从农业税收、农村储蓄等渠道获取了大量的资金积累。据统计，1952～1990 年，国家通过工农产品价格"剪刀差"获取的资金为 8707 亿元，通过农业税收获取的资金为 1527.8 亿元，通过农村储蓄获取的资金为 1404.8 亿元，扣除国家对农业的投入，农业为工业化净积累资金 10000 亿元。如果说在国家工业化初期，通过农业积累工业化资金是不得已而为之的，那么 20 世纪 90 年代初，我国国家工业化步入了中期阶段。在这阶段中，世界上许多国家都停止了对农业的盘剥，并且开始反哺农业了，而我国却仍大量从农业和农村索取资金。1990～1998 年，农村资金净流出19222.5 亿元，其中，从工农产品价格"剪刀差"流出的占 32.8%，从农业税收流出的占 48.9%，从农村储蓄流出的占 18.3%。

目前，我国是世界上为数不多的向农民征收农业税的国家之一。每年"明税" 500 亿元左右，而"暗税"却很难估算。农民负担的税费项目有多少？从合法负担这一块来讲，据有关部门统计，全国各省区市平均有 9 大类 98 个收费项目。而不合法负担加上"乱收费、乱摊派、乱罚款"，有的省份是 200 多项，少的也有 100 多项。农民负担费用是多少呢？农业部对 2000 年农民负担的统计表明，全国农民总负担为 1779 亿元，人均接近 200 元，约占当年农民人均纯收入（2253 元）的 8.9%。需指出的是，在农业部的统计数字中，并不包括地方政策和管理人员的"三乱"部分。农业部统计不了的"三乱"数额是多大呢？据一些资料介绍，不会少于正规文件收费的金额，即使只取其1/3，即 2.9%。合法不合法两项加起来，农民总的税费负担数额就变成了农民当年人均收入的 11.8%。因此，国家对农民的管理过死。从 20 世纪 50 年代后期起，我国连续做出关于制止农村人口盲目外流的指示，如规定公安机关要严格户籍管理，粮油部门不得为没有城市户口的人员供应粮食，各单位不能私自招用农民工，城市政府必须将流入城市的农民遣返回原籍等。随着计划经济体制的确立，城乡分割的户籍制度开始与城乡分割的粮油供应制度、劳动就业制度、养老保险制度、医疗保障制度、住宅制度、婚姻制度、教育制度、投资制度、财政制度、流通制度、分配等制度相结合，逐步形成了我国壁垒森严的"城乡老二元社会结构"。"城里人"和"乡下人"，成了两种身份、两种社会地位的象征。尽管 20 世纪 80 年代以后，大批农民工进入城市打工，但是这是一种体制之外的暂时流动，不改变户籍，不享受城市福利，也不纳于城市就业管理。农民工除了挣取微薄的工资之外，很难融入当地社会。"本地人"和"外来人"，形成了截然不同的两个社会群体，表现为"新二元社会结构"。城乡分割的"新老二元社会结构"的作用，逻辑上直接导致如下结果：一是将农民束缚在有限的耕地上，随着人口增长，农村产生了大量的剩余农民。二是土地养不活剩余农民，其中的劳动力必须离开土地另谋生路，要么是离土不离乡，去乡镇企业务工；要么是进入城市，离家弃农务工。由于乡镇企业容量有限，约一半的农村剩余劳动力选择了进城。三是由于长期被限制在农村，除了凭力气种田，农村剩余劳动力几乎没有工商业劳动技巧，加之城市有铁一般的户籍管理制度，农民进城做不成事，也安不了家。四是数以亿计的农民打工阶层出现，根在农村，身在城市，心在游荡，成为没有公民权利的特殊"公民"。

（三）农村全面小康建设的三大重点

一是解决保障性贫困。一定的社会保障，不但是社会运行的"防护网"，而且是社会发展的"催化剂"。过去我国农村社会保障微不足道，据有关资料表明，目前全国农村社会保障经费每年约为 400 亿元左右，其中，2/3 来源于乡（镇）、村或个人自筹，基本是农民自我保障。按享受社会保障的从业人员计算，农村社会保障覆盖率仅为 3%，城乡人均社会保障费的比例为 24∶1。在扶贫救助方面，2000 年，农村获得低保的人数仅占应保人数的 25%；在医疗保障方面，农民没有医疗保险，医疗基本是自费。抽样调查表明，在贫困地区农民患病应就诊未就诊的为 72%，应住院而未住院的为 89%，因病致贫和返贫的高达 50%；在养老保险方面，虽然已有数千万农民投保，但是只在一些沿海地区有 100 万农村老人领取养老金，年人均仅为 400 多元。农村约有 1/3 的"五保户"得不到供养。农民困不得助，病不得医，老不得养，农村全面小康就是空话一句。所以，解决农民的保障性贫困，是农村全面小康建设的必由之路。二是解决知识性贫困。如果说经济性贫困是暂时的，经过一、两代人的奋斗有可望得以解决，那么知识性贫困则是长期的，将导致数代人的连续贫困，更具有持久的灾难性。据 2000 年第五次全国人口普查统计，农村人口中初中及以上文化程度的仅占总人口的 39.1%，远低于城市人口 65.4%的水平；小学程度的占 42.8%，15 岁以上人口的文盲率为 8.3%，分别高于城市 23.8%和 4%的水平；每百名农业劳动力的文化程度是：初中及以上程度的占 59.6%，小学程度的占 32.2%，文盲的占 8.1%。我国"普九"覆盖率为 85%，剩下的 15%在农村，失学儿童几乎全在农村，目前全国还有 100 个左右的县（区）未能普及小学教育。中国有文盲 8507 万人，90%也就是 7656 万文盲在农村。同时，农村科技人员奇缺。1949 年，国家培养的中高级农林技术人员累计达 247 万人，由于农村收入低、生活条件差，这些农林技术人员大部分留在城市改了行。真正从事农业科技的仅有 76.8 万人，其中，在农村第一线的则更少。目前每万名农业劳动力只拥有农村技术人员 21 人，与城市中每万名职工拥有专业技术人员 2800 多人比较相差甚远。所以，解决农民的知识性贫困，是农村全面小康建设的当务之急。要解决农村的知识性贫困，根本的措施是发展教育和普及科技。①加强农村基础教育，普及九年义务制教育，尤其在贫困地区尽量实施"希望工程"，将农民子女的失学和辍学率降至最低程度。②开展农民科技培训，组织具有初、高中文化程度的青年农民学科学、学技术，使其拥有一技之长，帮助他们就业和创业。③有效改善农村教师、农业科技人员的工作、生活条件，鼓励和支持他们立足本职，爱岗敬业，为农村全面小康建设贡献力量。三是解决经济性贫困。穷，乃万恶之源。目前，我国农村人口还有 3290 万人处于绝对贫困状态。需要指出的是，这里所说的绝对贫困线是低标准的，人均只有 625 元。如果将此标准提高 200 元，那么进入绝对贫困状态的农村人口就将达到 9000 万以上。除了贫困人口之外，在已经脱贫的人口中，我国还有近 2 亿农村人口的年人均收入大致为 850~950元，比贫困人口的收入高不了多少，他们属于农村"贫穷人口"，生产生活条件还没有从根本上得到改善，抵御自然灾害的能力还不强，生产生活仍很困难。这样，我国穷困人口（贫困人口加贫穷人口）还有 2.3 亿人。解决农民的经济性贫困,是农村全面小康建设的重中之重。要解决农民的经济性贫困,最有效的措施是消除城乡居民的两种身份制度,让农民拥有与市民平等的生存和发展机会,包括自由迁徙和居住权利、平等接受基础教育和职业培训权利、平等劳动就业和劳动保护权利、平等民主选举和被选举权利等。然而,要做到这些并非易事。因为我国城镇化水平太低,对农民的吸纳能力有限。解决农民的经济性贫困,一方面要大力建设和发展城镇,以便为农民提供更多的就业岗位和安居条件。另一方面要大力建设和发展农村,这在眼下是更为重要的任务。国家要加大对农业的投入,加强农村基础设施建设,加快农业科技进步,推进农村经济结构调整,推行农业产业化经营,推动农业和农村经济的市场化进程,实现使农业增效和农民增收,为农村全面小康建设奠定坚实的经济基础。解决保障性贫困,农村社会保障应当包括三个层次:首先是社会救助,即建立农村最低生活保障制度,但是保障线的起点不能过高,以保障贫困人口的基本生活为宜;其次是医疗保障,恢复农村合作医疗,同时建立大病统筹医疗保险制度,使农民们联合起来,共同抵御大病风险;最后是养老保障,在农村逐步建立养老保障账户,发展农民养老保险事业。而要解决保障性贫困,关键在于政府的有效作为,政府要在进一步加强对农村社会保障立法的基础上,加大投入,规范管理,为农村全面小康建设提供保障措施。

八、破浪前行开局年

2003 年,是农村全面小康建设的第一年。这个开局之年,既有顺风满帆,又有逆流遏舟。面对非典疫情的冲击、自然灾害的侵袭和国际农产品贸易市场的打压,在新一届中央领导集体的正确领导下,各级党委、政府和农村广大干部群众敢于拼搏,善于创造,抓住了少有的机遇,经受了严峻的挑战,农业和农村经济破难而进,农村全面小康建设有了良好的开端,也取得了初步经验。全年走势呈"U"形:一季度物质生活继续提高。农民物质生活水平是反映农村全面小康的重要标志之一。农民收入中的现金收入的增加,带来了农民物质生活的提高。2003 年,农民物质生活消费支出在 1900 元左右。同时，农民的消费结构进一步优化，恩格尔系数降至 0.45 左右。食品营养好转，有利于健康的食物增加，如豆类、植物油、奶豆制品、水产品、水果等。衣着质量提高，衣着消费支出 110 元左右，比 2000 年增加 15 元，衣着消费正在向成衣化发展。居住条件改善，农民人均住房面积 27 平方米，其中，农村砖石和钢筋混凝土结构住房面积为 22 平方米，比 2000 年增长 4~5 个百分点。①精神生活有所充实。精神生活的充实是农村全面小康的另一种表现。农民在物质生活提高的同时，精神生活也有所改善。2003 年农民平均每百户拥有彩色电视机约为 65 台、洗衣机约为 33 台、电风扇 140 台，而 2002 年底的这组数字分别为彩色电视机 60.5 台、洗衣机 31.8 台、电风扇 134.3 台。同时，电话、移动电话、空调、电脑等也纷纷进入农民家庭，农民文化服务支出比重进一步提高。②生活环境大为改善。启动农村公路建设 7.8 万公里，年度投资 396 亿，另外，追加 30 亿元投资重点解决乡镇和行政村不通公路的问题，农村交通状况将大为改观。同时，农村电力、通讯、饮水设施建设也在紧锣密鼓地进行。人口素质得以优化。随着中央关于加强农村教育、农村医疗和农村社会保障工作等一系列决定的出台及其相关投入的到位，农民平均受教育程度得以提高，西部青壮年文盲率有望下降到 80% 以下，农民平均期望寿命年提高 0.3%，达到 72.5 岁左右。③社会形势基本稳定。农村精神文明建设加强，社会公德、职业道德、家庭美德得以进一步弘扬；农村政治文明建设提速，全国新一届村委会换届选举工作比较平稳，农村基层组织建设、村民自治、村务公开等工作均有所起色，农村社会治安继续改善，农村万人刑事案件立案件数控制在 20 件以下。从国家统计局公布的数字看，农业和农村形势一季度开局良好，增长强劲。农民人均收入达到 737 元，比上年同期增长 7.5%，是近年来增长最快的。二季度低走。一场突如其来的非典疫情，虽然没有在农村蔓延开来，但是它对农业和农村经济带来了明显的负面影响，尤其是对农民的增收产生了极大的影响。一是非典疫情造成了农产品营销的内外交困。一方面内销不畅，由于旅游、交通、餐饮等行业的萧条，对农产品的采购量骤减，加之农产品营销人员流动受限，农产品运输成本增加，致使部分农产品积压，价格下跌。另一方面出口受阻，受非典疫情可能与动物携带和传播病毒有关的传闻影响，二季度我国猪、鸡、兔等畜禽产品出口大幅下降，其他农产品出口也受到严重影响。二是非典疫情助推了农用物资价格的反常上涨。部分不法厂商趁农资暂时短缺之机，哄抬物价，在一定的程度上增加了农业生产成本。三是最为严重的一点，非典疫情导致了农民外出打工受到限制。二季度约有 800 万农民工返乡，其中 400 万是因为非典疫情而"回流"的，这使得农民收入增速严重受挫。二季度同一季度相比，人均现金收入增幅下降 3.3%，减少 35 元。整个第二季度农民人均现金收入为 421 元，比上年同期减少 11 元。三季度回升。进入三季度农业和农村经济明显回升，农民人均现金收入为 634 元，比去年同期增加 44 元，增速为 6.5%。形成这种好形势的主要原因有四个方面：一是外出务工农村劳动力大量增加，农民工资性收入增长很快，三季度末，在外务工的农村劳动力人数 8070 万人，比二季度末增加 500 万人。三季度农民外出务工收入人均 66 元，比上年同期增加 11 元，增长 20.1%。二是农村固定资产投资快速增长，为农村劳动力在本地打工创收提供更多机会，三季度农村固定资产投资增长 27.1%，增速比上半年提高 5.2%。这使得农民有比较多的在本地打工的机会及其相应的收入。农民在本地打工得到的收入人均 43 元，比上年同期增加 5 元，增长 14.3%。三是农产品价格持续走高。三季度农民出售农产品得到的现金收入人均为 272 元，比上年同期增加 18 元，增长 7.1%。四是农户二、三产业生产经营全面恢复，促进了农民收入提速。三季度农户二、三产业生产经营现金收入人均 121 元，比上年同期增加 16 元，增长 15.2%。这样，前三季度农民人均现金收入为 1802 元，比上年同期增长 80 元，扣除价格因素影响，实际增长 3.8%，与上半年相比增速回升 0.7 个百分点。至此，非典疫情造成的损失已被大部分挽回。四季度利好。四季度农业和农村经济有很多的有利因素，一是农村劳动力外出务工形势进一步好转，同时，农村固定资产投资保持持续快速增长，为农民提供的在本地打工创收的机会仍在增加。二是农产品市场价格呈全面持续回升趋势。当然还存在一些不利因素：①受旱、涝、低湿阴雨等不良气候因素的影响，秋季农作物的生产形势比较严峻，特别是秋粮、秋油和棉花减产已成定局。②受灾比较严重的地区农民增收仍然困难，不仅农业生产尚未完全恢复，农民外出打工也因此而受到影响。总而言之，四季度农业和农村经济形势利大弊小，农民收入增幅有望创造近年来的新高，全年将达到 4%。

（一）化险为夷开门红

农民收入转危为安。农民人均收入指标，在农村全面小康的指标体系中居于核心地位，权数高达 30%，面对第二季度非典疫情冲击的严峻形势，许多业内人士曾惊呼：今年农民人均收入将不会超过 4%。然而，我们仅仅用了一个季度的时间就把非典造成的损失大部分夺回。现在我们可以肯定地说，今年农民人均收入可以高于去年，预计全年农民人均收入会在 2600 元左右，其中，人均现金收入增长 100 元以上，增速为 4.5% 左右。国家统计局对全国 31 个省、区、市的 6.8 万个农户抽样调查显示，2003 年前三季度农民现金收入增长主要表现在四个方面：一是农民务工收入。前三季度农民的务工收入人均 302 元，比上年同期相比增加 31 元，增长 11.4%，其中外出务工收入人均 200 元，增加 19 元；在本地打工收入人均 102 元，增加 12 元。二是出售农产品收入。前三季度农民出售农产品现金收入人均 767 元，比上年同期增加 44 元，增长 6.1%。其中，出售粮油菜等产品现金收入人均 404 元，增长 7.3%；出售林业产品现金收入人均 20 元，增长 38.7%，出售牧业产品现金收入人均 312 元，增长 4.8%。三是农户二、三产业收入。前三季度农户二、三产业收入人均 306 元，比上年同期增加 11 元，增长 3.7%。四是财产性收入。前三季度农民财产性收入主要是由于土地征用补偿收入等，人均 39 元，比上年同期增加 10 元，增长 33.5%。农田面积锐减的结果必然是粮食总产下降。据专家预测，若不采取强制有效性的措施，到 2005 年我国的粮食生产就会出现拐点，造成供不应求。粮食安全的隐患不可不察。将来一个 16 亿人口的大国，如果依靠进口粮食"糊口"，那种恶果是可想而知的。乡企吸纳能力减弱，农村就业压力加大。农村全面小康建设的核心在农民就业，而要扩大农民就业的首要途径是发展乡镇企业，发展乡镇企业的实质就是农民依靠自己的力量，发展农村二、三产业，实现就业、增收和富裕。乡镇企业就其转移农民的功能来看，是把农民对富余人口不生产的消费，变为能生产的消费，因之增加经济余量，继而促进农村就业结构变化和经济社会发展。乡镇企业从发展之日起，就为吸纳农村富余劳动力做出了巨大贡献。截至 2002 年年底，乡镇企业已经安排了农村富余劳动力 1.33 亿人，占农村劳动力的 27%，占社会劳动的 18%，但是，近年来由于乡镇企业发展由粗放式经营向集约式经营的蜕变，乡镇企业资本结构不断提高，资本技术人才密集型企业增多，带动农村就业的能力有所减弱，吸纳农民就业的增幅趋缓。

从乡镇企业就业的产业分布看，乡镇企业第二产业就业人数比重平稳下降，从 1980 年到 2001 年平均每年下降 0.3 个百分点；从乡镇企业就业的行业看，工业行业就业比重总体上下降，1991 年前乡镇企业工业行业就业人数占乡镇企业总就业人教的 60%以上，而现在仅有 58%；从乡镇企业就业的所有制结构看，集体企业就业人数持续下降，由 1985 年的 60%下降为 2001 年的 26%。粮食总产再度下降，粮食安全隐患增加。尽管 2003 年优质专用粮食产量有所提高，如优质专用小麦面积超过 31 亿亩，然而，我国粮食造成粮食总产下降，2003 年夏粮比上年减产 240 吨，减幅为 2.4%，秋粮减产也已成定局。造成粮食总产下降，固然有旱、涝、低湿阴雨等不良自然因素的影响，尤其是安徽、江苏等地的涝灾及南方数省的旱灾，而人为因素是粮食总产下降的主要原因，近年来耕地面积锐减。国土资源部将 16 亿亩确定为我国耕地面积不可逾越的"红线"，因为到人口高峰时我国人口将达到 16 亿，也就说一人应该有一亩"保命田"，而最新调查显示，我国现有耕地面积已经从 1996 年的 19.5 亿亩减少到 2002 年的 18.89 亿亩，目前划定的基本农田仅有 16.3 亿亩，并且仍以每年近 1000 万亩的面积减少。照此下去，用不了几年，我国的耕地面积就会突破"红线"。这种情况的成因有两个方面：一是近年来"圈地"浪潮愈演愈烈，违法违规用地盛行，园区建设用地混乱，土地利用规划调整随意，集体土地圈占猖獗。二是退耕还林、退耕还草、减粮扩经、减粮扩渔等随意超度实施，从而使粮食播种面积减少。国家开始实行统筹城乡发展，统筹经济社会发展，统筹人与自然和谐发展的战略，对农村社会事业的投入达到了前所未有的上千亿元，将国家财政新增的教育、文化、卫生、医疗等方面的投资全部用在了农村。这对亿万农民来说可谓是"久旱逢甘露"，然而，一时的"甘露"却难解已久的"旱情"。农村大地需要持久不断的"雨露滋润"。目前，我国农村有富余劳动力 3.5 亿左右，且每年新增劳动力 1000 万左右，城镇用工容量有限，乡镇企业用工又在减少，这就必然导致农民就业形势日趋严峻，影响农民增收，阻碍农村全面小康进程。"绿色门槛"纷纷抬高，农产品出口不容乐观。尽管 2003 年粮食出口增长，进口减少，但是大豆、油脂、棉花出现了净进口显著增加的情况，畜产品、水产品和果蔬也屡屡受到外国技术性"壁垒"的打压，未能达到出口预期。导致我国农产品出口受阻的主要原因是世贸组织成员国对农产品出口的"绿色门槛"纷纷抬高。从世贸组织成员国通过的技术性贸易壁垒(TBT)和实施卫生与植物卫生措施(SDS)的情况看，其中美国、日本、韩国、欧盟等我国几大主要农产品出口市场的形势尤为严峻。当然农产品出口遭遇"绿色门槛"的阻碍，与我们自身存在的一些问题不无关系。譬如，我国目前尚没有完备的食品安全方法，农产品质量标准、畜禽病监控体系以及农兽药残留监控体系有待完善，从生产角度讲，目前大部分动植物产品生产以农户分散种养为主的局面还未得到根本改变，技术不高，设施落后，不能实行大规模的标准化生产。这些问题不解决，我国农产品的出口就难以真正有出头之日。农村社会事业"欠账"太多，一年半载积重难返。由于长期以来在农村重经济发展，轻社会发展，对农村的教育、文化、卫生、医疗、基础设施、公共福利和社会保障投入甚少，"欠账"太多，比如 1990～2002 年我国财政用于政策性补贴近 1000 亿元，主要用在城镇居民身上，城镇居民享受各种"明补暗贴"，每年人均约为 3000 元，农民却与之无缘。农村社会事业的过度"欠账"，不但使得农村社会事业严重滞后，而且造成了农村经济的发展速度不快，效益不高，后劲不足。

（二）"四则运算"一起做

农村全面小康建设是一项宏大的系统工程，它是由诸多子系统组成的，各子系统同功能、多因素，相互之间有着输入与输出的联系，既不可独立存在，又不能任意组合，只有形成良好结构和机制，才能优质、高效、低耗、安全的运行。2003 年，农村全面小康建设开局的初步经验证明，这种结构和机制，简而言之，就是"加减乘除"一起做。做"加法"，增加农民收入：应当加强对农民的直补。过去国家对农民不多的补贴，一般都是间接的，经过中间环节层层截留，到了农民那里往往所剩无几。如在粮食购销中，就是通过粮食购销系统给予农民间接补贴，到头来，农民只能拿到国家补贴不足10%的好处。中央政府在安徽等省试点的基础上，启动了粮食直补改革，将原来的按保护价收购农民余粮事后给予间接补贴，改为按种粮面积提前给予农民直接补贴。有史以来，中国农民第一次在既没有出卖农产品，又没有出卖劳动力的时候，就从国家财政拿到了钱。随着粮食直补改革的全面推进，农民收入的增幅会大大提高。必须加速农村富余劳动力的转移。我国农村劳动生产率仅为发达国家农村劳动生产率的5%左右，5亿农民挤在有限的土地上，用传统的耕作方式挣饭吃，再大的收入总量也被这个大分母除掉了。要增加农民的收入，最为根本的途径是将农村3.5亿富余劳动力从土地、农业和农村转移出来。为了加快农村富余劳动力的转移，政府一方面统筹城乡就业，为农民建立劳务市场，提供就业信息，拓宽就业渠道，加强就业指导，在法律援助、劳动安全、子女教育、计划生育、生活居住、报酬追讨等服务给予帮助，鼓励、支持和保护农民外出务工。另一方面探索户籍制度改革。不断传来一些省、市、县取消"农业"和"非农业"两种户口类型，建立城乡统一的户口登记制度的好消息，越来越多的农民实现了迁徙和居住自由。农村富余劳动力的转移，不但使已转移的农民在务工中获得了比务农高得多的收入，而且也使未转移的农民享受和利用了更多的农业资源，在务农中提高了收入。农村全面小康社会建成与否，其决定因素是农民人均收入目标的实现程度，届时农民人均收入目标是6080元。达到这一目标，今后每年农民人均收入的平均增速应当是5.5%～6%，其中前10年是5%以上，后10年是6%以上。在过去的3年间农民人均收入的增幅分别是2.1%、4.2%、4.8%，平均增速仅为3.7%。可见，如果没有特殊的招数，做大"加法"，农民人均收入的目标是极难实现的。要加大对农业的投入。

据测算，要使农业得以休养生息，政府对农业的投入占财政收入的比例不能低于10%，而目前还不到8%，今后必须逐年增加，尤其对农业科技开发、农田基本建设、农业生态环境治理、农业信息体系建设等更要加大投入。中央政府增加了对农业基本设施尤其是农业中小型基本设施的投入。年初安排了257亿元的国债投入，下半年又追加了32.5亿元用于农村饮水改善、乡村道路修建、贫困地区电力建设、病险水库除险加固、农村中小学危房改造等。同时，以空前的数额对农村交通、环保等进行了投资。仅农村公路建设一项总投资就有750亿元，当年执行计划投资396亿元，又追加30亿元，用于县际和乡村7.8万公里公路的5300个建设项目。还投资了429亿元，用于以林业为主的农村生态工程建设，此项投资为中华人民共和国成立以来50年投资的总和。这些投资既有效地改善了农村经济社会环境，又为更多的农民提供了就业机会，使他们在这些工程中打工增收。

（三）做"乘法"，科技武装农民

从整体上说，文化素质、科学水平、技术能力低，是农民生存和发展不好的根源，我国农民有1亿多的文盲半文盲，这些农民务农学习不了农业科技，务工掌握不了专业技能。"富了脑袋才能富口袋"。富裕农民，不但要转移农民，而且要武装农民。用先进文化和科学技术武装农民，才能使农业和农村经济产生事半功倍的"乘法"效应。在农村全面小康开局之际，国家加强了农村科技和教育工作。首先围绕农业产业化、农村城镇化、农民知识化、农村信息化，制定了"星火计划"新目标，加速科技成果转化。到"十五"末，重点实施1000项农民非产业化的重大项目，推广300项农村先进技术，认定100家国家星火科技龙头企业，引导农业高新技术产业集聚。"十五"期间，建设20个星火产业带和100个星火技术密集区，搞好100个星火小城镇，加强农村信息化工作。依托国家已建、待建的信息网络设施基础，以现有各级区域网络联网为重点，完善农村科技信息网络体系，为农业产业化、农村城镇化和农民知识化提供强大的信息支持。同时，启动了星火科技培训专项行动，安排5000万元的专门资金，力争用3年的时间，实现全国70多万个村"村村有科技带头人"、10万多个乡"乡乡有星火课堂"、2000多个县"县县有星火学校"，培养131万星火人才。这项行动重点推进五项培训工程：①"乡镇科技培训工程"，培训乡镇企业家3万人、乡镇企业管理人员6万人、乡镇企业技术人员9万人。②"青年星火带头人培训工程"，培训90万人以上的农村青年星火带头人。③"星火科技管理干部培训工程"，培训基层科技管理干部6000人、星火计划管理人员6500人。④"星火科技远程培训工程"，建立20个以电视和网络为主的星火科技远程培训基地。⑤"星火外向型科技培训工程"，培训外向型管理人才1万人、外向型技术人才3万人。可以相信，国家"星火计划"及"星火科技培训专项行动"的推进，将会使农村科技和教育工作呈现燎原之势，为农村全面小康建设提供充分和必要的人才和智力支持。缩小城乡差别。中国社会，城市一个体系，农村一个体系，农村主搞农业，城市发展工商业；农民一套管理制度，城镇居民一套管理制度；城市社会主动，农村社会被动；当城乡利益发生冲突时，农村利益服从城市利益，农民利益服从城镇居民利益。农民与城镇居民不但收入差距大，而且地位和待遇悬殊。据测算，每个城镇居民占有的历史公共财政5～10万元，并且每年还享受3000元左右的各种社会福利和补贴，而农民对此所得却微乎其微。另外，农民的税赋是城镇居民税赋的5倍之多。要使农民减轻负担，必须缩小城乡差别，还农民以"国民待遇"，对此，新一届中央领导集体已经给予了足够重视，并采取了一系列解决的重大举措。

（四）做"减法"，减轻农民负担

做"减法"，就是要减少农民的"绝对既失"。我国正处于社会转型期，由于制度的缺陷，存在着既得利益阶层和既失利益阶层。既得利益阶层是搭便车在国民收入分配中占据有利位势的阶层，既失利益阶层则是在国民收入分配中处于不利位势的阶层。农民就是典型的既失利益阶层。在"剪刀差"时代，农民的利益是从剩余中提出的，既失利益表现为"相对既失"——从收益中拿一部分。而现在农民只要承包了土地，无论耕种不耕种，有没有收益，收多收少，农业税、"三提五统"、乱收乱摊乱罚都要如数拿出，既失利益表现为"绝对既失"。"绝对既失"的问题不解决，农民严重的负担是减轻不了的。要减轻农民的税赋。"头税（农业税）轻，二税（提留）重，三税（统筹、集资）、四税（乱收乱摊乱罚）'无底洞'"，这是当今中国农民负担状况的真实写照。为了把项目多、数额大的农民负担降低下来，在数年试点后，2003年政府全面推进了农村税费制度改革，调整农业税收政策，规范农业税收征管工作，健全农业税赋减免制度，同时，妥善处理农民公平负担，严格执行村内"一事一议"，筹资投劳政策，合理化解乡村债务，加强涉农收费管理。随后又在农村税费改革试点地区逐步取消了农业特产税，一些地方还取消或减少了农业税。农村税费制度改革，使得农民负担明显降低。据统计，一般减负率都在30%以上，如果再加上治理各种乱收乱摊乱罚，农民的实际减负就更为可观。精简乡镇财政供养人员。我国乡镇机构迅速膨胀，乡镇工作人员成倍增加。少者有100

多人，多者高达 200～300 人，大大超过了乡镇财政的供养能力。据调查，全国乡镇平均负债为 400 万元。这样，乡镇财政就由"吃饭财政"变成了"讨饭财政"，无奈之下，只好向农民乱收费、乱摊派、乱罚款，使得农民不堪重负。近年来，一些地方进行了乡镇机构改革，在适当撤并乡镇的基础上，在"减人、减事、减支"方面取得了初步效果。如山东省通过撤并，乡镇减少了 600 多个，乡镇工作人员精简了约 1/3，扭转了"生者寡，食者众"的局面，有效地减轻了农民负担。

（五）做"除法"，改革解放农民

需要指出的是，在深化农村改革的过程中有一个重要的问题，就是对政府尤其是乡镇政府的职能转变，必须引起足够重视。乡镇政府是我国农村领导和管理工作的末端枢纽，是农民群众生产和生活的服务机构，是连接党和政府与农民群众的桥梁和纽带。对上级政府来说，乡镇政府是农民群众的代表。对农民群众来说，乡镇政府是党和政府的化身。如果乡镇政府职能定位不准和行为不当，就会使农民群众的意志和利益"上不够天"，党的领导和国家的管理"下不着地"。虽然，今天农村经济体制已经有了长足的改善，但还存在一些束缚农民、压抑农民、制约农村生产力的问题。只有深化改革，革除农村经济等体制的弊端，才能进一步解放农民，调动农民个体的积极性、主动性和创造性，提高农民群众的向心力、凝聚力和战斗力，从而把农村全面小康社会的建设不断地推向前进。改革是动力，发展是主题，建设是保障。对农村改革，党中央已经做出了决策，中央政府也正在组织实施，农村土地制度、农村税费制度、粮食购销体制、农村金融体制、农村医疗体制等各方面的改革全面展开，整体推进，并且初见成效。目前，乡镇政府的架构、行政目标、行政方式，与农民的需要、市场经济运行机制和农村全面小康建设还不相适应。许多乡镇干部还是"春天拿个刀，秋天拿个锹，一年四季夹个包"。拿个刀，是搞计划生育；拿个锹，是搞农田基本建设；夹个包，则是向农民征收税费。而对农民发展经济，致富奔康的信息服务、技术服务、资金服务等三大需求，不少乡镇政府却很难以满足。要实现职能的转变，乡镇政府必须将工作的重心转移到引导、规范、监管、服务上来，建立负责、高效、廉洁的现代政府，为农村全面小康社会建设提供高质量、低成本、多方面的服务。"周虽旧邦，其命维新"。总体小康是全面小康的基础，全面小康是总体小康的升华。有邓小平理论和"三个代表"重要思想、科学发展观和习近平新时代中国特色社会主义思想为指引，以习近平为总书记的新一届中央领导集体的正确领导，全党和全国人民心往一处想，劲往一处使，敢于开拓，善于创新，全面小康社会建设的目标，一定能够实现。

参考文献

[1]中共中央文献研究室.《建国以来重要文献选编》第 10 册[M].北京：中央文献出版社，1994 年.

[2]中共中央文献研究室.《建国以来毛泽东文稿》第 5 册[M].北京：中央文献出版社，1991 年.

[3]中共中央文献研究室.《农业合作化的全面规划和加强领导问题》《毛泽东文集》第 6 卷[M].北京：人民出版社，1999 年.

[4]国务院发展研究中心课题组.《乡村振兴发展方式的战略重点》[M].北京：中国发展出版社，2010 年.

[5]郑新立.《加快乡村振兴发展方式研究》[M].北京：社会科学文献出版社，2011 年.

[6]周波.《乡村振兴发展方式的公共政策研究》[M].北京：中国社会科学出版社，2012 年.

[7]张松斌，周建红.《西沟村志》[M].北京：中华书局，2002 年.

[8]马社香.《中国农业合作化运动口述史》[M].北京：中央文献出版社，2012 年.

[9]中共中央文献研究室.《建国以来毛泽东文稿》第 7 册[M].北京：中央文献出版社，1992 年.

[10]国家农业委员会办公厅编.《农业集体化重要文件汇编（1958—1981）》[M].北京：中共中央党校出版社，1981 年.

[11]中共中央文献研究室.《毛泽东选集》第 3 卷[M].北京：人民出版社，1991 年.

[12]中共中央文献研究室.《建国以来重要文献选编》第 8 册[M].北京：

中央文献出版社，1994年.

[13]中共中央文献研究室.《建国以来重要文献选编》第10册[M].北京：中央文献出版社，1994年.

[14][美]舒尔茨.《改造传统农业》[M].北京：商务印书馆，2006年.

[15]中共中央文献研究室.《关于农业合作化问题》《毛泽东文集》第6卷[M].北京：人民出版社，1999年.

[16]中共中央文献研究室.《毛泽东文集》第6卷[M].北京：人民出版社，1999年.

[17]中国生产力学会秘书处.《民生经济：乡村振兴发展方式的目标》[M].北京：经济科学出版社，2012年.

[18]宋群.《乡村振兴发展方式研究》[M].北京：中国计划出版社，2009年.

后　记

2020 年是我们党和国家历史上具有特殊重要意义的一年。党的十九届五中全会提出：优先发展农业农村，全面推进乡村振兴；坚持把解决好"三农"问题作为全党工作重中之重，走中国特色社会主义乡村振兴道路，全面实施乡村振兴战略，强化以工补农、以城带乡，推动形成工农互促、城乡互补、协调发展、共同繁荣的新型工农城乡关系，加快农业农村现代化。全会并提出了"十四五"时期经济社会发展主要目标：经济发展取得新成效，在质量效益明显提升的基础上实现经济持续健康发展，农业基础更加稳固。让我们更加紧密地团结在以习近平总书记为核心的党中央周围，深入学习贯彻落实五中全会精神和习近平新时代中国特色社会主义思想，围绕中心、服务大局，不忘初心、砥砺奋进、扎实工作，为实现中华民族伟大复兴的中国梦作出积极的贡献！

"空谈误国，实干兴邦。"撰写本书既是作者深入学习、宣传、研究、践行习近平新时代中国特色社会主义思想的心得和体会，也是进一步深入学习、加深理解习近平新时代中国特色社会主义思想的过程，是作者作为一名普通党员和党的理论工作者的夙愿。

本书在全面准确理解好、把握好习近平新时代中国特色社会主义思想、谱写新时代农业农村现代化新篇章基础上，主要突出两个方面：一是着力阐明这一思想中具有基础性、起"四梁八柱"作用的"新时代农业农村现代化"的基本问题，"在全社会形成关注农业、关心农村、关爱农民的浓厚氛围，让乡亲们的日子越过越红火"；深刻揭示这一思想立论基础、主题主线、发展贡献，更好地展示习近平新时代中国农业农村现代化发展脉络。二是着力阐明这一思想创新性、实践性，把新时代农业农村现代化创新之缘由、内在之意蕴搞清楚、说明白。

整个成书过程是在校领导直接关怀和指导下进行的，校领导王平、扈书乘、孔祥敏、孟庆忠，以及其他领导、教职员工都给予了无私的关心关怀支持帮助；刘利民资深学者在百忙中为本书撰写了序并提出许多美好的祝愿和鼓励；十分感谢宁夏人民出版社给予的支持和帮助；北京有关单位的领导、专家、学者，省、市有关部门领导及专家、学者、教授；还有身边的朋友和同志，都给予了关心帮助，在此一并表示深深的感激。感谢吕秋红老师多次为我的书做设计，吕老师艺术设计专业毕业，多次参加专业实践活动并获得大奖等荣誉。最后，感谢我的家人特别是我的妻子给予理解支持，她为我付出很多心血，弥足珍贵，让我得以从庸常的家务中脱身，专心致力于工作。

在这部著作中，引证资料十分庞大，对这些资料的作者、单位及相关媒体，深表谢意。如果某位同仁发现引用了您的宝贵资料而没有注明，请与我联系，我会郑重向您表示感谢，并在该书修订再版时予以更正。秉承对党的事业无限忠诚，研究党的理论同样严肃认真、废寝忘食、深度思考和全神贯注，心血耗费十分巨大，不过时间紧迫，学识和能力所限，在撰写中难免出现这样、那样的不足，希望在今后的工作实践中得到进一步充实、改进。诚恳希望得到各界人士和读者的批评指正。